핵심만 쏙쏙 예제는 빵빵

DIAT
워드프로세서 NEO(2016)

초판 발행일 | 2021년 06월 25일
저자 | 해람북스 기획팀
펴낸이 | 최용섭
총편집인 | 이준우
기획진행 | 유효섭

㈜**해람북스** **주소** | 서울시 용산구 한남대로 11길 12, 6층
문의전화 | 02-6337-5419 팩스 02-6337-5429
홈페이지 | http://www.hrbooks.co.kr

발행처 | (주)미래엔에듀파트너 **출판등록번호** | 제2016-000047호

ISBN 979-11-6571-151-1

이 책은 저작권법에 따라 보호받는 저작물이므로 무단전제와 무단복제를 금지하며,
이 책 내용의 전부 또는 일부를 이용하려면 반드시 저작권자와 (주)미래엔에듀파트너의 서면동의를 받아야 합니다.

※ 잘못된 책은 바꾸어 드립니다.
※ 책 가격은 뒷면에 있습니다.

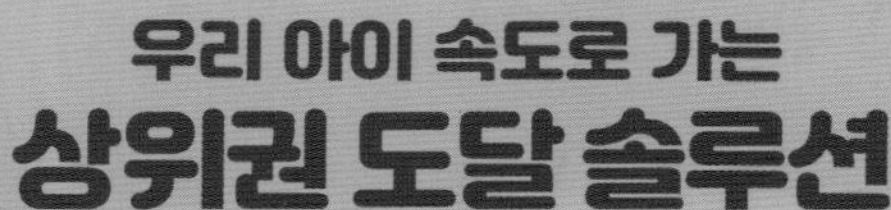

초등이면 초코하는거야~
초등학습,
진실의 앱으로

뭐해~ 얼른 엄마한테
얘기하고 초코해~

오늘 학습, 놓친 학습으로
전 과목 핵심 학습

영역별/수준별
과목 전문 학습

달달수학

(주)미래엔이 만든 초등 전과목 온라인 학습 플랫폼 <초코>

무약정
기간 약정, 기기 약정 없이
학습 기간을 내 마음대로

모든 기기 학습 가능
내가 가지고 있는
스마트 기기로 언제 어디서나

부담 없는 교육비
교육비 부담 줄이고
초등 전 과목 학습 가능

미래엔 에듀파트너 고객 대상 특별 혜택
회원 가입 시 코드를 입력하시면 **1,000포인트**를 드립니다.

01 DIAT 시험안내

DIAT란?

- Digital Information Ability Test의 약자로 정보통신 관련 프로그램의 활용능력을 검정하는 자격시험입니다.
- **자격 종류 :** 국가공인자격
- **공인 번호 :** 제2016-2호
- **자격발급기관 :** 한국정보통신진흥협회

도입 목적 및 필요성

컴퓨터와 인터넷을 이용한 정보가 넘쳐나고 사물과 사물 간에도 컴퓨터와 인터넷이 연결된 디지털정보시대에 기본적인 정보통신기술, 정보처리기술의 활용 분야에 대한 학습이나 사무업무를 수행할 수 있게 하려고 만들어 졌습니다.

DIAT 특징

- 실무프로젝트 중심형 시험
- 공정성, 객관성, 신뢰성 확보
- 체계적이고 과학적인 관리 시스템
- 다양한 계층이 접근 가능한 평가시스템
- 다양한 시험과목 제공

시험과목별 문항수

구분	검정과목	검정내용	검정방법	문항수	제한시간	배점
1과목	정보통신상식	컴퓨터 이해 정보통신 이해 정보사회 이해	CBT (객관식 사지선다)	40	40분	100점
2과목	워드프로세서	한글, MS워드	실기 (작업형)	2	40분	200점
3과목	스프레드시트	MS엑셀		5	40분	200점
4과목	프리젠테이션	MS파워포인트		4	40분	200점
5과목	인터넷정보검색	정보검색		8	40분	100점
6과목	멀티미디어제작	이미지 제작 디지털 영상 편집		3	40분	200점

※ 총 6개 과목 중 한 회차에 최대 3개 과목까지 선택 응시가 가능합니다.

※ **입실완료시간 :** 1교시(08:50), 2교시(10:00), 3교시(11:10), 4교시(12:20)

▶ 응시인원에 따라 운영교시 조정가능

▶ 입실완료시간 지각자 응시불가, 신분증 미지참시 응시 불가

※ 워드프로세서, 프리젠테이션, 스프레드시트 프로그램 버전은 2016, NEO 입니다.

※ 멀티미디어제작 프로그램 버전은 포토샵/이지포토, 곰믹스프로 입니다.
(단, 시험장에 설치된 프로그램을 고려하여 포토샵 CS2~CS5 공통 출제)

※ **장애인 응시 편의 :** 시험일 기준 10일전 사전연락하신 경우에 한하여 시험시간 추가, 시험지 확대가 제공됩니다.

우리 아이 속도로 가는

상위권 도달 솔루션

초등이면 초코하는거야~

초등학습, 진실의 앱으로

뭐해~ 얼른 엄마한테 얘기하고 초코해~

오늘 학습, 놓친 학습으로
전 과목 핵심 학습

영역별/수준별
과목 전문 학습

달달수학

㈜미래엔이 만든 초등 전과목 온라인 학습 플랫폼 <초코>

무약정
기간 약정, 기기 약정 없이
학습 기간을 내 마음대로

모든 기기 학습 가능
내가 가지고 있는
스마트 기기로 언제 어디서나

부담 없는 교육비
교육비 부담 줄이고
초등 전 과목 학습 가능

2311S3hnF

미래엔 에듀파트너 고객 대상 특별 혜택
회원 가입 시 코드를 입력하시면 **1,000포인트**를 드립니다.

검정기준

검정분야	검정기준
초급	컴퓨터와 방송통신 기반기술의 기초적인 지식 및 초급수준의 정보 처리 능력을 갖고 있으며, OA프로그램을 제한적으로 활용할 수 있는 능력의 유무
중급	상기지식과 기술 및 정보처리에 대한 일반적인 처리 능력과 웹페이지에 대한 기본적인 지식 보유, OA프로그램을 일상생활, 학습 활동 등에 무리 없이 사용할 수 있는 능력의 유무
고급	상기지식과 기술 및 정보처리에 대한 고급 수준의 능력과 OA프로그램을 이용한 정보처리/가공능력을 보유하고 전산업무를 원활하게 처리할 수 있는 능력의 유무

합격기준

- **고급 :** 해당과제의 80% ~ 100% 해결능력
- **중급 :** 해당과제의 60% ~ 79% 해결능력
- **초급 :** 해당과제의 40% ~ 59% 해결능력

응시지역/응시자격

- **응시지역 :** 전국(원서접수시 응시지역 선택 가능)
- **응시자격 :** 제한 없음(학력, 연령, 경력)

검정일정

홈페이지(www.ihd.or.kr)에 접속 후 [자격안내]–[시험일정]을 참고하세요.

검정수수료

1과목	2과목	3과목
20,000원	36,000원	51,000원

※ **자격증 발급수수료 :** 5,800원

※ **결재서비스 이용료 :** 신용카드(650원), 계좌이체(650원), 가상계좌(300원)

※ **환불규정 :** 시험일 10일전(사유없이 100% 환불), 이후 시험일까지(증빙서류 제출 시 100% 환불, 개인사유 불가), 이후 불가

기타안내

- **접수 방법 :** 해당 자격시험 접수기간 중 협회 자격검정 홈페이지(http://www.ihd.or.kr)로 접속 후 On-Line으로 단체 및 개인별 접수
- **입금 방법 :** 홈페이지에 고지된 입금기간 내에 신용카드/계좌이체/가상계좌 입금 방법 중 하나를 선택 후 검정 수수료 입금
- **조회 방법 :** 수검번호, 입금 여부, 시험장, 합격 여부 등 각종 조회는 협회 자격검정 홈페이지 (http://www.ihd.or.kr)에 로그인 후 [시험접수]에서 [시험접수현황 확인]

쪽 테두리 : 이중 실선(0.5mm), 머리말 포함

글상자 - 크기 : 너비(55mm), 높이(12mm), 테두리 : 이중 실선(1.00mm), 반원
채우기 : 색상(RGB:199,82,82), 위치 : 글자처럼 취급, 가운데 정렬,
글자 모양 : 궁서체, 20pt, 가운데 정렬

머리말(돋움, 9pt, 오른쪽 정렬)

DIAT

그림J 삽입(바탕화면-KAIT-제출파일폴더)
너비(40mm), 높이(35mm)
위치 : 어울림(가로-쪽의 왼쪽:0mm,
세로-쪽의 위:24mm)

축제에 대하여

1. 축제란?

바탕체, 12pt, 진하게

축제(festival)란 개인 또는 집단에 특별한 의미가 있는 일 혹은 시간을 기념하는 일종의 의식이다. 고대의 축제는 종교적 의식이나 제사와 구분할 수 없을 정도로 유사했으며, 풍년과 공동체의 번영을 기원하는 성격을 지녔다. 그러나 일제강점기 이후 우리나라의 전통(傳統) 축제는 그 맥이 대부분 끊겼으며, 1990년대 이후 현대의 축제는 세속적(世俗的)인 놀이의 성격이 짙어지면서 그에 따라 경제적인 가치를 창출하는 것으로 변모㉠한다. 현대 축제가 경제적인 가치를 창출하는 이유는 지역의 문화적 자원(resource)이 되기 때문이다. 즉, 각 지역은 축제를 통해 지역 고유의 문화적 정체성(identity)을 확보하는 한편, 지역 경제의 활성화를 도모한다.

각주

2. 세계의 이색 축제

바탕체, 12pt, 진하게

오늘날 축제는 경제적(financial) 측면이 강조(强調)되는 한편, 전 세계에는 여전히 전통을 담고 있는 다양한 종류의 축제가 존재한다. 그러한 축제(祝祭)들의 몇 가지를 소개하고자 한다. 스페인에서는 매년 6월 악마 분장을 한 성인 남성이 생후 12개월 미만 아이들을 눕혀 놓고 뛰어넘는 '아이 뛰어넘기 축제'가 열린다. 이는 악마가 아기를 뛰어넘으면 아이의 죄가 사라지고 악령과 질병으로부터 보호받는다는 스페인의 신앙 민속(folk religion)에서 출발하였다. 한편 태국에서는 새해가 되면 상대방에게 물을 뿌리는 '송크란 축제'가 열린다. 이는 '물을 맞으면 축복을 받는다'라는 태국의 전통 신앙 때문으로, 서로에게 물을 뿌리면서 서로를 축복(祝福)한다는 의미를 지닌다. 예전에는 물을 뿌리는데 양동이, 호스, 코끼리 등이 사용되었으나, 최근에는 물총이 축제의 대표적인 물품이 되었다.

㉠ 모양이나 모습이 달라지거나 바뀜

굴림, 9pt

중고딕, 12pt, 진하게, 가운데 정렬

국내 지역별 축제 개수

지역	2009년	2019년
서울	58	201
경기	31	171
강원	27	89
충남	14	32
충북	9	59

위쪽 제목 셀 : 색상(RGB:53,135,145), 진하게
제목 셀 아래선 : 이중 실선(0.5mm)
글자 모양 : 돋움체, 10pt, 가운데 정렬

궁서체, 12pt, 진하게

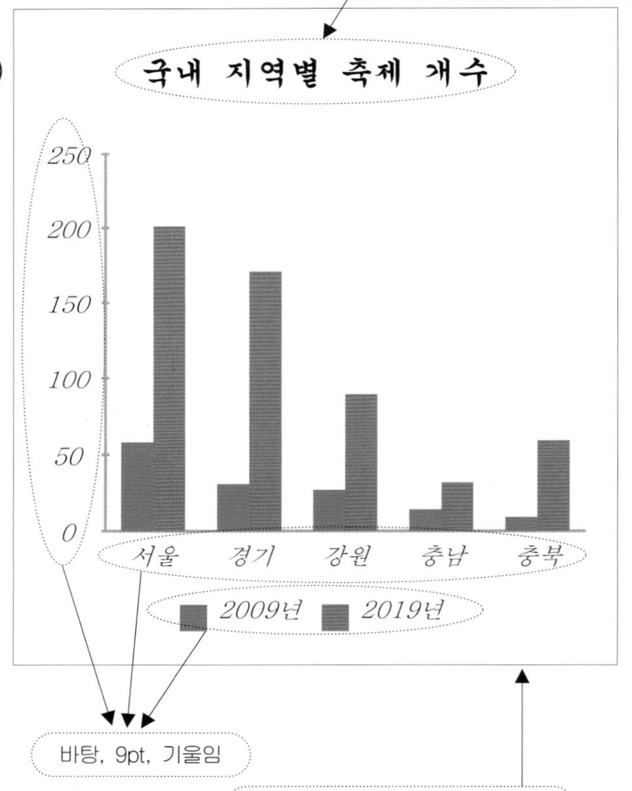

바탕, 9pt, 기울임

차트 : 너비(80mm), 높이(90mm)

- ii -

쪽 번호 매기기, i,ii,iii 순으로, 가운데 아래

DIAT 스킬인증제도

한국정보통신진흥협회에서는 국가공인 DIAT 자격검정의 활용범위를 확대하고 글로벌 시대의 리더를 양성하고자 다음과 같이 DIAT 스킬인증제도 및 KAIT-CPI(공인강사) 제도를 실시합니다.

구분	대상	검정기준
DIAT-MASTER	DIAT 3과목 고급 취득자	– 증서 및 카드제공(15,000원)
DIAT-GOLD MASTER	DIAT 4과목 고급 취득자	– 증서 및 카드제공(15,000원) – 협회 자격검정 1차(온라인) 시험 무료
DIAT-EXPERT (예비강사)	DIAT 5과목 고급 취득자	– 증서 및 카드제공(15,000원) – 협회 자격검정 1차(온라인) 시험 무료 – DIAT 공인강사 신청시 수수료 50% 지원
DIAT-CPI 공인강사 (만 20세 이상)	DIAT 3과목 고급 + 강사재직증명서	– 증서 및 카드제공(20,000원) – 협회 자격검정 감독위원 활용 – DIAT 공인강사 재신청시 수수료 50% 지원

DIAT 취득 시 혜택

- 각 과목별 생활기록부(교육행정정보시스템; NEIS) 등재
- 대학의 교양필수, 선택과목으로 채택되어 학점인정 및 졸업인증
- 국가기술과 동등한 위치 확보에 따라 기업체, 기관, 행정기관 등의 채용, 승진 및 인사고과시 우대
- 대학입학 전형자료로 활용되는 학생정보소양인증 자격(한국교육학술정보원)

글맵시 - 궁서체, 채우기 : 색상(RGB:105,155,55)
크기 : 너비(110mm), 높이(20mm), 위치 : 글자처럼 취급, 가운데 정렬

DIAT
머리말(돋움, 9pt, 오른쪽 정렬)

아름다운빛의세계로

기울임, 밑줄

도시의 생활에 피로감을 느낀 적이 있으십니까? 그런 여러분들을 위해 아름다운 조명과 함께 심신을 달랠 기회를 마련했습니다. 2022년에 여덟 번째를 맞이하는 태안 빛 축제는 '바다내음 한아름 빛으로 피어나는 추억'이라는 주제로 바다와 꽃이 함께하는 아름다운 불빛 조형물들을 전시해 놓았습니다. 특히 제 8회 태안 빛 축제는 가족, 연인과 예쁜 사진을 남길 수 있는 포토존뿐만 아니라 다양한 먹거리와 기념품을 살 수 있는 야시장까지 이전과 다른 매력을 선보입니다. 충남지역 최초의 화려한 조명으로 빛나는 태안 빛 축제에서 행복한 추억을 쌓고 싶으신 여러분들의 많은 참여 바랍니다.

문자표 → ◇ 행사안내 ◇

굴림, 가운데 정렬

1. 행 사 명 : 제8회 태안 빛 축제 - 바다내음 한아름 빛으로 피어나는 추억
2. 일　　시 : 2022. 07. 04.(월) ~ 08. 26.(금)
3. 장　　소 : 충청남도 태안군 라이트월드
4. 주　　관 : ***라이트월드, 태안군청*** ← 진하게, 기울임
5. 부대시설 : 포토존, 야시장, 난방 휴게실 등

문자표

※ 기타사항

- 가이드 프로그램은 홈페이지를 통한 사전 등록을 통해 참여하실 수 있습니다.
- 야시장은 오후 6시에 개장해 10시에 폐장합니다.
- 행사에 대한 기타 문의는 태안 빛 축제 홈페이지(http://www.ihd.or.kr) 또는 태안 빛 축제 운영사무실(02-123-4567)로 하실 수 있습니다.

왼쪽여백 : 10pt
내어쓰기 : 12pt

2022. 06. 13. ← 12pt, 가운데 정렬

태안 빛 축제 ← 견고딕, 24pt, 가운데 정렬

문제1은 1구역, 문제2는 2구역으로 나누어 답안 작성

- i - ← 쪽 번호 매기기, i, ii, iii 순으로, 가운데 아래

02 답안전송프로그램 사용 방법

답안전송프로그램 로그인

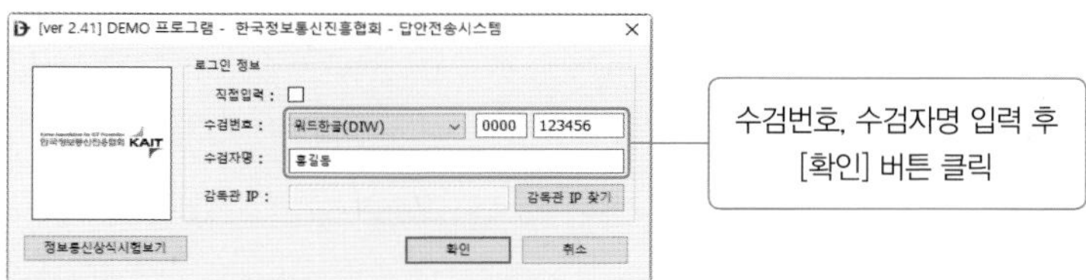

수검자 유의사항 확인

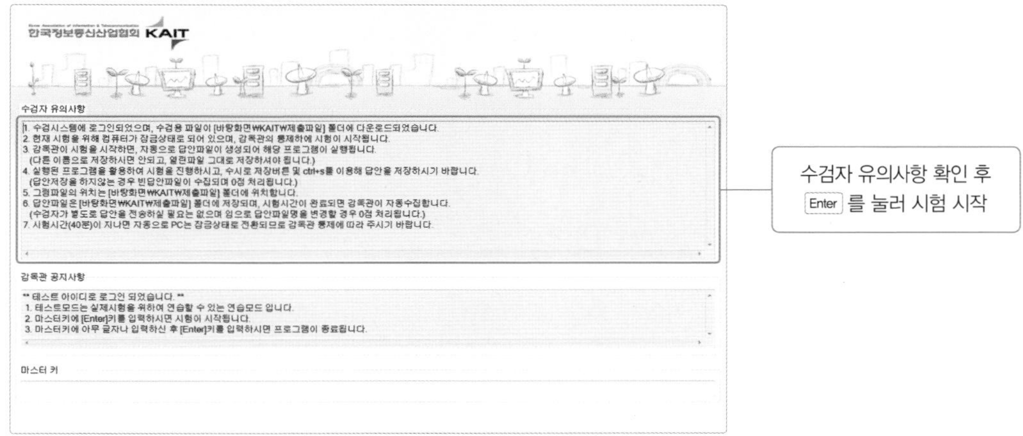

• 시험장에서는 감독관에 의해 시험이 시작되며, 프로그램이 자동 실행됩니다.

시험 진행

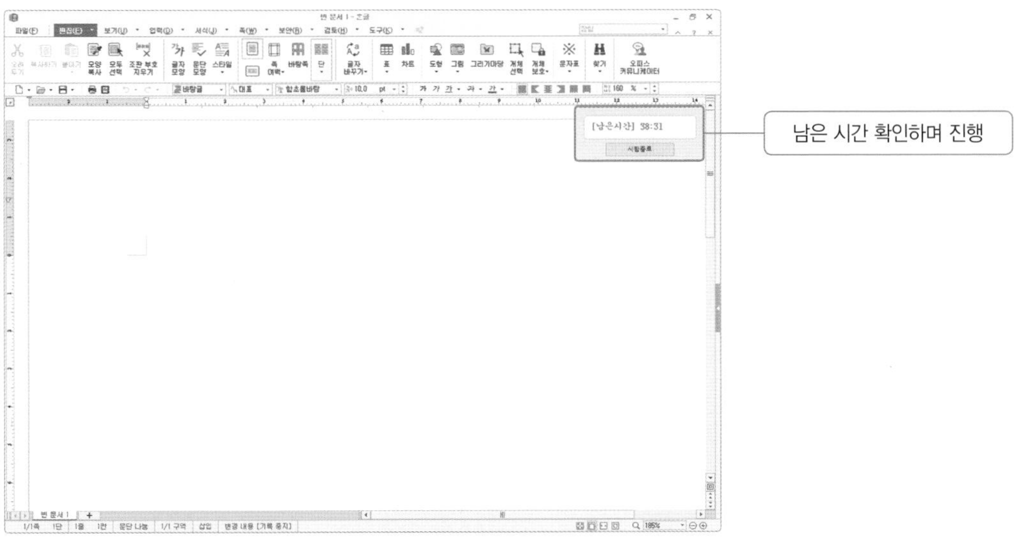

• 답안 전송 프로그램에서 자동으로 파일명이 생성되므로, 임의의 파일명을 변경하지 않도록 합니다.

• 답안 파일은 시험 종료 후 감독관에 의해 자동 전송됩니다.

【문제】 첨부된 문제를 다음의 조건을 적용하여 문서를 작성하시오.

① 문서는 A4(210mm×297mm) 크기, 세로 용지방향으로 작성한다.

② 페이지 여백은 아래와 같이 설정한다.

왼쪽	오른쪽	위쪽	아래쪽	머리말	꼬리말	제본
20mm	20mm	20mm	20mm	10mm	10mm	0mm

③ 한글 NEO 버전은 아래와 같이 "자동 글머리 기호 넣기"와 "자동 번호 매기기" 기능을 해제한다.

도구 → 빠른 교정 → 빠른 교정 내용 → 입력 자동 서식 ⇒	자동 글머리 기호 넣기(해제) 자동 번호 매기기(해제)

※ 만약 입력자동서식 메뉴가 없는 경우에는, "자동 글머리 기호 넣기"와 "자동 번호 매기기" 기능이 설정되어 있지 않은 것이므로 별도의 기능 해제 없이 그대로 시험에 응시하시면 됩니다.

④ 글자는 별도의 지시사항이 없는 한 바탕, 10pt, 양쪽정렬, 줄간격 160%로 작성한다.

⑤ 영문, 숫자 등은 별도의 지시가 없는 한 반각(1byte) 문자를 사용한다.

⑥ 특수문자는 문자표(전각 기호)를 이용하여 작성한다.

⑦ 교정부호 및 화살표로 기재된 지시사항대로 처리하되, ⟶은 지시사항이므로 작성하지 않는다.

⑧ 1페이지에 [문제1]을 작성하고, 구역나누기를 하여 2페이지에 [문제2]를 작성한다.

※ 해당 페이지에 작성하지 않거나 의도적으로 텍스트 작성을 하지 않은 경우 0점 처리

⑨ [문제2]는 문제지와 같이 2단으로 다단을 나누어 작성한다.

⑩ '그림 삽입' 시에는 반드시 "KAIT 수검프로그램"을 통해 다운로드 한 그림 파일을 사용한다.

⑪ 차트의 범례는 기본값으로 작성한다.(선 모양 없음)

⑫ 총점 : 200점

[공통사항1(기본설정, 용지설정)] : 8점, [공통사항2(오탈자)] : 40점

[문제1] : 46점, [문제2] : 106점

⑬ 기타 특별히 지시되어 있지 않은 사항은 문제지에 준하여 작성한다.

CONTENTS

PART 01

유형사로잡기

PART 02

실전모의고사

PART 03

최신기출유형

제 10 회

최신기출유형

한글 NEO 버전용

- 시험과목 : 워드프로세서(한글)
- 시험일자 : 20XX. XX. XX(X)
- 응시자 기재사항 및 감독위원 확인

수 검 번 호	DIW – XXXX –	감독위원 확인
성 명		

응시자 유의사항

1. 응시자는 반드시 신분증을 지참하여야 시험에 응시할 수 있으며, 시험이 종료될 때까지 신분증을 제시하지 못 할 경우 해당 시험은 0점 처리됩니다.
2. 시스템(PC작동여부, 네트워크 상태 등)의 이상여부를 반드시 확인하여야 하며, 시스템 이상이 있을 경우 감독위원에게 조치를 받으셔야 합니다.
3. 시험 중 부주의 또는 고의로 시스템을 파손한 경우는 수검자 부담으로 합니다.
4. 답안 전송 프로그램을 통해 다운로드 받은 파일을 이용하여 답안파일을 작성하시기 바랍니다.
5. 작성한 답안 파일은 답안 전송 프로그램을 통하여 전송됩니다. 감독관의 지시에 따라 주시기 바랍니다.
6. 다음사항의 경우 실격(0점) 혹은 부정행위 처리됩니다.
   1) 답안파일을 저장하지 않았거나, 저장한 파일이 손상되었을 경우
   2) 답안파일을 지정된 폴더(바탕화면 – "KAIT" 폴더)에 저장하지 않았을 경우
      ※ 답안 전송 프로그램 로그인 시 바탕화면에 자동 생성됨
   3) 답안파일을 다른 보조 기억장치(USB) 혹은 네트워크(메신저, 게시판 등)로 전송할 경우
   4) 휴대용 전화기 등 통신기기를 사용할 경우
7. 시험지에 제시된 글꼴이 응시 프로그램에 없는 경우, 반드시 감독위원에게 해당 내용을 통보한 뒤 조치를 받아야 합니다.
8. 시험의 완료는 작성이 완료된 답안을 저장하고, 답안 전송이 완료된 상태를 확인한 것으로 합니다. 답안 전송 확인 후 문제지는 감독관에게 제출한 후 퇴실하여야 합니다.
9. 답안전송이 완료된 경우에는 수정 또는 정정이 불가능합니다.
10. 시험시행 후 결과는 홈페이지(www.ihd.or.kr)에서 확인하시기 바랍니다.
    1) 문제 및 모범답안 공개 : 20XX. XX. XX(X)
    2) 합격자 발표 : 20XX. XX. XX(X)

식별CODE

PART

01

유형사로잡기

CONTENTS

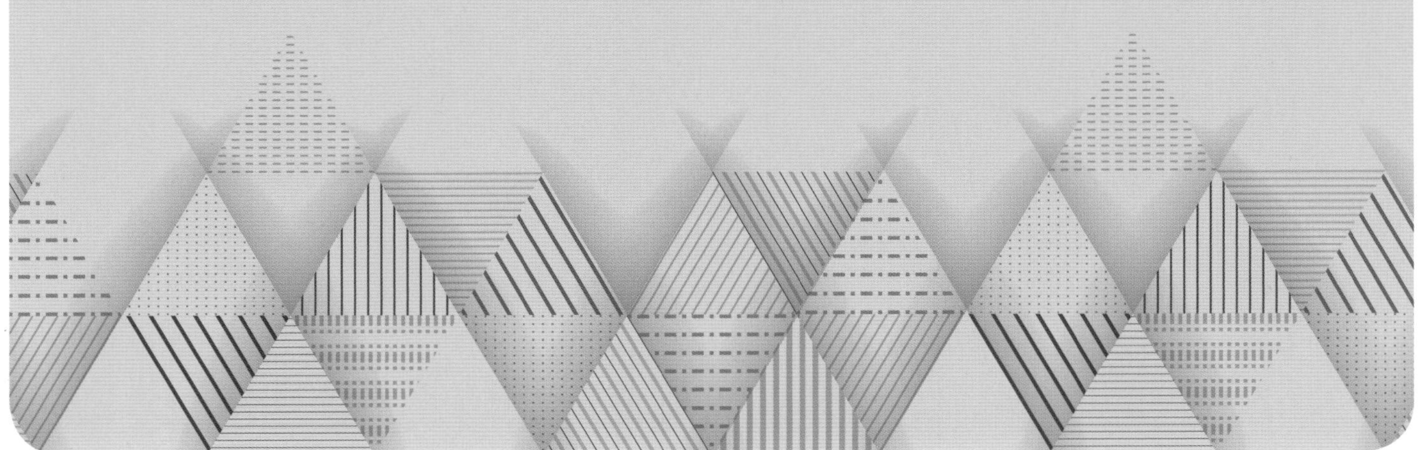

쪽 테두리 : 이중 실선(0.5mm), 머리말 포함

글상자 - 크기 : 너비(50mm), 높이(12mm), 테두리 : 이중 실선(1.00mm), 둥근 모양
채우기 : 색상(RGB:233,174,43), 위치 : 글자처럼 취급, 가운데 정렬,
글자 모양 : 궁서체, 22pt, 가운데 정렬

머리말(궁서, 9pt, 오른쪽 정렬)

DIAT

그림I 삽입(바탕화면-KAIT-제출파일폴더)
너비(40mm), 높이(35mm)
위치 : 어울림(가로-쪽의 왼쪽:0mm,
세로-쪽의 위:24mm)

쉼에 대하여

1. 워라벨의 중요성

중고딕, 12pt, 진하게

일과 가정생활의 균형(Work-life balance)을 중시하는 여론이 2011년 조사 이래 처음으로 일을 우선하는 여론보다 높은 것으로 나타났다. 이를 증명하는 듯 2019년 통계청 발표(announcement)에 따르면 일과 가정 가운데 어느 쪽이 중요하냐는 질문에 일과 가정 생활을 비슷하게 중요하게 여긴다는 답변에 44.2%로 가장 많았다. 한국의 근로자는 지난해 1967시간을 일해 2017년보다 노동시간이 29시간 줄었다. 그러나 독일(1305시간), 일본(1706시간), 미국(1792시간) 등 경제협력개발기구(OECD) 주요 회원국에 비하면 장시간 여전히 노동(勞動)에 시달린다. 전문가들은 "과거 고도 성장기에는 열심히 일한 만큼 대가도 많아 일을 우선하는 사고가 압도적이었지만, 저성장이 지속되고 사회가 성숙(成熟)해지면서 개인에게 가정의 중요성이 커졌다"고 분석했다.

(교정 표시: 에 → 이, 장시간 ↔ 여전히)

궁서체, 12pt, 진하게, 가운데 정렬

일과 가정 우선도 조사

구분	일	가정
2011	54.5	34
2013	54.9	33.4
2015	53.7	34.4
2017	43.1	42.9
2019	42.1	44.2

위쪽 제목 셀 : 색상(RGB:199,82,82), 진하게
제목 셀 아래선 : 이중 실선(0.5mm)
글자 모양 : 돋움, 10pt, 가운데 정렬

궁서체, 12pt, 진하게

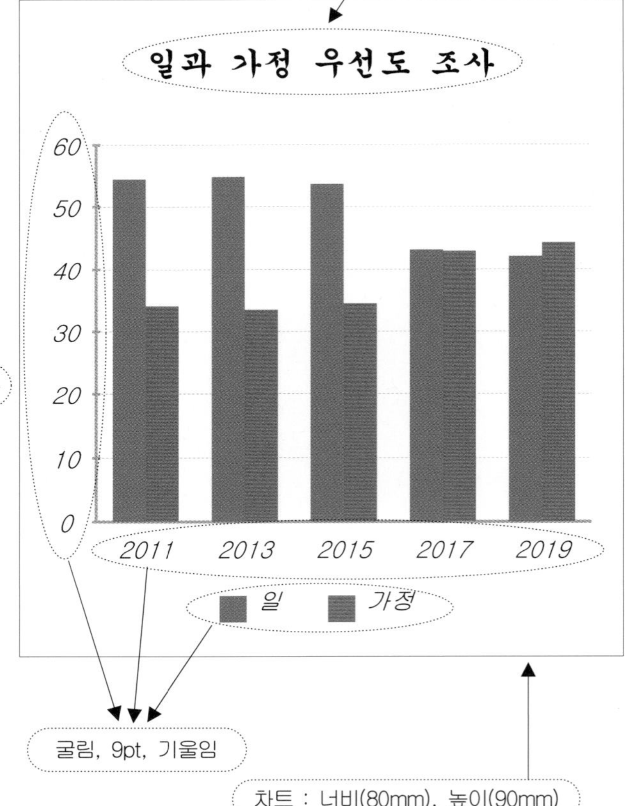

굴림, 9pt, 기울임

차트 : 너비(80mm), 높이(90mm)

2. 쉼을 공부하다

중고딕, 12pt, 진하게

많은 사람들이 주말을 충분히 쉬었는데도 피로(疲勞)가 풀리지 않는다고 호소(呼訴)㉠하곤 한다. 제대로 된 휴식 방법을 모르기 때문이다. 마음의 문제가 치유가 되어야 진정한 휴식(relaxation)을 누릴 수 있다. 인간은 자정 능력이 있다. 질문에 대한 답을 알게 되는 순간, 마음이 풀리는 경험(經驗)을 하게 된다. 자기 마음을 들여다본다는 것은 자기에게 질문을 하고 답을 들어주는 것이다. 자신과 만나는 시간이다. 그런데 많은 사람들이 이런 대화에 익숙하지 않다. 우리가 휴식하는 방법, 나아가 자신을 돌아보는 방법에 대해 체계적으로 공부해본다면, 사회생활에 지친 스스로를 위로하고 격려하여 더 나은 월요일을 맞이할 수 있을 것이다.

각주

㉠ 억울하거나 딱한 사정을 남에게 간곡히 알림

돋움체, 9pt

- B -

쪽 번호 매기기, A,B,C 순으로, 가운데 아래

Chapter 01

기본 설정/파일 저장

>>> **핵심만 쏙쏙** ❶ 편집 용지 설정 ❷ 기본 글꼴 설정 ❸ 입력 자동 서식 ❹ 파일 저장

DIAT 워드프로세서(한글)의 NEO 버전에서 필요한 기본 설정(편집 용지, 기본 글꼴, 입력 자동 서식) 방법을 반드시 숙지하도록 합니다.

핵심 짚어보기

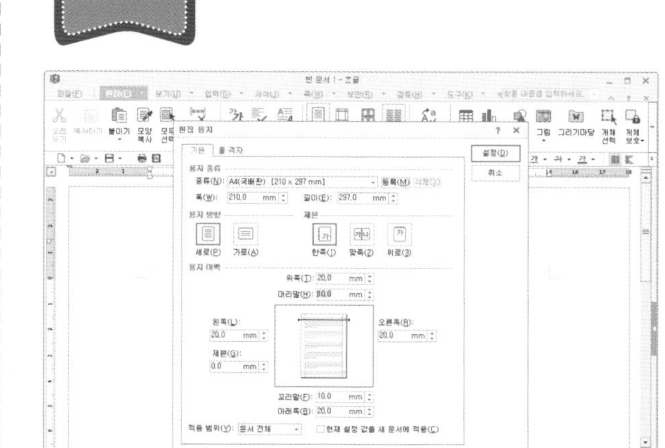

▲ 편집 용지 설정하기

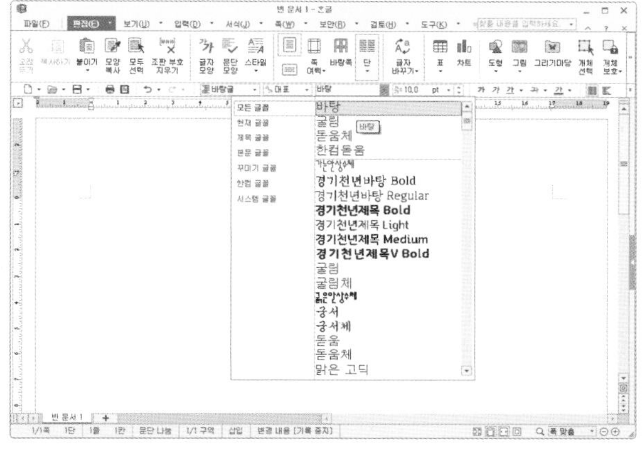

▲ 기본 글꼴 설정하기

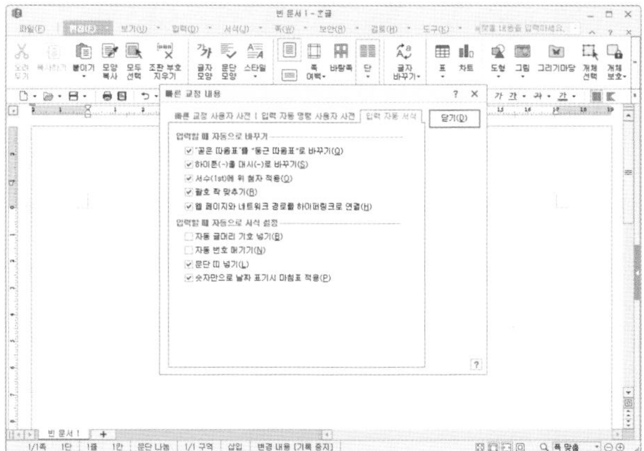

▲ 입력 자동 서식

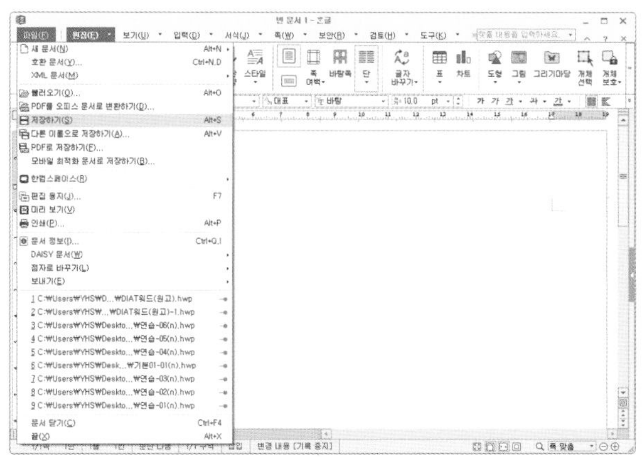

▲ 파일 저장하기

클래스 업

• **편집 용지 :** [파일]–[편집 용지](F7) 메뉴 이용

왼쪽	오른쪽	위쪽	아래쪽	머리말	꼬리말	제본
20mm	20mm	20mm	20mm	10mm	10mm	0mm

• **파일 저장 :** Ctrl+S 또는 Alt+S를 이용해 수시로 저장(다른 이름으로 저장하지 않도록 함)

글맵시 – 견고딕, 채우기 : 색상(RGB:202,86,167)
크기 : 너비(120mm), 높이(20mm), 위치 : 글자처럼 취급, 가운데 정렬

DIAT
머리말(궁서, 9pt, 오른쪽 정렬)

쉼의공간으로초대합니다

기울임, 밑줄

일에 지친 여러분께 휴식하는 방법을 알려드립니다. *잘 쉬어야 잘 일할 수 있음*에도, 막상 휴식을 하게 되어도 무엇을 해야 할지 몰라 난감한 경험 한 번씩 해보셨을 것입니다. 휴식은 일하는 시간만큼이나 우리에게 중요한 의미를 지니기에, '질 좋은 휴식'을 취할 수 있는 방법을 한 번쯤은 공부할 필요가 있습니다. 더 레스트는 '쉼'에 대해 그동안 국내에서 경험해 보지 못했던 다양하고 알찬 프로그램을 마련하였습니다. '잘 쉬기' 위해서는 스스로에 대해 잘 파악할 필요가 있기에 성격검사부터 시작하여, 전문가와 함께하는 심층 심리 상담으로 자신의 현재 심리 상태를 점검합니다. 이후 아름다운 자연 속에서 다양한 체험활동을 진행합니다.

문자표 → ☆ 안내사항 ☆

굴림, 가운데 정렬

1. 행 사 명 : 쉼 공부 – 나는 누구일까?
2. 행 사 일 : 2022. 06. 01.(수) ~ 07. 02.(토)
3. 행사장소 : 강원도 춘천 춘천시청 대강당
4. 행사주관 : 사단법인 더 레스트, 춘천시청
5. 세부행사 : ***성격 검사, 심리 상담, 도자기 공예, 십자수, 캠핑 등*** ← 진하게, 기울임

문자표

※ 기타사항
- 본 프로그램 신청은 홈페이지를 통한 사전 등록만 가능합니다.
- 부분 참석 가능합니다. 부분 참가비는 별도 문의 부탁드립니다.
- 자세한 사항은 사단법인 더 레스트 홈페이지(http://www.ihd.or.kr) 또는 전화(02-123-4567)로 문의하시기 바랍니다.

왼쪽여백 : 15pt
내어쓰기 : 12pt

2022. 05. 02. ← 13pt, 가운데 정렬

(사) 더 레스트 ← 중고딕, 24pt, 가운데 정렬

문제1은 1구역, 문제2는 2구역으로 나누어 답안 작성

- A - ← 쪽 번호 매기기, A,B,C 순으로, 가운데 아래

1 편집 용지 설정

1 [편집 용지] 대화상자 열기

- 메뉴 : [파일]-[편집 용지], [쪽]-[편집 용지]
- 단축키 : F7

2 용지 종류 및 용지 여백 설정

- 용지 종류 : 'A4(국배판) [210×297mm]'
- 용지 여백 : 위쪽/아래쪽/왼쪽/오른쪽은 20mm, 머리말/꼬리말은 10mm로 입력

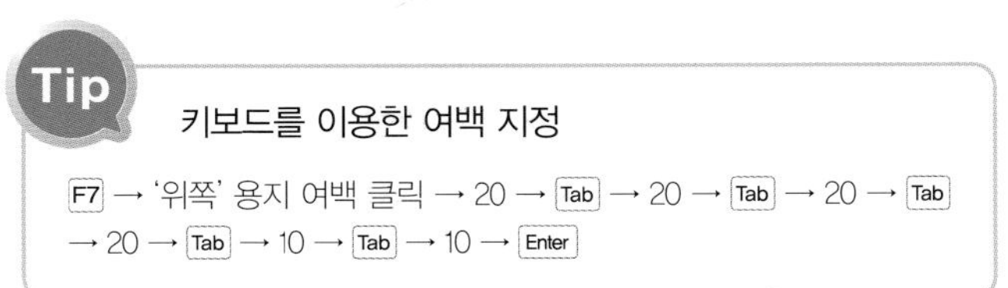

Tip 키보드를 이용한 여백 지정

F7 → '위쪽' 용지 여백 클릭 → 20 → Tab → 20 → Tab → 20 → Tab → 20 → Tab → 10 → Tab → 10 → Enter

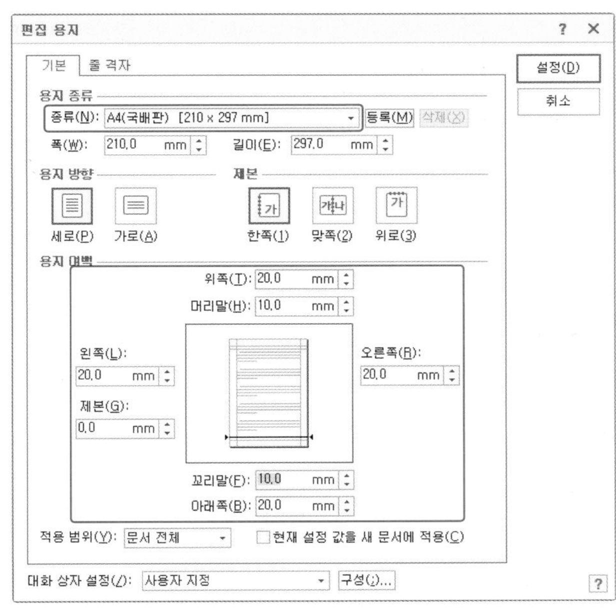

▲ [편집 용지] 대화상자

2 기본 글꼴 설정

서식 도구 상자 이용

서식 도구 상자에서 대표 글꼴 〈함초롬바탕〉을 〈바탕〉으로 변경

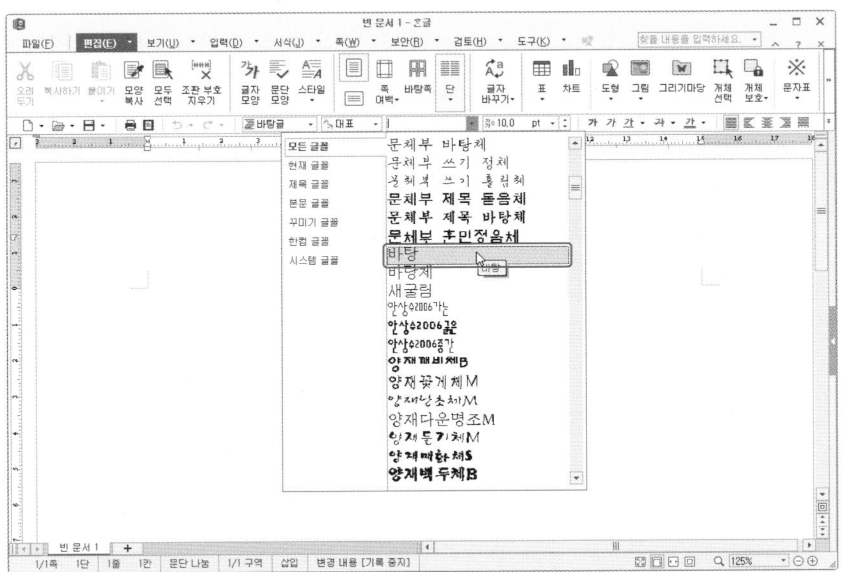

Tip

DIAT 시험에서는 별도의 지시사항이 없는 경우 기본 글꼴을 〈바탕〉으로 작성해야 합니다.

【문제】 첨부된 문제를 다음의 조건을 적용하여 문서를 작성하시오.

① 문서는 A4(210mm×297mm) 크기, 세로 용지방향으로 작성한다.

② 페이지 여백은 아래와 같이 설정한다.

왼쪽	오른쪽	위쪽	아래쪽	머리말	꼬리말	제본
20mm	20mm	20mm	20mm	10mm	10mm	0mm

③ 한글 NEO 버전은 아래와 같이 "자동 글머리 기호 넣기"와 "자동 번호 매기기" 기능을 해제한다.

도구 → 빠른 교정 → 빠른 교정 내용 → 입력 자동 서식 ⇒ 자동 글머리 기호 넣기(해제)
자동 번호 매기기(해제)

※ 만약 입력자동서식 메뉴가 없는 경우에는, "자동 글머리 기호 넣기"와 "자동 번호 매기기" 기능이 설정되어 있지 않은 것이므로 별도의 기능 해제 없이 그대로 시험에 응시하시면 됩니다.

④ 글자는 별도의 지시사항이 없는 한 바탕, 10pt, 양쪽정렬, 줄간격 160%로 작성한다.

⑤ 영문, 숫자 등은 별도의 지시가 없는 한 반각(1byte) 문자를 사용한다.

⑥ 특수문자는 문자표(전각 기호)를 이용하여 작성한다.

⑦ 교정부호 및 화살표로 기재된 지시사항대로 처리하되, ( )→은 지시사항이므로 작성하지 않는다.

⑧ 1페이지에 [문제1]을 작성하고, 구역나누기를 하여 2페이지에 [문제2]를 작성한다.

※ 해당 페이지에 작성하지 않거나 의도적으로 텍스트 작성을 하지 않은 경우 0점 처리

⑨ [문제2]는 문제지와 같이 2단으로 다단을 나누어 작성한다.

⑩ '그림 삽입' 시에는 반드시 "KAIT 수검프로그램"을 통해 다운로드 한 그림 파일을 사용한다.

⑪ 차트의 범례는 기본값으로 작성한다.(선 모양 없음)

⑫ 총점 : 200점

[공통사항1(기본설정, 용지설정)] : 8점, [공통사항2(오탈자)] : 40점

[문제1] : 46점, [문제2] : 106점

⑬ 기타 특별히 지시되어 있지 않은 사항은 문제지에 준하여 작성한다.

③ 입력 자동 서식

1 [빠른 교정 내용] 대화상자 열기

• 메뉴 : [도구]-[빠른 교정]-[빠른 교정 내용]

• 단축키 : Shift + F8

2 입력 자동 서식 설정

[입력 자동 서식] 탭에서 '자동 글머리 기호 넣기'와 '자동 번호 매기기' 체크 해제

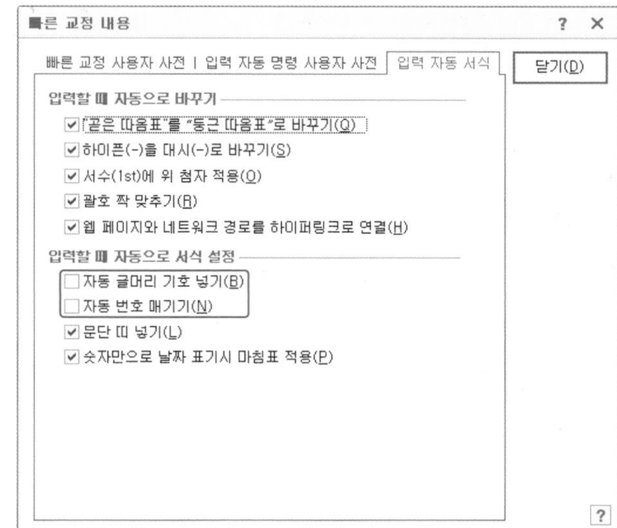

DIAT 시험에서는 [입력 자동 서식]의 '자동 글머리 기호 넣기'와 '자동 번호 매기기'를 해제한 후 문서를 작성해야 합니다.

④ 파일 저장

파일 저장하기

• 메뉴 : [파일]-[저장하기]

• 단축키 : Alt + S 또는 Ctrl + S

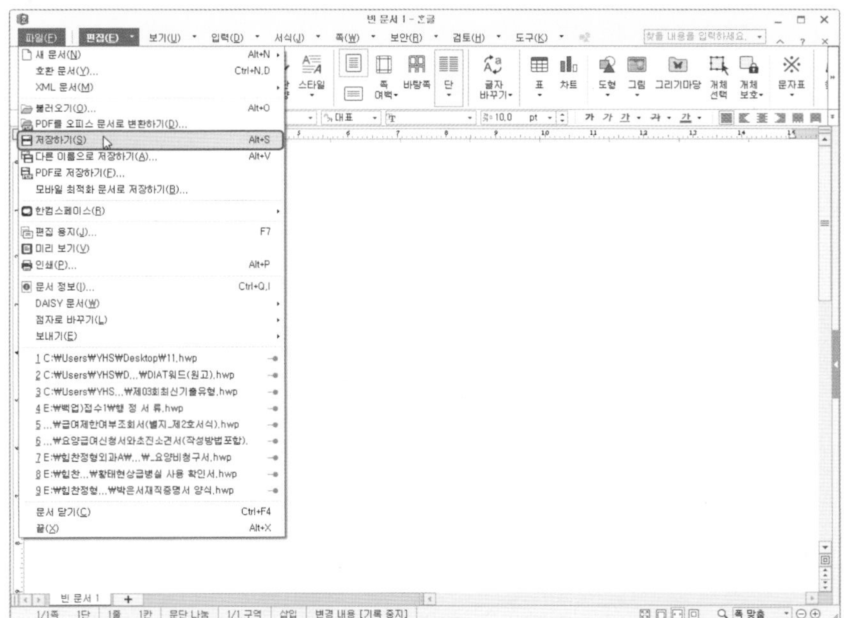

Tip 시험장 유의사항

• 감독관에 의해 시험이 시작되며, 답안 파일은 시험 종료 후 감독관이 자동 수집합니다.

• 답안 파일은 답안 전송 프로그램으로 자동 저장된 파일명을 그대로 사용해야 하므로 다른 이름으로 저장은 하지 않도록 합니다.

제 09 회

최신기출유형

한글 NEO 버전용

● 시험과목 : 워드프로세서(한글)
● 시험일자 : 20XX. XX. XX(X)
● 응시자 기재사항 및 감독위원 확인

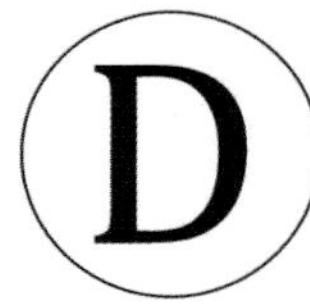

수 검 번 호	DIW – XXXX –	감독위원 확인
성 명		

응시자 유의사항

1. 응시자는 반드시 신분증을 지참하여야 시험에 응시할 수 있으며, 시험이 종료될 때까지 신분증을 제시하지 못 할 경우 해당 시험은 0점 처리됩니다.
2. 시스템(PC작동여부, 네트워크 상태 등)의 이상여부를 반드시 확인하여야 하며, 시스템 이상이 있을 경우 감독위원에게 조치를 받으셔야 합니다.
3. 시험 중 부주의 또는 고의로 시스템을 파손한 경우는 수검자 부담으로 합니다.
4. 답안 전송 프로그램을 통해 다운로드 받은 파일을 이용하여 답안파일을 작성하시기 바랍니다.
5. 작성한 답안 파일은 답안 전송 프로그램을 통하여 전송됩니다. 감독관의 지시에 따라 주시기 바랍니다.
6. 다음사항의 경우 실격(0점) 혹은 부정행위 처리됩니다.
   1) 답안파일을 저장하지 않았거나, 저장한 파일이 손상되었을 경우
   2) 답안파일을 지정된 폴더(바탕화면 – "KAIT" 폴더)에 저장하지 않았을 경우
      ※ 답안 전송 프로그램 로그인 시 바탕화면에 자동 생성됨
   3) 답안파일을 다른 보조 기억장치(USB) 혹은 네트워크(메신저, 게시판 등)로 전송할 경우
   4) 휴대용 전화기 등 통신기기를 사용할 경우
7. 시험지에 제시된 글꼴이 응시 프로그램에 없는 경우, 반드시 감독위원에게 해당 내용을 통보한 뒤 조치를 받아야 합니다.
8. 시험의 완료는 작성이 완료된 답안을 저장하고, 답안 전송이 완료된 상태를 확인한 것으로 합니다. 답안 전송 확인 후 문제지는 감독관에게 제출한 후 퇴실하여야 합니다.
9. 답안전송이 완료된 경우에는 수정 또는 정정이 불가능합니다.
10. 시험시행 후 결과는 홈페이지(www.ihd.or.kr)에서 확인하시기 바랍니다.
    1) 문제 및 모범답안 공개 : 20XX. XX. XX(X)
    2) 합격자 발표 : 20XX. XX. XX(X)

식별CODE

01 빵빵한 예제로 기본다지기

1 조건을 이용하여 다음과 같은 문서를 작성해 보세요.

완성파일 : 연습-01.hwp

작성조건 ▶ 저장 파일명 : 연습-01.hwp

시험에서는 별도의 지시사항이 없는 경우 '바탕, 10pt, 양쪽 정렬, 줄 간격 160%'로 작성해야 합니다.

물이 깊어야 고기가 모인다.
호랑이 그리려다 고양이 그린다.
열 길 물속은 알아도 한 길 사람 속은 모른다.
말이 고마우면 비지 사러 갔다가 두부 사 온다.
가루는 칠수록 고와지고, 말은 할수록 거칠어진다.

2 조건을 이용하여 다음과 같은 문서를 작성해 보세요.

완성파일 : 연습-02.hwp

작성조건 ▶ 저장 파일명 : 연습-02.hwp

상처는 잊되, 은혜는 결코 잊지 말라.
내가 원하지 않는 바를 남에게 행하지 말라.
모든 것이 참되면 그것이 밖으로 나타나기 마련이다.
나쁜 일을 하여 하늘에서 죄를 받으면 빌 곳이 없다.
군자가 이웃을 가려서 사는 것은 환난을 막기 위함이다.
가까이 있는 사람을 기쁘게 하고 멀리서 사람이 찾아오게 하라.

3 조건을 이용하여 다음과 같은 문서를 작성해 보세요.

완성파일 : 연습-03.hwp

작성조건 ▶ 저장 파일명 : 연습-03.hwp

A day without laughter is a day wasted.
웃음 없는 하루는 낭비한 하루다.
The unexamined life is not worth living.
반성하지 않은 삶은 살 가치가 없다.
No great man ever complains of want of opportunity.
위대한 사람은 기회가 없다고 원망하지 않는다.

쪽 테두리 : 이중 실선(0.5mm), 머리말 포함

글상자 - 크기 : 너비(60mm), 높이(12mm), 테두리 : 이중 실선(1.00mm), 반원
채우기 : 색상(RGB:105,155,55), 위치 : 글자처럼 취급, 가운데 정렬,
글자 모양 : 궁서체, 22pt, 가운데 정렬

머리말(돋움, 9pt, 오른쪽 정렬) → DIAT

그림H 삽입(바탕화면-KAIT-제출파일폴더)
너비(45mm), 높이(30mm)
위치 : 어울림(가로-쪽의 왼쪽:0mm,
세로-쪽의 위:24mm)

다양한 정원

1. 정원이란? ← 돋움, 12pt, 진하게

정원(庭園)은 일반적으로 실외에 식물 등 자연을 이용해 조성되는 공간이다. 자연(自然)적으로 형성될 수도 있으며, 인공(人工)적으로 조성될 수도 있다. 가장 흔한 것은 주택 바깥의 뜰이다. 동양에는 고산수①라는 형식의 정원이 있어 식물과 물 없이 돌 위주로 꾸며지기도 한다. 장식용 건물과 연못(pond), 폭포, 개울 등에 포함할 수 있다. 순수 관상용 정원과 소규모 농장을 포함한 정원이 있다. 동양적(oriental) 의미에서 정원은 일정하게 구획된 빈 땅에 약간의 화초류나 유실수를 심고 채원을 만들어 여유 있는 삶을 살고자 하는 서민들의 바람에서 출발한 장소인 반면에 서구적(western) 의미에서는 대개 주택의 실용적이고 외부공간을 심미적 목적으로 처리한 뜰을 뜻한다.

각주 / 에 → 을

2. 각국의 이색 정원 ← 돋움, 12pt, 진하게

런던의 큐 왕립 정원은 전 세계 식물학자들에게 큰 공헌(貢獻)을 한 식물원이다. 35만 분류군의 700만 점이 넘는 식물 표본이 있다. 16세기 중반 개인 소유의 정원에서 출발했다. 여러 사람의 손을 거친 이후 확장 공사를 통해 1759년에 식물원(植物園)으로 탄생했다. 뉴욕 브루클린 보태닉 가든은 뉴욕시민들이 휴식을 취하는 곳이다. 일본인 건축가가 작업해 신사의 상징인 붉은색 도리이까지 설치한 '일본정원', 약 1400종의 장미가 있는 장미 정원, 세익스피어 희곡 속 식물 80여 종이 있는 세익스피어 정원 등 특색 있는 주제(theme)를 지닌 정원들이 있다. 도쿄의 고이시카와 가든은 약용 식물이나 기근 대비를 위해 연구(research) 목적으로 만들어졌다. 1877년 에도시대에 만들어져 그 시대 정원 문화를 엿볼 수 있어 과거 일본의 정취가 느껴진다.

굴림체, 12pt, 진하게, 가운데 정렬

국가별 국가정원 방문객

국가	2017년	2018년
영국	35	38
그리스	15	20
미국	55	56
일본	23	21
한국	9	11

위쪽 제목 셀 : 색상(RGB:233,174,43), 진하게
제목 셀 아래선 : 이중 실선(0.5mm)
글자 모양 : 굴림, 10pt, 가운데 정렬

맑은 고딕, 12pt, 진하게

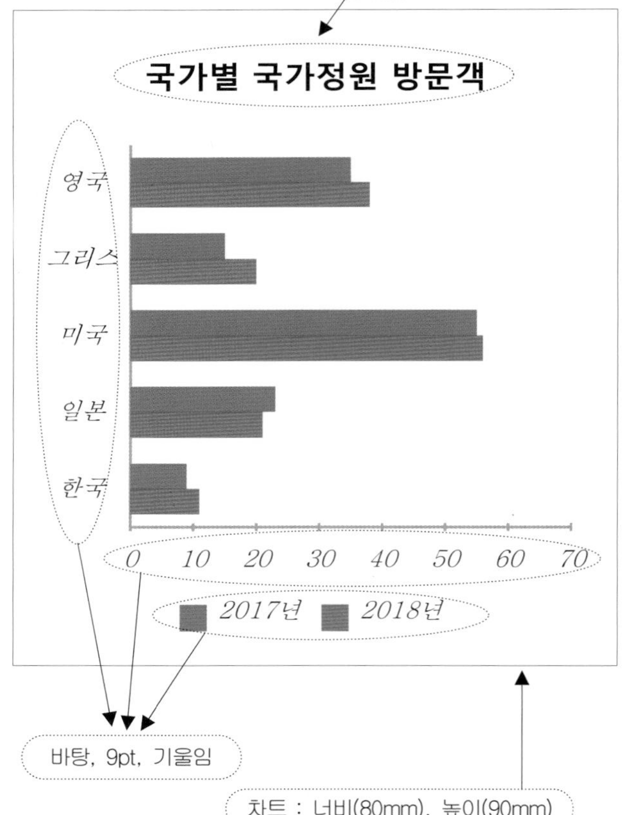

바탕, 9pt, 기울임

차트 : 너비(80mm), 높이(90mm)

---

① 동양의 정원 구성양식, 식물과 물이 없이 이루어진 정원 ← 돋움, 8pt

쪽 번호 매기기, i, ii, iii 순으로, 오른쪽 아래 → - ii -

4 조건을 이용하여 다음과 같은 문서를 작성해 보세요.

완성파일 : 기본01-01.hwp

작성조건 ▶ 용지 여백 : 왼쪽 · 오른쪽 · 위쪽 · 아래쪽 20mm, 머리말 · 꼬리말 10mm

한 조사에 따르면 국내에서 반려동물을 키우는 인구가 급증하여 1,000만 명을 넘어섰다고 한다. 최근에 이르러 반려동물은 단순한 애완용 동물이 아닌 자신의 가족으로 인식되고 삶의 일부가 되었다. 사회구조의 변화에 따라 1인 가구의 증가와 출산율 감소가 가장 큰 원인으로 꼽히고 있다. 이에 따라 반려동물 관련 산업 또한 규모가 커지고 있다.

5 조건을 이용하여 다음과 같은 문서를 작성해 보세요.

완성파일 : 기본01-02.hwp

작성조건 ▶ 용지 여백 : 왼쪽 · 오른쪽 · 위쪽 · 아래쪽 20mm, 머리말 · 꼬리말 10mm

빅데이터(Big Data)는 디지털 환경에서 생성되는 데이터로 규모가 방대하고, 생성 주기도 짧으며, 형태도 수치 데이터뿐 아니라 문자와 영상 데이터를 포함하는 대규모 데이터를 말한다. 빅데이터 환경은 과거에 비해 데이터의 양이 폭증했다는 점과 함께 데이터의 종류도 다양해져 사람들의 행동은 물론 위치정보와 소셜 네트워크 서비스(Social Network Service)를 통해 생각과 의견까지 분석하고 예측할 수 있다.

6 조건을 이용하여 다음과 같은 문서를 작성해 보세요.

완성파일 : 기본01-03.hwp

작성조건 ▶ 용지 여백 : 왼쪽 · 오른쪽 · 위쪽 · 아래쪽 20mm, 머리말 · 꼬리말 10mm

민속이란 민간 생활과 관계된 생활 풍속이나 습관, 신앙, 기술, 전승 문화 등을 통틀어 이르는 말로 한국 민속은 크게는 민속공예같이 물질적 자료가 전승되는 경우를 말하는 유형 문화, 민속놀이같이 구전으로 사람을 통해서 전승되는 무형 문화로 분류된다.
이를 좀 더 세부적으로는 의식주생활 풍습, 민간신앙, 민간명절, 생산 풍습, 가족생활 풍습, 민속예술 등으로 분류한다. 이 중 민속예술은 전래되는 민간예술을 가리키며 전통예술이나 민속예술의 개념과 같이 쓰이는 경우가 많고 서민들에 의하여 전승되어왔다는 점이 특징이다.

글맵시 – 견고딕, 채우기 : 색상(RGB:49,95,151)
크기 : 너비(110mm), 높이(20mm), 위치 : 글자처럼 취급, 가운데 정렬

DIAT
머리말(돋움, 9pt, 오른쪽 정렬)

서울정원박람회

진하게, 기울임

기존 타도시의 정원박람회와는 달리 서울정원박람회는 ***<정원, 도시재생의 씨앗이 되다>라는 주제와 <어딜 가든 동네 정원>이라는 슬로건*** 아래, 대형공원이 아닌 해방촌 일대에 '동네 정원'을 조성합니다. 이러한 장소의 변화를 통해 낡은 공원의 재생을 넘어 도시재생과 연계한 박람회로의 패러다임 변화를 꾀하고, 녹지 소외지역에 작지만 일상생활에서 즐길 수 있는 동네 정원을 조성함으로써 정원 문화의 접근성을 향상시키며 녹지 소외지역의 해소를 목표로 하고 있습니다. 새로운 동네 정원의 모델 발굴을 위해 시도되는 서울정원박람회에 많은 관심과 참여를 부탁드립니다.

1. 행사주제 : 정원, 도시재생의 씨앗이 되다
2. 행사일시 : 2022. 06. 09.(목) ~ 2022. 06. 15.(수)
3. 행사장소 : 만리동광장 ~ 해방촌 일대
4. 주　　최 : 서울특별시, 서울정원박람회 조직위원회
5. 세부행사 : <u>*(재)환경조경나눔연구원 홈페이지(http://www.idh.or.kr) 공지사항 참고*</u>

기울임, 밑줄

문자표

※ 기타사항

- 제출서류에 기재된 내용이 사실과 다를 경우 응모 및 참여에 제한을 받을 수 있습니다.
- 정원 조성 시 대상지의 현장 여건에 따라 사업 주최자가 디자인의 보완 및 수정을 요청할 경우 당선 팀(또는 개인)은 이를 최대한 반영하여 작품 완성에 협력해야 합니다.
- 기타 관련된 문의사항은 환경과조경(02-123-4567)으로 문의 바랍니다.

왼쪽여백 : 10pt
내어쓰기 : 13pt

2022. 05. 02.

13pt, 가운데 정렬

환경조경나눔연구원

견고딕, 23pt, 가운데 정렬

문제1은 1구역, 문제2는 2구역으로 나누어 답안 작성

쪽 번호 매기기, ⅰ,ⅱ,ⅲ 순으로, 오른쪽 아래

- ⅰ -

조건을 이용하여 다음과 같은 문서를 작성해 보세요.

완성파일 : 연습-04.hwp

작성조건
- ▶ 용지 여백 : 왼쪽 · 오른쪽 · 위쪽 · 아래쪽 20mm, 머리말 · 꼬리말 10mm
- ▶ 저장 파일명 : 연습-04.hwp

최근 융합산업으로 꼽히는 대표적인 분야 중 하나가 스마트자동차 산업(Industry)이다. 예전에는 단순한 제조업이던 자동차산업이 IT첨단기술과 융합하여 보다 편리한 운전을 위한 스마트자동차 시장으로써 급부상하고 있다. 언제 어디서나 네트워크 접속이 가능한 스마트자동차는 무선통신을 통하여 차량 내부와 외부 네트워크 간에 자유로운 연결 시스템(System)을 갖추고 있기 때문에 커넥티드 카(Connected Car)라고도 불린다.

8

조건을 이용하여 다음과 같은 문서를 작성해 보세요.

완성파일 : 연습-05.hwp

작성조건
- ▶ 용지 여백 : 왼쪽 · 오른쪽 · 위쪽 · 아래쪽 20mm, 머리말 · 꼬리말 10mm
- ▶ 저장 파일명 : 연습-05.hwp

네 명의 사람이 네 가지 물건 즉, 꽹과리, 징, 장구, 북을 각각 가지고 어우러져 치는 놀이로 풍물놀이 계열의 음악이다. 듣고 있으면 절로 흥이 나게 되는 장단과 가락이 특징이다. 약방의 감초처럼 들어가는 상모돌리기 또한 특징이다. 겉보기에는 아주 오래 전부터 전해지던 것처럼 보이지만, 의외로 역사가 짧은 편이다. 각 악기들은 자연현상을 의미하기도 하는데 사물놀이에서 리더(Leader) 역할인 꽹과리는 천둥과 번개, 징은 바람, 장구는 비(Rain), 북은 구름을 상징하고, 이 네 가지가 하나로 합쳐진 사물놀이는 폭풍을 상징한다.

조건을 이용하여 다음과 같은 문서를 작성해 보세요.

완성파일 : 연습-06.hwp

작성조건
- ▶ 용지 여백 : 왼쪽 · 오른쪽 · 위쪽 · 아래쪽 20mm, 머리말 · 꼬리말 10mm
- ▶ 저장 파일명 : 연습-06.hwp

한복을 포함한 우리 전통의 옷은 꼭 들어맞게 만드는 법이 없다. 언제나 체형보다 여유를 두고 지었기 때문에, 속옷고름이나 허리띠만 조이면 성장에 구애받지 않고 장기간 입을 수 있는 장점이 있다. 또한, 여러 사람이 한 벌의 옷을 입게 하여, 경제성과 공동체 의식(Consciousness)이 담겨져 있는 여유를 가진 문화를 엿볼 수 있다. 저고리 밑단이나 소매 끝동, 저고리 여밈은 정면에서 여미게 되어 있어서, 다른 옷에 비해 열린 문화(Culture)의 특색을 보여주고 있다.

【문제】 첨부된 문제를 다음의 조건을 적용하여 문서를 작성하시오.

① 문서는 A4(210mm×297mm) 크기, 세로 용지방향으로 작성한다.

② 페이지 여백은 아래와 같이 설정한다.

왼쪽	오른쪽	위쪽	아래쪽	머리말	꼬리말	제본
20mm	20mm	20mm	20mm	10mm	10mm	0mm

③ 한글 NEO 버전은 아래와 같이 "자동 글머리 기호 넣기"와 "자동 번호 매기기" 기능을 해제한다.

도구 → 빠른 교정 → 빠른 교정 내용 → 입력 자동 서식 ⇒	자동 글머리 기호 넣기(해제) 자동 번호 매기기(해제)

※ 만약 입력자동서식 메뉴가 없는 경우에는, "자동 글머리 기호 넣기"와 "자동 번호 매기기" 기능이 설정되어 있지 않은 것이므로 별도의 기능 해제 없이 그대로 시험에 응시하시면 됩니다.

④ 글자는 별도의 지시사항이 없는 한 바탕, 10pt, 양쪽정렬, 줄간격 160%로 작성한다.

⑤ 영문, 숫자 등은 별도의 지시가 없는 한 반각(1byte) 문자를 사용한다.

⑥ 특수문자는 문자표(전각 기호)를 이용하여 작성한다.

⑦ 교정부호 및 화살표로 기재된 지시사항대로 처리하되, ( )→은 지시사항이므로 작성하지 않는다.

⑧ 1페이지에 [문제1]을 작성하고, 구역나누기를 하여 2페이지에 [문제2]를 작성한다.

※ 해당 페이지에 작성하지 않거나 의도적으로 텍스트 작성을 하지 않은 경우 0점 처리

⑨ [문제2]는 문제지와 같이 2단으로 다단을 나누어 작성한다.

⑩ '그림 삽입' 시에는 반드시 "KAIT 수검프로그램"을 통해 다운로드 한 그림 파일을 사용한다.

⑪ 차트의 범례는 기본값으로 작성한다.(선 모양 없음)

⑫ 총점 : 200점

[공통사항1(기본설정, 용지설정)] : 8점, [공통사항2(오탈자)] : 40점

[문제1] : 46점, [문제2] : 106점

⑬ 기타 특별히 지시되어 있지 않은 사항은 문제지에 준하여 작성한다.

Chapter 02

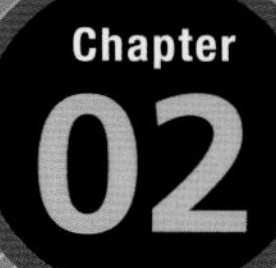

특수문자/한자 입력

>>> **핵심만 쏙쏙** ❶ 특수문자 입력 ❷ 한자 입력

특수문자는 [문제1]에서 주로 출제되며 문자표(전각 기호)를 이용해 작성합니다.
한자 변환은 주로 [문제2]에서 출제되며 한자가 제시되어 있어 쉽게 변환이 가능합니다.

핵심 짚어보기

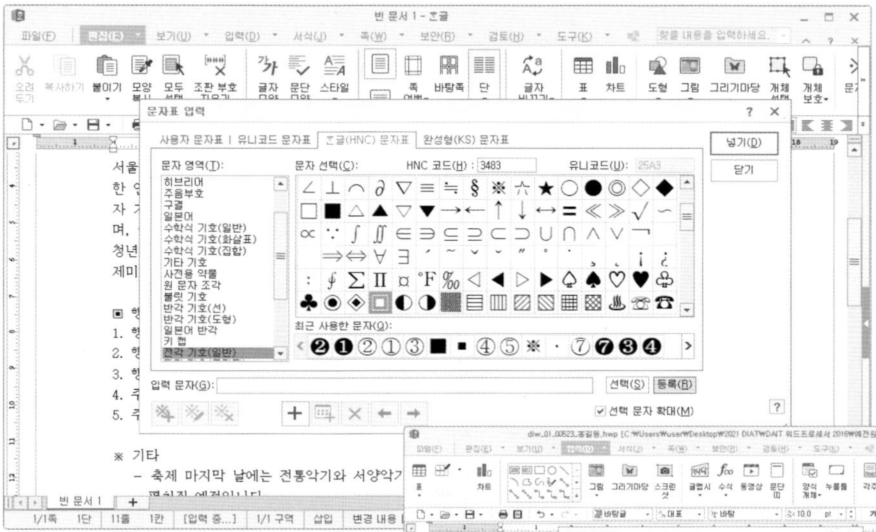

▲ 문자표 입력하기

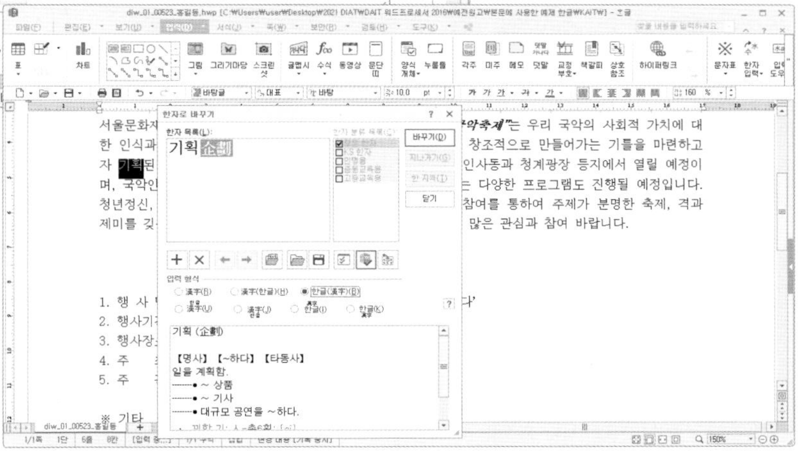

▲ 한자 변환하기

클래스 업

- **문자표 입력 :** Ctrl+F10을 누른 후 [문자표 입력] 대화상자에서 해당 문자 선택
- **한자 변환 :** 한글로 음을 입력하고 F9 또는 한자를 누른 후 [한자로 바꾸기] 대화상자에서 해당 한자 선택 (입력 형식 : '한글(漢字)')

제 08 회 최신기출유형

한글 NEO 버전용

- 시험과목 : 워드프로세서(한글)
- 시험일자 : 20XX. XX. XX(X)
- 응시자 기재사항 및 감독위원 확인

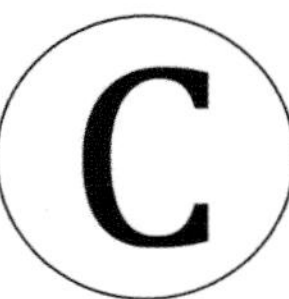

수 검 번 호	DIW – XXXX –	감독위원 확인
성 명		

응시자 유의사항

1. 응시자는 반드시 신분증을 지참하여야 시험에 응시할 수 있으며, 시험이 종료될 때까지 신분증을 제시하지 못 할 경우 해당 시험은 0점 처리됩니다.
2. 시스템(PC작동여부, 네트워크 상태 등)의 이상여부를 반드시 확인하여야 하며, 시스템 이상이 있을 경우 감독위원에게 조치를 받으셔야 합니다.
3. 시험 중 부주의 또는 고의로 시스템을 파손한 경우는 수검자 부담으로 합니다.
4. 답안 전송 프로그램을 통해 다운로드 받은 파일을 이용하여 답안파일을 작성하시기 바랍니다.
5. 작성한 답안 파일은 답안 전송 프로그램을 통하여 전송됩니다. 감독관의 지시에 따라 주시기 바랍니다.
6. 다음사항의 경우 실격(0점) 혹은 부정행위 처리됩니다.
   1) 답안파일을 저장하지 않았거나, 저장한 파일이 손상되었을 경우
   2) 답안파일을 지정된 폴더(바탕화면 – "KAIT" 폴더)에 저장하지 않았을 경우
      ※ 답안 전송 프로그램 로그인 시 바탕화면에 자동 생성됨
   3) 답안파일을 다른 보조 기억장치(USB) 혹은 네트워크(메신저, 게시판 등)로 전송할 경우
   4) 휴대용 전화기 등 통신기기를 사용할 경우
7. 시험지에 제시된 글꼴이 응시 프로그램에 없는 경우, 반드시 감독위원에게 해당 내용을 통보한 뒤 조치를 받아야 합니다.
8. 시험의 완료는 작성이 완료된 답안을 저장하고, 답안 전송이 완료된 상태를 확인한 것으로 합니다. 답안 전송 확인 후 문제지는 감독관에게 제출한 후 퇴실하여야 합니다.
9. 답안전송이 완료된 경우에는 수정 또는 정정이 불가능합니다.
10. 시험시행 후 결과는 홈페이지(www.ihd.or.kr)에서 확인하시기 바랍니다.
    1) 문제 및 모범답안 공개 : 20XX. XX. XX(X)
    2) 합격자 발표 : 20XX. XX. XX(X)

식별CODE

1 특수문자(문자표) 입력

1 [문자표 입력] 대화상자 열기

- 메뉴 : [입력]-[문자표]
- 단축키 : Ctrl + F10

2 입력할 문자 선택

[문자표 입력] 대화상자에서 해당 문자 선택

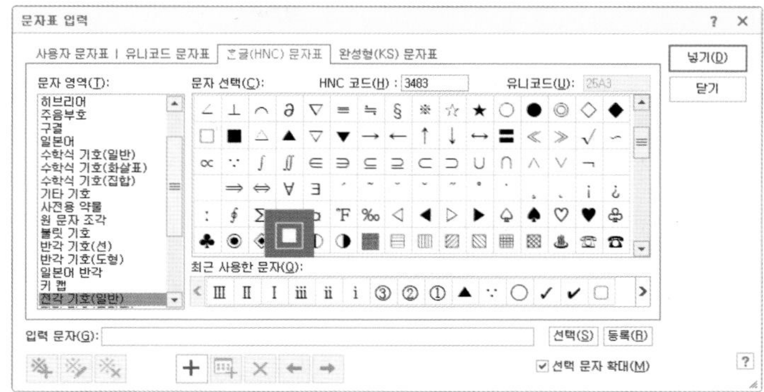

Tip

[문자표 입력] 대화상자의 문자 영역에서 '전각 기호(일반)'에 있는 기호들을 주로 이용합니다.

2 한자 입력

1 변환할 단어 선택

한자로 변환할 단어를 블록으로 지정(변환할 단어 뒤에 커서를 위치시켜도 됨)

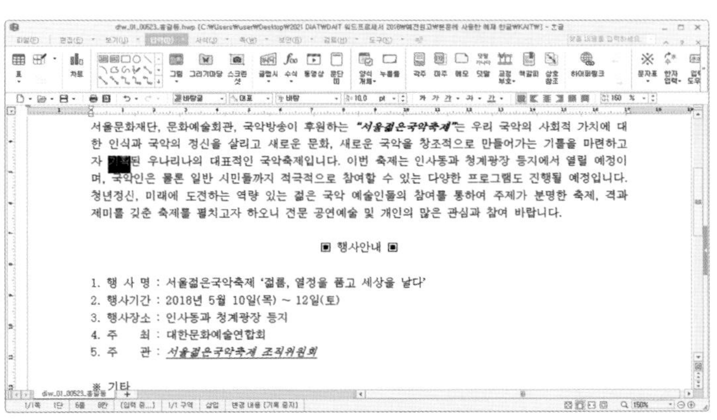

Tip

낱말의 마지막 음절(글자) 뒤에 커서를 놓고 F9 또는 한자를 눌러 낱말 단위로 변환할 수도 있습니다.

2 [한자로 바꾸기] 대화상자 열기

- 메뉴 : [입력]-[한자 입력]-[한자로 바꾸기]
- 단축키 : F9 또는 한자
- 입력 형식 : '한글(漢字)'

Tip

문제지에 나와 있는 한자와 동일한 것을 선택하고 입력 형식을 반드시 "한글(漢字)"로 선택하여 입력합니다.

쪽 테두리 : 이중 실선(0.5mm), 머리말 포함

머리말(굴림, 9pt, 오른쪽 정렬) → DIAT

글상자 - 크기 : 너비(55mm), 높이(12mm), 테두리 : 이중 실선(1.00mm), 둥근 모양
채우기 : 색상(RGB:53,135,145), 위치 : 글자처럼 취급, 가운데 정렬,
글자 모양 : 궁서체, 22pt, 가운데 정렬

그림G 삽입(바탕화면-KAIT-제출파일폴더)
너비(30mm), 높이(30mm)
위치 : 어울림(가로-쪽의 왼쪽:0mm,
세로-쪽의 위:24mm)

주택과 주거

1. 주택 개요

돋움, 12pt, 진하게

인간을 비, 바람이나 추위, 더위와 같은 자연적 피해와 도난, 파괴와 같은 사회적 침해로부터 보호하기 위한 건물(建物)을 말하는데, 가족 구성의 핵가족화와 순수한 생활의 장소로서 소형화, 단순화가 이루어져 가는 경향이 있다. 이와 동시에 인간의 (욕구를/생리적) 해결하고, 재창조를 위한 휴식과 문화생활을 담는 그릇이기도 하다. 그러므로 주택(housing)이란 외부로부터 적당히 차폐된 공간을 건축적으로 해결한 것이라고 할 수 있다. 그러나 이 사생활(privacy)에 대한 욕구는 적절한 사회적 관계, 즉 공동 취락(聚落) 관계를 벗어나서 형성되지는 않는다. 인류는 태초부터 주택을 짓기 시작하였으며, 인지가 발달함에 따라 보다 쾌적(快適)하게 견실한 주택을 짓기 위해 노력을 기울여왔다.

(고)

2. 주거 개요

돋움, 12pt, 진하게

주택이 물리적 건물 그 자체만을 의미한다면 주거(住居)㉠는 사람이 생활을 영위하는 장소 및 그 안에서 이루어지는 생활까지 모두 포함한다. 즉, 주거란 작게는 생활기기, 가구 및 실내 장비, 실내 공간, 주택, 거주지 등까지 확대되는 물리적 주택의 범위와 취침, 취미 등의 개인 생활, 식사, 휴식, 단란 등의 가족 공동생활, 접객, 사교 등의 근린(neighbourhood) 생활과 공동체로서의 지역 생활을 포함한 사회생활이 함께 어우러지는 생활의 장소로 개념 지을 수 있다. 이러한 주거의 역할은 가족생활을 유지하고 화목을 도모하며 가족을 양육(nurture)하고 보호하는 기능과 휴식 및 노동력(labor force)을 재생산하는 기능, 가사 노동의 장소가 되고 지역 사회생활(社會生活)이 기반이 되는 기능을 한다. 아울러 주거권은 인간다운 주거생활을 할 수 있는 권리를 의미한다.

각주

돋움, 12pt, 진하게, 가운데 정렬

주택 매매 거래량(단위:만건)

년도	전국	수도권
2015년	5.9	2.0
2016년	8.1	2.9
2017년	5.7	2.2
2018년	13.0	5.3

위쪽 제목 셀 : 색상(RGB:202,86,167), 진하게
제목 셀 아래선 : 이중 실선(0.5mm)
글자모양 : 중고딕, 10pt, 가운데 정렬

궁서, 12pt, 진하게

주택 매매 거래량(단위:만건)

14
12
10
8
6
4
2
0
2015년 2016년 2017년 2018년
전국 수도권

바탕체, 9pt, 기울임

차트 : 너비(80mm), 높이(80mm)

㉠ 가옥 외에 대지를 포함하는 사람이 거주하는 장소, 주택은 거의 같은 뜻이지만 건물이라는 의미가 강함

굴림, 9pt

쪽 번호 매기기, 가,나,다 순으로, 오른쪽 아래 → - 나 -

02 빵빵한 예제로 기본다지기

1 다음과 같은 문서를 작성해 보세요.

완성파일 : 기본02-01.hwp

◇◆ 여러분이 할 수 있는 가장 큰 모험은 바로 여러분이 꿈꿔오던 삶을 사는 것입니다.
인생의 비극이란 사람들이 삶을 사는 동안 내면에서 잃어가는 것들이다. ○●

♤ 배우는 거부당하기 위해 헤맨다. 거부당하지 않으면 스스로를 거부한다.
인간은 선천적으로는 거의 비슷하나 후천적으로 큰 차이가 나게 된다. ◈

2 다음과 같은 문서를 작성해 보세요.

완성파일 : 기본02-01.hwp

■ 행사안내 ■
1. 행 사 명 : 서울젊은국악축제 '젊음, 열정을 품고 세상을 날다'
2. 행사기간 : 2021년 5월 20일(목) ~ 22일(토)
3. 행사장소 : 인사동과 청계광장 등지
4. 주　　최 : 대한문화예술연합회
5. 주　　관 : 서울젊은국악축제 조직위원회

※ 기타
– 사전 신청을 하신 분에 한하여 참관이 가능하므로, 꼭 사전 신청을 하시기 바랍니다.
– 기타 자세한 사항은 담당자(02–123–5678)에게 문의하시기 바랍니다.

Tip

입력 자동 서식 설정

- DIAT 시험에서는 [입력 자동 서식]의 '자동 글머리 기호 넣기'와 '자동 번호 매기기'를 해제한 후 문서를 작성해야 합니다.
- [입력 자동 서식] 설정 방법
  ① [도구]–[빠른 교정]–[빠른 교정 내용] 메뉴(Shift+F8)를 선택합니다.
  ② [입력 자동 서식] 탭에서 '자동 글머리 기호 넣기'와 '자동 번호 매기기'를 해제합니다.

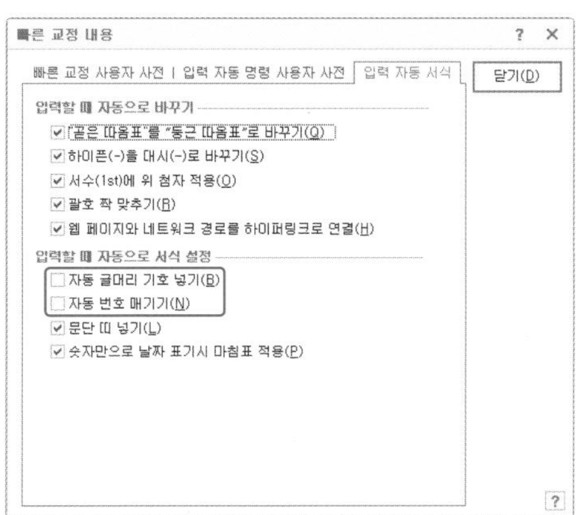

글맵시 - 견고딕, 채우기 : 색상(RGB:199,82,82)
크기 : 너비(100mm), 높이(20mm), 위치 : 글자처럼 취급, 가운데 정렬

DIAT
머리말(굴림, 9pt, 오른쪽 정렬)

하우징브랜드페어

진하게, 밑줄

서울 강남 코엑스에서 펼쳐지는 하우징 브랜드 페어는 **품격과 전문성의 차별화**에 초점을 맞추어 보석을 담는 마음으로 국내외 명품 건축자재만을 엄선해 준비합니다. 세계적으로 유명한 전문 전시기업 리드 엑스포가 오랜 노하우를 바탕으로 보다 품위있게 전시회를 준비할 뿐 아니라 다양한 홍보부스를 통해 대대적인 홍보를 펼쳐 참여기업의 브랜드 이미지 향상에 크게 기여할 것입니다. 기능, 디자인, 가격 면에서 차별화된 제품을 가지고 이를 찾는 바이어가 한자리에서 만나 맨투맨 타겟 마케팅을 할 수 있는 공간을 제공해드립니다. 이번 행사는 대한민국의 차세대 주거문화를 선도하는 역할을 다 할 것입니다.

문자표 → ★ 행사안내 ★ ← 중고딕, 가운데 정렬

1. 행 사 명 : 하우징 브랜드 페어
2. 행사일시 : 07월 07일(목) ~ 07월 10일(일), 4일간
3. 행사장소 : 서울 코엑스 A, B, C홀
4. 사전등록 : ***07월 06일(수) 18:00까지 온라인으로 등록*** ← 진하게, 기울임
5. 행사주관 : 국토교통부, 산업통상자원부, 서울특별시, 조달청

문자표

※ 기타사항

- 올해의 최신 하우징 트렌드를 읽어내고 주거문화의 새로운 패러다임을 제시하는 프리미엄 특별전에 참여를 원하시는 분
- 참가비 : 1인당 15,000원(미성년자는 참여할 수 없음)
- 기념품 : 온라인으로 사전 등록하신 분들에게는 와인오프너를 증정합니다.

왼쪽여백 : 10pt
내어쓰기 : 12pt

2022. 06. 13. ← 13pt, 가운데 정렬

리드 엑스포 ← 휴먼옛체, 27pt, 가운데 정렬

문제1은 1구역, 문제2는 2구역으로 나누어 답안 작성

쪽 번호 매기기, 가,나,다 순으로, 오른쪽 아래 → - 가 -

3 다음과 같은 문서를 작성해 보세요.

완성파일 : 기본02-02.hwp

행궁(行宮)	도읍(都邑)	남면(南面)	귀농(歸農)	실시(實施)
창업(創業)	기관(氣管)	발광(發光)	물질(物質)	수준(水準)
표현(表現)	촬영(撮影)	관련(關聯)	재료(材料)	형태(形態)
종류(種類)	명칭(名稱)	형성(形成)	애환(哀歡)	서예(書藝)
어원(語源)	장법(章法)	발표(發表)	교육(敎育)	양성(養成)

4 다음과 같은 문서를 작성해 보세요.

완성파일 : 기본02-02.hwp

고진감래(苦盡甘來)	곡학아세(曲學阿世)	곤수유투(困獸猶鬪)
남가일몽(南柯一夢)	농가성진(弄假成眞)	당랑거철(螳螂拒轍)
동분서주(東奔西走)	마이동풍(馬耳東風)	목불식정(目不識丁)
백면서생(白面書生)	부화뇌동(附和雷同)	수어지교(水魚之交)
역지사지(易地思之)	죽마고우(竹馬故友)	환골탈태(換骨奪胎)

5 다음과 같은 문서를 작성해 보세요.

완성파일 : 기본02-02.hwp

사물(四物)이란 꽹과리, 징, 장구, 북 이상 4가지 악기를 일컫는 말이며, 사물놀이는 풍물놀이에 뿌리를 둔 장르(Genre)이다. 1970년대 말 풍물놀이는 마당놀이 형태에 가까웠는데, 이를 현대적인 연주형태로 변형(變形)하여 탄생한 것이 사물놀이 연주이다. 풍물놀이는 선반이지만 사물놀이는 주로 앉아서 하는 앉은반의 형태이다. 또 연주가락의 반복(Repetition)과 교체(Replacement)가 많은 풍물놀이에 비해 사물놀이는 느린 가락에서 빠른 가락으로 짜임새의 조여 가는 가락이 특징적이다. 풍물놀이는 보통 15~30명의 인원과 큰 마당이나 공터가 필요한 특징이 있는데 비하여 사물놀이는 실내무대에서 최소 4명의 인원으로도 연주(Performance)가 가능한 것이 특징이다.

【문제】 첨부된 문제를 다음의 조건을 적용하여 문서를 작성하시오.

① 문서는 A4(210mm×297mm) 크기, 세로 용지방향으로 작성한다.

② 페이지 여백은 아래와 같이 설정한다.

왼쪽	오른쪽	위쪽	아래쪽	머리말	꼬리말	제본
20mm	20mm	20mm	20mm	10mm	10mm	0mm

③ 한글 NEO 버전은 아래와 같이 "자동 글머리 기호 넣기"와 "자동 번호 매기기" 기능을 해제한다.

도구 → 빠른 교정 → 빠른 교정 내용 → 입력 자동 서식 ⇒	자동 글머리 기호 넣기(해제) 자동 번호 매기기(해제)

※ 만약 입력자동서식 메뉴가 없는 경우에는, "자동 글머리 기호 넣기"와 "자동 번호 매기기" 기능이 설정되어 있지 않은 것이므로 별도의 기능 해제 없이 그대로 시험에 응시하시면 됩니다.

④ 글자는 별도의 지시사항이 없는 한 바탕, 10pt, 양쪽정렬, 줄간격 160%로 작성한다.

⑤ 영문, 숫자 등은 별도의 지시가 없는 한 반각(1byte) 문자를 사용한다.

⑥ 특수문자는 문자표(전각 기호)를 이용하여 작성한다.

⑦ 교정부호 및 화살표로 기재된 지시사항대로 처리하되, ( )→은 지시사항이므로 작성하지 않는다.

⑧ 1페이지에 [문제1]을 작성하고, 구역나누기를 하여 2페이지에 [문제2]를 작성한다.

※ 해당 페이지에 작성하지 않거나 의도적으로 텍스트 작성을 하지 않은 경우 0점 처리

⑨ [문제2]는 문제지와 같이 2단으로 다단을 나누어 작성한다.

⑩ '그림 삽입' 시에는 반드시 "KAIT 수검프로그램"을 통해 다운로드 한 그림 파일을 사용한다.

⑪ 차트의 범례는 기본값으로 작성한다.(선 모양 없음)

⑫ 총점 : 200점

[공통사항1(기본설정, 용지설정)] : 8점, [공통사항2(오탈자)] : 40점

[문제1] : 46점, [문제2] : 106점

⑬ 기타 특별히 지시되어 있지 않은 사항은 문제지에 준하여 작성한다.

6 다음과 같은 문서를 작성해 보세요.

완성파일 : 기본02-03.hwp

세계에서 가장 큰 어린이를 위한 단체인 유니세프는 전 세계 190개 나라와 만여 명 직원들이 어린이들의 생존, 보호, 발달, 참여를 위해 일하고 있습니다. 유니세프 한국위원회는 국내에 세계 어린이 현황과 유니세프 활동을 널리 알려 어린이를 돕기 위한 기금을 조성하고, 아동권리를 알리면서 옹호하는 활동을 펼치고 있습니다. 전 세계 모든 어린이를 행복하게 만들자는 유니세프의 뜻에 공감하고, 자신의 재능과 시간을 나누며 다양한 활동을 펼치기를 희망하는 대학생 자원봉사자를 모집합니다. 어린이들의 행복한 미래를 위해 나눔을 실천하며 행복한 세상을 만들고 싶은 분들의 많은 관심과 참여를 부탁드립니다.

7 다음과 같은 문서를 작성해 보세요.

완성파일 : 기본02-03.hwp

★ 모집안내 ★

1. 활동일정 : 2021.03.08(월) ~ 2021.12.31(금)
2. 활동대상 : 1년간 지속적으로 활동이 가능한 대학교 재학생 및 휴학생
3. 활동내용 : 유니세프 한국위원회 업무지원, 홍보부스 및 캠페인 운영
4. 모집방법 : 유니세프 한국위원회 홈페이지(http://www.ihd.or.kr)를 통해 접수
5. 모집인원 : 50~60명(신청서 접수 후 면접 선발)

※ 기타사항

- 모집인원은 자원봉사 근무편성에 따라 변동될 수 있습니다.
- 유니세프 한국위원회는 자원봉사정보 실적관리, 인증서 발급 서비스를 제공합니다.
- 자세한 사항은 자원봉사 담당자 박화선(02-1212-1234)에게 문의하시기 바랍니다.

Tip

하이퍼링크 제거 방법

① 커서를 URL 주소가 입력된 곳으로 이동시킨다.

② [입력]-[하이퍼링크] 메뉴 또는 단축키(Ctrl+K, H)를 누른다.

③ [하이퍼링크 고치기] 대화상자에서 '연결 안 함'을 체크한다.

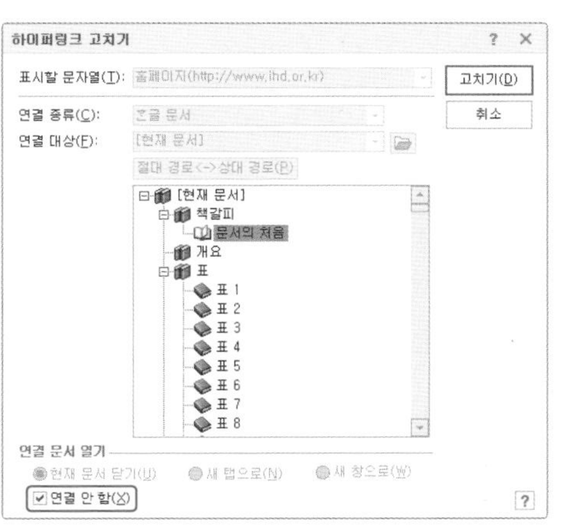

제 07 회

최신기출유형

한글 NEO 버전용

- 시험과목 : 워드프로세서(한글)
- 시험일자 : 20XX. XX. XX(X)
- 응시자 기재사항 및 감독위원 확인

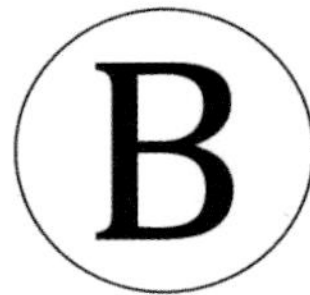

수검번호	DIW – XXXX –	감독위원 확인
성 명		

응시자 유의사항

1. 응시자는 반드시 신분증을 지참하여야 시험에 응시할 수 있으며, 시험이 종료될 때까지 신분증을 제시하지 못 할 경우 해당 시험은 0점 처리됩니다.
2. 시스템(PC작동여부, 네트워크 상태 등)의 이상여부를 반드시 확인하여야 하며, 시스템 이상이 있을 경우 감독위원에게 조치를 받으셔야 합니다.
3. 시험 중 부주의 또는 고의로 시스템을 파손한 경우는 수검자 부담으로 합니다.
4. 답안 전송 프로그램을 통해 다운로드 받은 파일을 이용하여 답안파일을 작성하시기 바랍니다.
5. 작성한 답안 파일은 답안 전송 프로그램을 통하여 전송됩니다. 감독관의 지시에 따라 주시기 바랍니다.
6. 다음사항의 경우 실격(0점) 혹은 부정행위 처리됩니다.
   1) 답안파일을 저장하지 않았거나, 저장한 파일이 손상되었을 경우
   2) 답안파일을 지정된 폴더(바탕화면 – "KAIT" 폴더)에 저장하지 않았을 경우
      ※ 답안 전송 프로그램 로그인 시 바탕화면에 자동 생성됨
   3) 답안파일을 다른 보조 기억장치(USB) 혹은 네트워크(메신저, 게시판 등)로 전송할 경우
   4) 휴대용 전화기 등 통신기기를 사용할 경우
7. 시험지에 제시된 글꼴이 응시 프로그램에 없는 경우, 반드시 감독위원에게 해당 내용을 통보한 뒤 조치를 받아야 합니다.
8. 시험의 완료는 작성이 완료된 답안을 저장하고, 답안 전송이 완료된 상태를 확인한 것으로 합니다. 답안 전송 확인 후 문제지는 감독관에게 제출한 후 퇴실하여야 합니다.
9. 답안전송이 완료된 경우에는 수정 또는 정정이 불가능합니다.
10. 시험시행 후 결과는 홈페이지(www.ihd.or.kr)에서 확인하시기 바랍니다.
    1) 문제 및 모범답안 공개 : 20XX. XX. XX(X)
    2) 합격자 발표 : 20XX. XX. XX(X)

식별CODE

Chapter 03 글자 모양/문단 모양

>>> 핵심만 쏙쏙 ❶ 글자 모양 설정 ❷ 문단 모양 설정

글자 모양과 문단 모양 설정에 대한 문제가 다양한 형태로 출제되고 있습니다. 글자 속성(진하게, 기울임, 밑줄 등)과 문단 속성(줄 간격, 여백, 들여쓰기, 내어쓰기 등)에 대해 알아두도록 합니다.

핵심 짚어보기

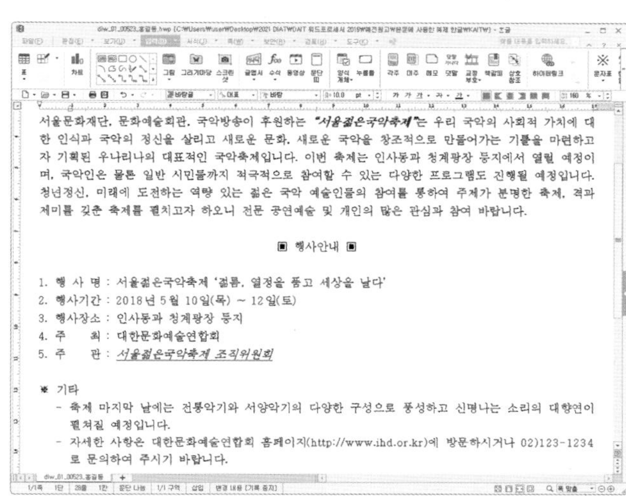

서울문화재단, 문화예술회관, 국악방송이 후원하는 ***"서울젊은국악축제"***는 우리 국악의 사회적 가치에 대한 인식과 국악의 정신을 살리고 새로운 문화, 새로운 국악을 창조적으로 만들어가는 기틀을 마련하고자 기획된 우나리나의 대표적인 국악축제입니다. 이번 축제는 인사동과 청계광장 등지에서 열릴 예정이며, 국악인은 물론 일반 시민들까지 적극적으로 참여할 수 있는 다양한 프로그램도 진행될 예정입니다. 청년정신, 미래에 도전하는 역량 있는 젊은 국악 예술인들의 참여를 통하여 주제가 분명한 축제, 격과 제미를 갖춘 축제를 펼치고자 하오니 전문 공연예술 및 개인의 많은 관심과 참여 바랍니다.

▣ 행사안내 ▣

1. 행 사 명 : 서울젊은국악축제 '젊음, 열정을 품고 세상을 날다'
2. 행사기간 : 2018년 5월 10일(목) ~ 12일(토)
3. 행사장소 : 인사동과 청계광장 등지
4. 주 최 : 대한문화예술연합회
5. 주 관 : *서울젊은국악축제 조직위원회*

※ 기타
- 축제 마지막 날에는 전통악기와 서양악기의 다양한 구성으로 풍성하고 신명나는 소리의 대향연이 펼쳐질 예정입니다.
- 자세한 사항은 대한문화예술연합회 홈페이지(http://www.ihd.or.kr)에 방문하시거나 02)123-1234로 문의하여 주시기 바랍니다.

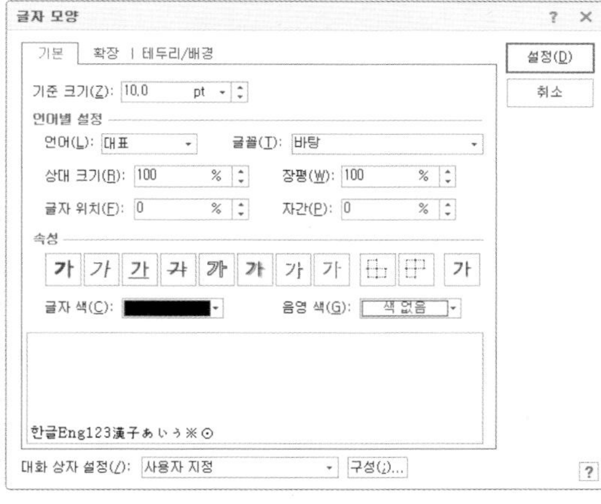

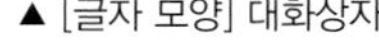
▲ [글자 모양] 대화상자

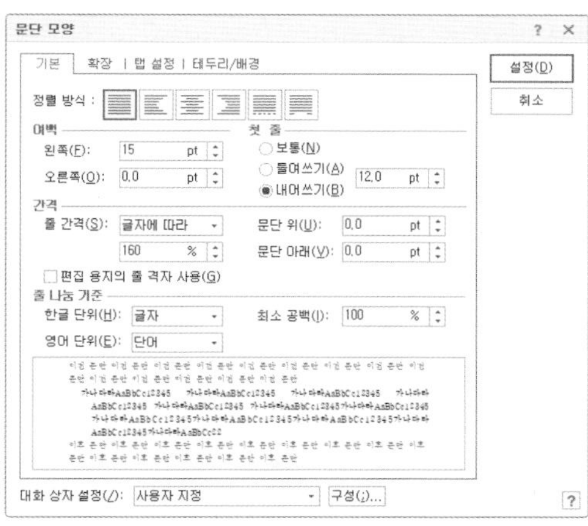

▲ [문단 모양] 대화상자

클래스 업

- 글자 모양을 변경할 때에는 글자를 먼저 입력한 상태에서 해당 부분만 블록을 지정한 후 글자 속성을 적용하는 것이 좋습니다.
- 문단 모양을 변경할 때에는 문단을 모두 영역 지정해도 되지만 해당 문단 안에 커서가 위치하고 있어도 문단 모양을 설정할 수 있습니다.

쪽 테두리 : 이중 실선(0.5mm), 머리말 포함

글상자 - 크기 : 너비(60mm), 높이(12mm), 테두리 : 이중 실선(1.00mm), 반원
채우기 : 색상(RGB:227,220,193), 위치 : 글자처럼 취급, 가운데 정렬,
글자모양 : 휴먼엣체, 20pt, 가운데 정렬

머리말(궁서, 9pt, 오른쪽 정렬)

DIAT

그림F 삽입(바탕화면-KAIT-제출파일폴더)
너비(30mm), 높이(30mm)
위치 : 어울림(가로-쪽의 왼쪽:0mm,
세로-쪽의 위:24mm)

리빙 디자인

궁서, 12pt, 진하게, 가운데 정렬

1. 리빙 디자인

중고딕, 12pt, 진하게

리빙 디자인(living design)은 생활 디자인의 뜻으로 생활 조형과 같은 뜻으로 사용한다. 즉 회화, 조각이라는 원래 실용으로 제공하는 목적으로 창작하는 일이 없는, 소위 전부터의 순수 미술에 대립(opposition)하는 실용(實用)과 미 모두를 목적으로 한 일상생활을 위해 제공하는 조형상의 디자인을 가리키는 말이다. 이 발상은 19세기 후반 모리스의 수공예운동① 이래 일반에도 정착되었다. 생활 주변과 인간의 생활, 특히 가정에 있어서 주거(住居) 공간의 설계 및 설비 등의 여러 조건을 다루는 디자인이다. 예를 들어서 주거, 실내, 가구, 식기, 조명기구, 일용잡화(daily necessities) 등에 관한 디자인을 말한다.

각주

해외 리빙 브랜드 점유율

브랜드	점유율
스웨덴	45
일본	25
네덜란드	15
이탈리아	5
기타	10

위쪽 제목 셀 : 색상(RGB:233,174,43), 진하게
제목 셀 아래선 : 이중 실선(0.5mm)
글자 모양 : 굴림, 10pt, 가운데 정렬

궁서체, 12pt, 진하게

해외 리빙 브랜드 점유율

스웨덴
일본
네덜란드
이탈리아
기타

0 5 10 15 20 25 30 35 40 45 50

점유율

궁서, 9pt, 기울임

차트 : 너비(80mm), 높이(80mm)

2. 리빙 산업

중고딕, 12pt, 진하게

국민 소득향상에 따른 사회 및 문화 변화로 리빙 산업에 대한 관심이 증대되고, 국내 기업의 진출이 가속화되고 있으며 해외는 이미 리빙 기업이 발달되고 있다. 최근 리빙 산업 시장 규모는 총 33조 원으로 추정되며 노후(老朽) 건물 증가 및 주거공간에 대한 지출 확대로 향후 시장이 더 확대될 것으로 전망된다. 리빙과 관련된 전문기업과 유통채널(distribution channel)이 성장 중이나 수요를 충족시키지 못하고 있고 산업의 주된 구성원인 영세한 시공업체로부터 여러 가지 문제점들이 파생(派生)되고 있다. 따라서 한국 시장에 맞는 대형(복합몰/인테리어) 도입으로 신규 수요 창출 및 소비자의 인테리어 구상과 쇼핑을 도와줄 직업군 형성으로 리빙 산업을 활성화해야 할 필요가 있다. 그리고 인테리어 시공업체의 법인화 및 전문화(specialization)를 통한 질적 성장이 필요하고, 친환경 인테리어에 대한 정책지원 확정 등 리빙 산업의 저변(底邊)을 확대해야 한다.

대

① 영국에서 모리스와 그의 동료들이 수공예를 중시하면서 건축과 공예를 중심으로 전개하였던 예술운동.

돋움, 9pt

- B -

쪽 번호 매기기, A,B,C 순으로, 가운데 아래

1 글자 모양 설정

1 [글자 모양] 대화상자 열기

- 메뉴 : [서식]-[글자 모양]
- 단축키 : Alt + L

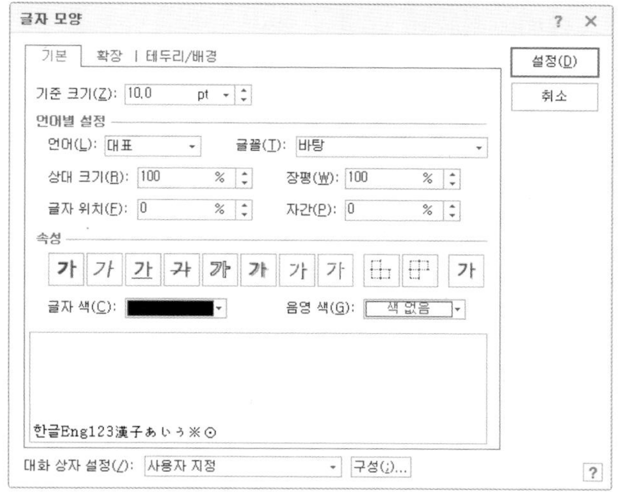

2 서식 도구 상자

글꼴과 글자 크기, 간단한 글꼴 속성만 수정할 경우 서식 도구 상자 이용

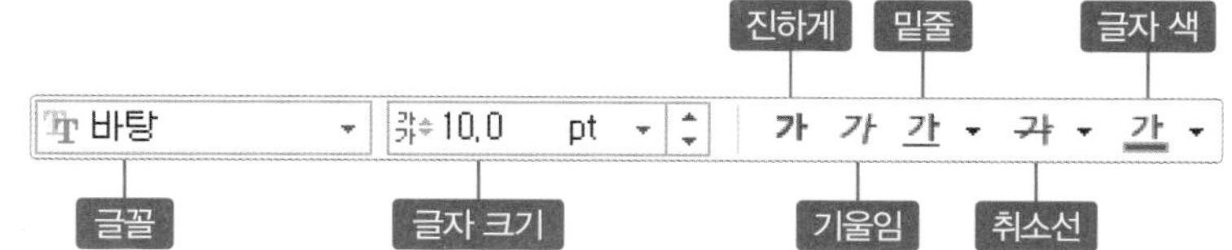

3 글자 색 지정

❶ [글자 모양] 대화상자의 [글자 색] 목록에서 [다른 색] 단추 클릭

❷ [색] 대화상자에서 RGB(빨강, 초록, 파랑) 값 입력

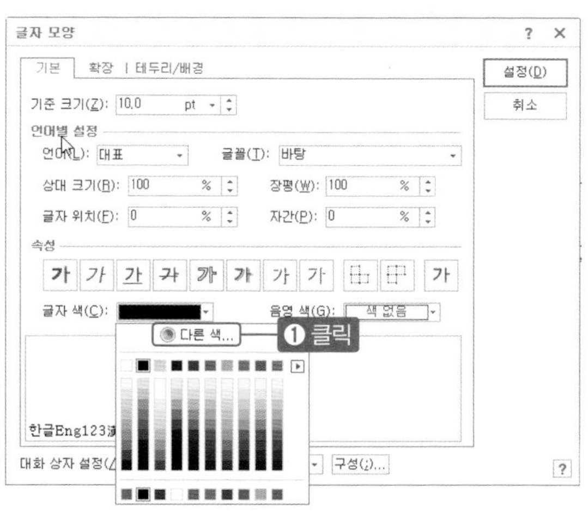

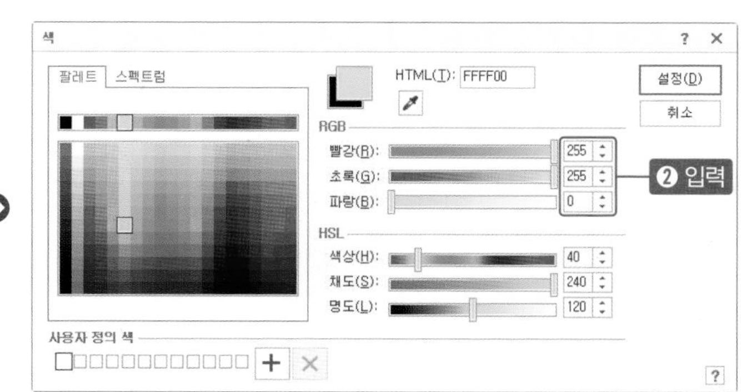

글맵시 – 견고딕, 채우기 : 색상(RGB:202,86,167)
크기 : 너비(100mm), 높이(20mm), 위치 : 글자처럼 취급, 가운데 정렬

DIAT

머리말(궁서, 9pt, 오른쪽 정렬)

서울리빙디자인페어

월간 <행복>, <럭셔리> 등 최초와 최고의 매거진을 발행하는 콘텐츠 미디어 전문기업 디자인하우스는 품격 있는 라이프스타일을 지면에 소개하는 데에 그치지 않고, 전시를 통해 자신의 삶에 현실로 구현하는 가이드라인을 제시하고자 서울리빙디자인페어를 개막했습니다. 리빙 산업을 선도하는 브랜드와 소비자들의 좋은 동반자가 될 이번 행사는 단순히 좋은 상품들을 모아서 전시만 하는 것이 아니라, 역량 있는 디자이너들과의 콜라보레이션을 통해 고부가가치 콘텐츠를 생산하며 **<u>토털 마케팅 솔루션을 제시</u>**합니다. 최신 트렌드를 반영한 흥미로운 콘텐츠들을 선보일 이번 행사에 많은 관심과 참여를 부탁드립니다.

진하게, 밑줄

1. 행 사 명 : 서울리빙디자인페어
2. 행사일시 : 22. 08. 10(수)~ 22. 08. 14(일), 10:30~18:00
3. 행사장소 : 서울 코엑스 전관(Hall A, B, C, D)
4. 사전등록 : *<u>22. 08. 09(화) 18:00까지 온라인으로 등록(http://www.ihd.or.kr)</u>* ← 기울임, 밑줄
5. 행사주관 : 산업통상자원부, 문화체육관광부, 한국디자인진흥원, 서울디자인재단

문자표

※ 기타사항

- 입장료 : 10,000원(사전등록 시 입장료 10% 할인)
- 기획전시: 트랜드를 선도하는 디자이너와 크리에이터가 함께하는 특별 기획전(디자이너스 초이스)
- 무료입장 또는 할인 대상자는 반드시 증빙서류를 지참하여야 합니다. 단체는 20인 이상부터 신청 가능하며, 같은 날 동시에 입장하여야 합니다. (요일별 분할 입장 불가)

왼쪽여백 : 10pt
내어쓰기 : 12pt

2022. 07. 05. ← 13pt, 가운데 정렬

디자인하우스사무국 ← 견고딕, 25pt, 가운데 정렬

문제1은 1구역, 문제2는 2구역으로 나누어 답안 작성

- A - ← 쪽 번호 매기기, A,B,C 순으로, 가운데 아래

2 문단 모양 설정

1 [문단 모양] 대화상자 열기

- 메뉴 : [서식]-[문단 모양]
- 단축키 : Alt + T

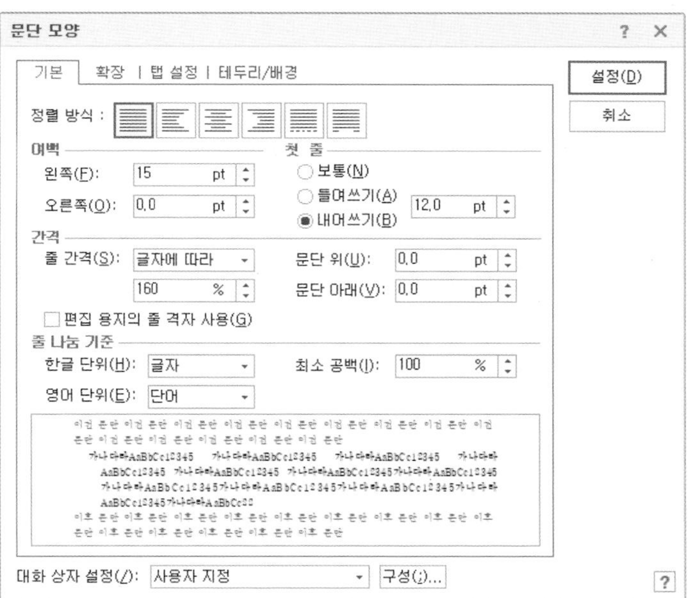

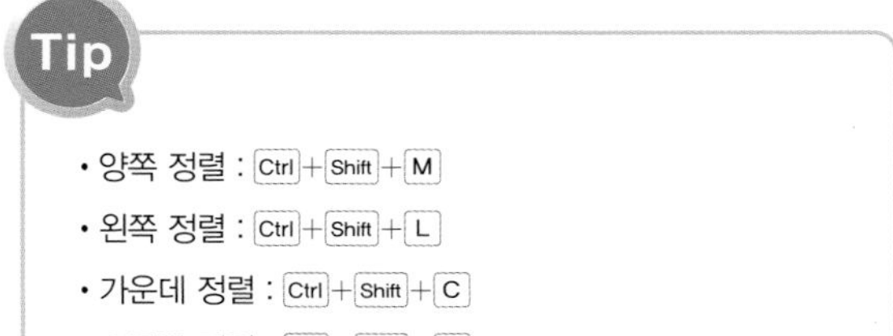

Tip

- 양쪽 정렬 : Ctrl + Shift + M
- 왼쪽 정렬 : Ctrl + Shift + L
- 가운데 정렬 : Ctrl + Shift + C
- 오른쪽 정렬 : Ctrl + Shift + R

2 서식 도구 상자

서식 도구 상자에서 문단 모양과 관련된 정렬 및 줄 간격 조절

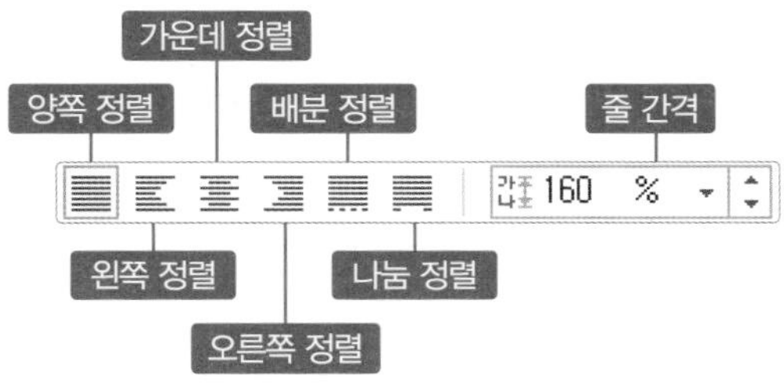

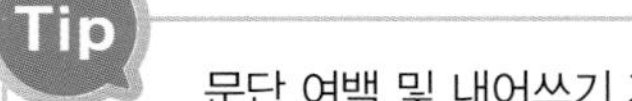

Tip

문단 여백 및 내어쓰기 지정

① 지정할 문단을 마우스 드래그를 이용해 블록 설정

※ 기타
- 교직원과 학생들의 헌혈증은 지역사회 기부를 통해 국내 의료 활동에 사용될 예정입니다.
- 헌혈자의 모든 헌혈기록이나 검사결과는 비밀이 보장되며, 본인이 아닌 다른 분들에게는 공개되지 않도록 법적으로 보호됩니다.

② [서식]-[문단 모양] 메뉴 또는 Alt + T를 누른 후 여백 및 내어쓰기 지정(왼쪽여백 : 15pt, 내어쓰기 : 12pt)

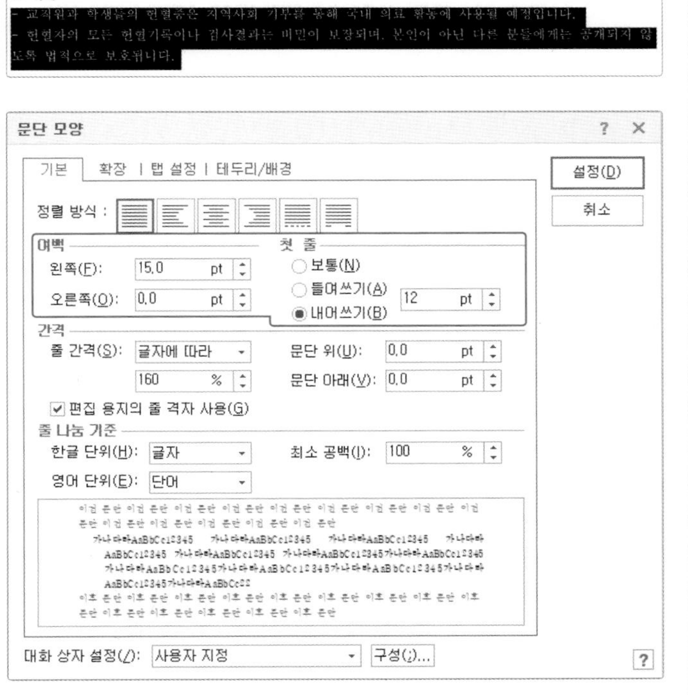

【문제】 첨부된 문제를 다음의 조건을 적용하여 문서를 작성하시오.

① 문서는 A4(210mm×297mm) 크기, 세로 용지방향으로 작성한다.

② 페이지 여백은 아래와 같이 설정한다.

왼쪽	오른쪽	위쪽	아래쪽	머리말	꼬리말	제본
20mm	20mm	20mm	20mm	10mm	10mm	0mm

③ 한글 NEO 버전은 아래와 같이 "자동 글머리 기호 넣기"와 "자동 번호 매기기" 기능을 해제한다.

도구 → 빠른 교정 → 빠른 교정 내용 → 입력 자동 서식 ⇒	자동 글머리 기호 넣기(해제) 자동 번호 매기기(해제)

※ 만약 입력자동서식 메뉴가 없는 경우에는, "자동 글머리 기호 넣기"와 "자동 번호 매기기" 기능이 설정되어 있지 않은 것이므로 별도의 기능 해제 없이 그대로 시험에 응시하시면 됩니다.

④ 글자는 별도의 지시사항이 없는 한 바탕, 10pt, 양쪽정렬, 줄간격 160%로 작성한다.

⑤ 영문, 숫자 등은 별도의 지시가 없는 한 반각(1byte) 문자를 사용한다.

⑥ 특수문자는 문자표(전각 기호)를 이용하여 작성한다.

⑦ 교정부호 및 화살표로 기재된 지시사항대로 처리하되, ( )→은 지시사항이므로 작성하지 않는다.

⑧ 1페이지에 [문제1]을 작성하고, 구역나누기를 하여 2페이지에 [문제2]를 작성한다.

※ 해당 페이지에 작성하지 않거나 의도적으로 텍스트 작성을 하지 않은 경우 0점 처리

⑨ [문제2]는 문제지와 같이 2단으로 다단을 나누어 작성한다.

⑩ '그림 삽입' 시에는 반드시 "KAIT 수검프로그램"을 통해 다운로드 한 그림 파일을 사용한다.

⑪ 차트의 범례는 기본값으로 작성한다.(선 모양 없음)

⑫ 총점 : 200점

[공통사항1(기본설정, 용지설정)] : 8점, [공통사항2(오탈자)] : 40점

[문제1] : 46점, [문제2] : 106점

⑬ 기타 특별히 지시되어 있지 않은 사항은 문제지에 준하여 작성한다.

1 조건을 이용하여 다음과 같은 문서를 작성해 보세요.

완성파일 : 기본03-01.hwp

작성조건 ▶ 궁서, 22pt, 기울임

4차산업혁명심포지엄

작성조건 ▶ 돋움체, 24pt, 진하게

장애인인식개선UCC공모전

작성조건 ▶ 굴림체, 28pt, 밑줄

<u>치매케어국제심포지엄</u>

작성조건 ▶ HY견고딕, 24pt, 기울임

비만예방걷기대회

작성조건 ▶ 맑은 고딕, 22pt, 진하게

우리물아껴쓰기홍보단모집

작성조건 ▶ 중고딕, 16pt, 밑줄

<u>우주과학신비체험프로그램</u>

Tip

- 진하게 : Ctrl + B / Shift + Alt + B
- 기울임 : Ctrl + I / Shift + Alt + I
- 밑줄 : Ctrl + U / Shift + Alt + U

제 06 회

최신기출유형

한글 NEO 버전용

- 시험과목 : 워드프로세서(한글)
- 시험일자 : 20XX. XX. XX(X)
- 응시자 기재사항 및 감독위원 확인

수 검 번 호	DIW – XXXX –	감독위원 확인
성 명		

응시자 유의사항

1. 응시자는 반드시 신분증을 지참하여야 시험에 응시할 수 있으며, 시험이 종료될 때까지 신분증을 제시하지 못 할 경우 해당 시험은 0점 처리됩니다.
2. 시스템(PC작동여부, 네트워크 상태 등)의 이상여부를 반드시 확인하여야 하며, 시스템 이상이 있을 경우 감독위원에게 조치를 받으셔야 합니다.
3. 시험 중 부주의 또는 고의로 시스템을 파손한 경우는 수검자 부담으로 합니다.
4. 답안 전송 프로그램을 통해 다운로드 받은 파일을 이용하여 답안파일을 작성하시기 바랍니다.
5. 작성한 답안 파일은 답안 전송 프로그램을 통하여 전송됩니다. 감독관의 지시에 따라 주시기 바랍니다.
6. 다음사항의 경우 실격(0점) 혹은 부정행위 처리됩니다.
   1) 답안파일을 저장하지 않았거나, 저장한 파일이 손상되었을 경우
   2) 답안파일을 지정된 폴더(바탕화면 – "KAIT" 폴더)에 저장하지 않았을 경우
      ※ 답안 전송 프로그램 로그인 시 바탕화면에 자동 생성됨
   3) 답안파일을 다른 보조 기억장치(USB) 혹은 네트워크(메신저, 게시판 등)로 전송할 경우
   4) 휴대용 전화기 등 통신기기를 사용할 경우
7. 시험지에 제시된 글꼴이 응시 프로그램에 없는 경우, 반드시 감독위원에게 해당 내용을 통보한 뒤 조치를 받아야 합니다.
8. 시험의 완료는 작성이 완료된 답안을 저장하고, 답안 전송이 완료된 상태를 확인한 것으로 합니다. 답안 전송 확인 후 문제지는 감독관에게 제출한 후 퇴실하여야 합니다.
9. 답안전송이 완료된 경우에는 수정 또는 정정이 불가능합니다.
10. 시험시행 후 결과는 홈페이지(www.ihd.or.kr)에서 확인하시기 바랍니다.
    1) 문제 및 모범답안 공개 : 20XX. XX. XX(X)
    2) 합격자 발표 : 20XX. XX. XX(X)

2 조건을 이용하여 다음과 같은 문서를 작성해 보세요.

완성파일 : 기본03-02.hwp

머신러닝스터디 안내 ← 휴먼옛체, 16pt, 가운데 정렬

진하게, 기울임

4차 산업혁명의 핵심 키워드로 꼽히는 ***머신러닝***은 인공지능의 한 분야로 인간의 학습능력과 같은 기능을 컴퓨터에서 실현하고자 하는 기술입니다. 최근 머신러닝에 대한 수요가 높아지는 가운데 한국대학교의 프로그래밍 동아리에서는 *머신러닝을 함께 학습하고 양질의 정보를 공유*할 목적으로 스터디를 진행합니다.

기울임, 밑줄

3 조건을 이용하여 다음과 같은 문서를 작성해 보세요.

완성파일 : 기본03-02.hwp

선비인성체험프로그램 ← 굴림체, 20pt, 가운데 정렬

진하게, 기울임

한국 전통문화의 본질로써 우리 국민의 정신문화를 선도해 온 ***선비정신***은 이제 하나의 문화 브랜드로 자리매김하였습니다. 선비들은 그 사회의 양심이자 지성의 기준으로서 대의를 위해 자신을 희생하였고, 그 정신은 현대에도 국민들의 인격향상에 많은 공헌을 했습니다. 최근 *학교 폭력, 집단 왕따 등이 사회적인 문제*로 대두되면서 학생들의 인성교육이 시급한 교육과제가 되었습니다.

기울임, 밑줄

4 조건을 이용하여 다음과 같은 문서를 작성해 보세요.

완성파일 : 기본03-02.hwp

광양매실축제안내 ← 견고딕, 17pt, 가운데 정렬

진하게, 기울임

올해로 제18회를 맞이하는 ***광양매실축제***는 "봄 매화, 여름 매실로 우리 함께 힐링 합시다"라는 주제로 진행됩니다. 매실은 인체에 유익한 영양소가 다량으로 함유되어 있은 건강식품으로, 특히 해독작용이 뛰어나 배탈이나 식중독 등을 치료하는데 효과적이며 피로회복과 체질개선은 물론 *변비와 피부미용에도 효과*가 있습니다.

기울임, 밑줄

쪽 테두리 : 이중 실선(0.5mm), 머리말 포함

글상자 - 크기 : 너비(70mm), 높이(12mm), 테두리 : 이중 실선(1.00mm), 반원
채우기 : 색상(RGB:199,82,82), 위치 : 글자처럼 취급, 가운데 정렬,
글자 모양 : 휴먼옛체, 23pt, 가운데 정렬

머리말(궁서, 9pt, 오른쪽 정렬)

DIAT

그림E 삽입(바탕화면-KAIT-제출파일폴더)
너비(25mm), 높이(30mm)
위치 : 어울림(가로-쪽의 왼쪽:0mm,
세로-쪽의 위:24mm)

친환경 식용꽃

굴림체, 12pt, 진하게, 가운데 정렬

1. 식용꽃이란?

돋움체, 12pt, 진하게

우리나라의 조상(祖上)들은 화전과 같은 음식을 통하여 꽃을 식용으로 사용하는 경우가 많다. 특히 최근에 각광받는 직업으로는 꽃티(Flower tea) 소믈리에로 많은 분들의 관심을 받고 있다. 꽃은 보기에도 예쁘지만 좋은 향기로 심신의 안정을 찾을 수 있다. 간단한 차(tea)부터 디저트, 메인음식까지 다양한 분야에 널리 활용되고 있는 식용꽃이 있다. 농촌진흥청 식용꽃은 도시농업연구팀의 성분에 대한 연구결과에 따르면, 식용꽃 속에는 사람 신체(身體)의 유해산소를 줄여주는 폴리페놀과 플라노보이드(Flavonoids) 함량이 채소 및 과일에 비해 최대 10배 이상 포함되어 있다고 한다. 폴리페놀(Polyphenol)은 치매와 뇌질환을 예방하고 플라노보이드(Flavonoids)는 노화, 심혈관Ⓐ 질환을 방지하는 큰 효과가 있다고 한다. 식용꽃은 구매 후 밀폐용기에 담아 저온에서 보관하고 직접 채취 시 꽃받침과 암술, 수술을 제거한 후 섭취하시면 된다. 판매용 식용꽃은 따로 약물처리를 하지 않고 이미 세척(洗滌)이 되어 있는 꽃이므로 씻지 않고 바로 먹어도 무방하다.

각주

않

2. 식용꽃의 종류

돋움체, 12pt, 진하게

식약처에서 발표된 우리나라의 식용꽃 종류로는 민들레꽃, 국화꽃, 달맞이꽃, 아카시아꽃, 살구꽃, 복숭아꽃, 호박꽃, 하얀들찔레꽃 등으로 볼 수 있으며 서양꽃으로는 팬지, 장미, 제라늄, 자스민, 금어초등으로 살펴볼 수 있다. 반면 절대(絶對) 먹을 수 없는 꽃도 있다. 바로 동의나물꽃, 애기똥풀꽃, 철쭉꽃, 은방울꽃 등으로 이것들은 독성이 있는 꽃이므로 직접 채취 시 각별한 주의가 필요하다. 직접 채취 시에는 정확한 정보(情報)가 필요하오니 전문가의 도움으로 구매 또는 재취하시면 된다. 이밖에도 전 세계적으로 다양한 종류의 식용꽃이 있음을 알 수 있다.

굴림체, 12pt, 진하게, 가운데 정렬

식용꽃의 판매수량

종류	상반기	하반기
국화꽃	45	55
진달래꽃	30	65
동백꽃	27	85
아카시아꽃	50	32
살구꽃	22	74

위쪽 제목 셀 : 색상(RGB:233,174,43), 진하게
제목 셀 아래선 : 이중 실선(0.5mm)
글자 모양 : 중고딕, 10pt, 가운데 정렬

바탕, 12pt, 진하게

굴림, 9pt, 기울임

차트 : 너비(80mm), 높이(90mm)

Ⓐ 신체의 노폐물을 수용하는 계통의 조직

궁서, 10pt

- B -

쪽 번호 매기기, A,B,C 순으로, 가운데 아래

5 조건을 이용하여 다음과 같은 문서를 작성해 보세요.

완성파일 : 기본03-03.hwp

작성조건 ▶ 용지 여백 : 왼쪽 · 오른쪽 · 위쪽 · 아래쪽 20mm, 머리말 · 꼬리말 10mm

문자표

※ 기타사항

- 현장 등록 시 센터 위치는 마음애견센터 홈페이지(http://www.ihd.or.kr)를 참조하시기 바랍니다.
- 부대행사로 진행되는 애견용품 바자회의 수익금은 유기견들을 위한 성금으로 사용됩니다.
- 현장 등록 전 오전 9시부터 동호회 회원들과 애견들의 만남을 자유롭게 가질 수 있으며, 애견용품 바자회에 기부할 물건들이 있으면 함께 가져오시기 바랍니다.

왼쪽여백 : 15pt
내어쓰기 : 10pt

2021. 02. 10. ← 14pt, 가운데 정렬

마음애견센터동호회 ← 견고딕, 22pt, 가운데 정렬

6 조건을 이용하여 다음과 같은 문서를 작성해 보세요.

완성파일 : 기본03-03.hwp

작성조건 ▶ 용지 여백 : 왼쪽 · 오른쪽 · 위쪽 · 아래쪽 20mm, 머리말 · 꼬리말 10mm

문자표

※ 기타사항

- 백제문화제 홈페이지(http://www.ihd.or.kr)에서 자세한 사항을 확인할 수 있습니다.
- 행사기간 상설 프로그램 : 백제 왕가의 나들이, 사비 왕궁 열차 운행, 백제 기마문화 체험, 백마강 달밤 야시장, 전통 씨름 체험, 곰두리 열차 운행, 백제 등불 향연, 고맛나루 장터 등
- 기타 문의 사항은 백제문화제추진 사무국(041-2233-4455)으로 문의하시기 바랍니다.

왼쪽여백 : 15pt
내어쓰기 : 12pt

2021. 05. 12. ← 14pt, 가운데 정렬

(재)백제문화제추진위원회 ← 굴림체, 24pt, 가운데 정렬

Tip

입력 자동 서식 설정

- DIAT 시험에서는 [입력 자동 서식]의 '자동 글머리 기호 넣기'와 '자동 번호 매기기'를 해제한 후 문서를 작성해야 합니다.
- [입력 자동 서식] 설정 방법
  ① [도구]-[빠른 교정]-[빠른 교정 내용] 메뉴(Shift+F8)를 선택합니다.
  ② [입력 자동 서식] 탭에서 '자동 글머리 기호 넣기'와 '자동 번호 매기기'를 해제합니다.

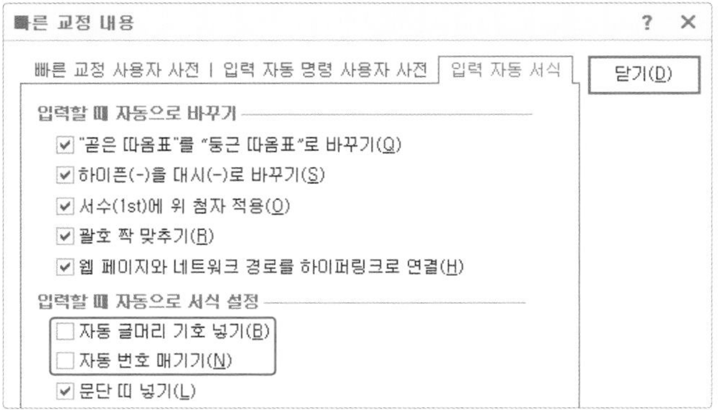

글맵시 - 휴먼옛체, 채우기 : 색상(RGB:202,86,167)
크기 : 너비(120mm), 높이(20mm), 위치 : 글자처럼 취급, 가운데 정렬

DIAT
머리말(궁서, 9pt, 오른쪽 정렬)

대한민국꽃시장안내

꽃을 사랑하는 대한민국의 모든 분을 초대합니다. 10년 전 개장 이후 첫 리모델링이 완료되어 한달간 무료개방을 하고 있습니다. 각 교육기관의 무료교육안내도 진행하고 있으니 저희 홈페이지를 방문하시어 자세한 내용을 확인하시고 신청해주시면 되겠습니다. 수많은 멸종위기의 꽃을 보유하고 관리하고 있는 저희 꽃시장에서는 도소매 판매사업도 진행하고 있으니 많은 분들의 관심을 부탁드립니다. 이제는 **건강하고 깨끗한 자연환경** 우리 손으로 지켜야 합니다. 아이들에게 스스로 식물에 대해 공부하는 시간, 자연에 대해 알아보는 시간을 부담 없이 자연스럽게 접촉할 수 있는 기회를 적극 추천 드립니다.

진하게, 밑줄

문자표 → ▶ 안내사항 ◀ ← 궁서, 가운데 정렬

1. 개방시간 : 10:00~18:00(매주 월요일 및 공휴일은 휴관)
2. 개방장소 : 꽃시장 건물 본관 전체
3. 교육안내 : 꽃 해설 가이드의 동행으로 꽃에 대한 역사, 키우는 방법 등을 설명
4. 관람비용 : 한달간 누구나 무료
5. 신청안내 : ***꽃시장 홈페이지 (http://www.ihd.or.kr)*** ← 진하게, 기울임

문자표

※ 기타사항

- 교육 신청시 최소 인원은 따로 없지만, 최대 인원은 신청자에게 정확한 내용을 전달하고자 해당시간의 15명까지 인원제한이 있습니다.
- 모든 교육은 1일 3회로 오후 1시부터 매시간 진행됩니다.
- 단체 교육 신청시 꽃시장 안내실로 문의 주시기 바랍니다. (02-123-4567)

왼쪽여백 : 10pt
내어쓰기 : 12pt

2022. 08. 26. ← 13pt, 가운데 정렬

대한민국꽃시장 ← 돋움, 25pt, 가운데 정렬

문제1은 1구역, 문제2는 2구역으로 나누어 답안 작성

- A - ← 쪽 번호 매기기, A,B,C 순으로, 가운데 아래

조건을 이용하여 다음과 같은 문서를 작성해 보세요.

완성파일 : 기본03-04.hwp

작성조건 ▶ 용지 여백 : 왼쪽 · 오른쪽 · 위쪽 · 아래쪽 20mm, 머리말 · 꼬리말 10mm

Tip

알아두면 시간을 단축하는 바로 가기 키(단축키)

글자 모양	Alt+L	문단 모양	Alt+T
문자표	Ctrl+F10	가운데 정렬	Ctrl+Shift+C
밑줄	Ctrl+U	기울임	Ctrl+I

하이퍼링크 제거 방법

① 커서를 URL 주소가 입력된 곳으로 이동시킨다.

② [입력]-[하이퍼링크] 메뉴 또는 단축키(Ctrl+K, H)를 누른다.

③ [하이퍼링크 고치기] 대화상자에서 '연결 안 함'을 체크한다.

【문제】 첨부된 문제를 다음의 조건을 적용하여 문서를 작성하시오.

① 문서는 A4(210mm×297mm) 크기, 세로 용지방향으로 작성한다.

② 페이지 여백은 아래와 같이 설정한다.

왼쪽	오른쪽	위쪽	아래쪽	머리말	꼬리말	제본
20mm	20mm	20mm	20mm	10mm	10mm	0mm

③ 한글 NEO 버전은 아래와 같이 "자동 글머리 기호 넣기"와 "자동 번호 매기기" 기능을 해제한다.

도구 → 빠른 교정 → 빠른 교정 내용 → 입력 자동 서식 ⇒	자동 글머리 기호 넣기(해제) 자동 번호 매기기(해제)

※ 만약 입력자동서식 메뉴가 없는 경우에는, "자동 글머리 기호 넣기"와 "자동 번호 매기기" 기능이 설정되어 있지 않은 것이므로 별도의 기능 해제 없이 그대로 시험에 응시하시면 됩니다.

④ 글자는 별도의 지시사항이 없는 한 바탕, 10pt, 양쪽정렬, 줄간격 160%로 작성한다.

⑤ 영문, 숫자 등은 별도의 지시가 없는 한 반각(1byte) 문자를 사용한다.

⑥ 특수문자는 문자표(전각 기호)를 이용하여 작성한다.

⑦ 교정부호 및 화살표로 기재된 지시사항대로 처리하되, ( )→은 지시사항이므로 작성하지 않는다.

⑧ 1페이지에 [문제1]을 작성하고, 구역나누기를 하여 2페이지에 [문제2]를 작성한다.

※ 해당 페이지에 작성하지 않거나 의도적으로 텍스트 작성을 하지 않은 경우 0점 처리

⑨ [문제2]는 문제지와 같이 2단으로 다단을 나누어 작성한다.

⑩ '그림 삽입' 시에는 반드시 "KAIT 수검프로그램"을 통해 다운로드 한 그림 파일을 사용한다.

⑪ 차트의 범례는 기본값으로 작성한다.(선 모양 없음)

⑫ 총점 : 200점

[공통사항1(기본설정, 용지설정)] : 8점, [공통사항2(오탈자)] : 40점

[문제1] : 46점, [문제2] : 106점

⑬ 기타 특별히 지시되어 있지 않은 사항은 문제지에 준하여 작성한다.

글맵시 삽입

>>> 핵심만 쏙쏙 ❶ 글맵시 삽입(내용, 글꼴, 글맵시 모양)

글맵시는 글자에 외곽선, 면 채우기, 그림자 등의 다양한 효과를 지정해 문자를 꾸미는 기능입니다. 시험은 [문제1]에서 글맵시를 이용하여 제목을 작성하는 형태로 출제되고 있습니다.

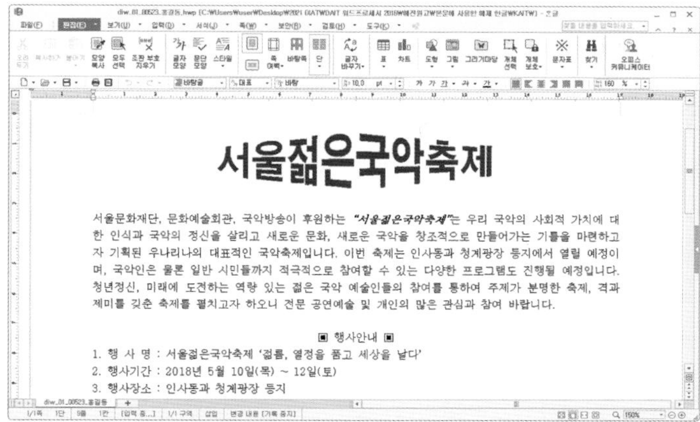

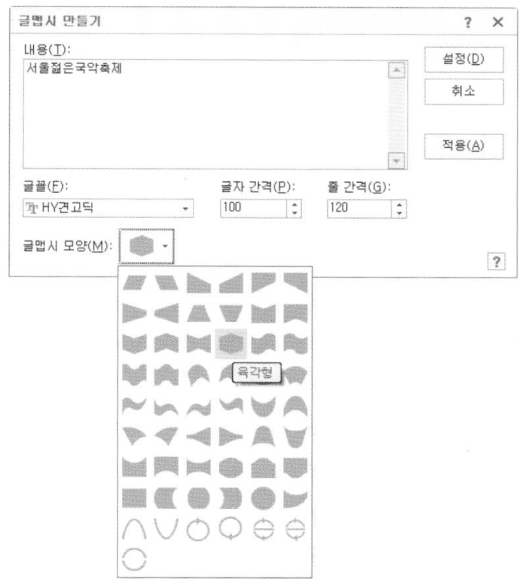

▲ [글맵시 만들기] 대화상자

서울젊은국악축제

▲ 글맵시

클래스 업

- [글맵시 만들기] 대화상자에서 문제지에 제시된 내용, 글꼴, 글맵시 모양 등을 지정합니다.
- 시험에서는 글맵시 모양에 대한 별도의 지시사항이 없으므로 출력형태를 보고 판단하여 동일한 글맵시 모양으로 적용하도록 합니다.

제 05 회 최신기출유형

한글 NEO 버전용

- 시험과목 : 워드프로세서(한글)
- 시험일자 : 20XX. XX. XX(X)
- 응시자 기재사항 및 감독위원 확인

수 검 번 호	DIW – XXXX –	감독위원 확인
성　　명		

응시자 유의사항

1. 응시자는 반드시 신분증을 지참하여야 시험에 응시할 수 있으며, 시험이 종료될 때까지 신분증을 제시하지 못 할 경우 해당 시험은 0점 처리됩니다.
2. 시스템(PC작동여부, 네트워크 상태 등)의 이상여부를 반드시 확인하여야 하며, 시스템 이상이 있을 경우 감독위원에게 조치를 받으셔야 합니다.
3. 시험 중 부주의 또는 고의로 시스템을 파손한 경우는 수검자 부담으로 합니다.
4. 답안 전송 프로그램을 통해 다운로드 받은 파일을 이용하여 답안파일을 작성하시기 바랍니다.
5. 작성한 답안 파일은 답안 전송 프로그램을 통하여 전송됩니다. 감독관의 지시에 따라 주시기 바랍니다.
6. 다음사항의 경우 실격(0점) 혹은 부정행위 처리됩니다.
   1) 답안파일을 저장하지 않았거나, 저장한 파일이 손상되었을 경우
   2) 답안파일을 지정된 폴더(바탕화면 – "KAIT" 폴더)에 저장하지 않았을 경우
      ※ 답안 전송 프로그램 로그인 시 바탕화면에 자동 생성됨
   3) 답안파일을 다른 보조 기억장치(USB) 혹은 네트워크(메신저, 게시판 등)로 전송할 경우
   4) 휴대용 전화기 등 통신기기를 사용할 경우
7. 시험지에 제시된 글꼴이 응시 프로그램에 없는 경우, 반드시 감독위원에게 해당 내용을 통보한 뒤 조치를 받아야 합니다.
8. 시험의 완료는 작성이 완료된 답안을 저장하고, 답안 전송이 완료된 상태를 확인한 것으로 합니다. 답안 전송 확인 후 문제지는 감독관에게 제출한 후 퇴실하여야 합니다.
9. 답안전송이 완료된 경우에는 수정 또는 정정이 불가능합니다.
10. 시험시행 후 결과는 홈페이지(www.ihd.or.kr)에서 확인하시기 바랍니다.
    1) 문제 및 모범답안 공개 : 20XX. XX. XX(X)
    2) 합격자 발표 : 20XX. XX. XX(X)

1 글맵시 삽입

1 [글맵시 만들기] 대화상자 열기

- 메뉴 : [입력]-[개체]-[글맵시]
- 탭 메뉴 : [입력]-[개체] 항목의 [글맵시(가나다)]

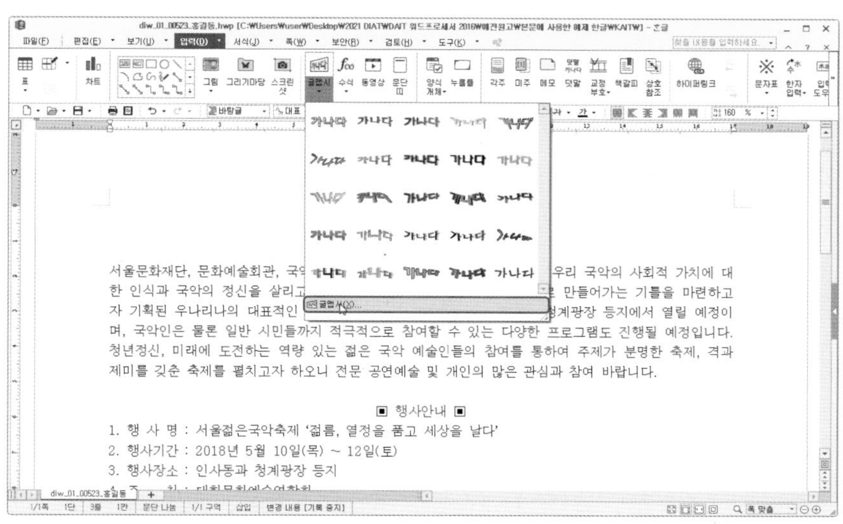

2 글맵시 작성하기

[글맵시 만들기] 대화상자에서 내용을 입력한 후 글꼴, 글맵시 모양 설정

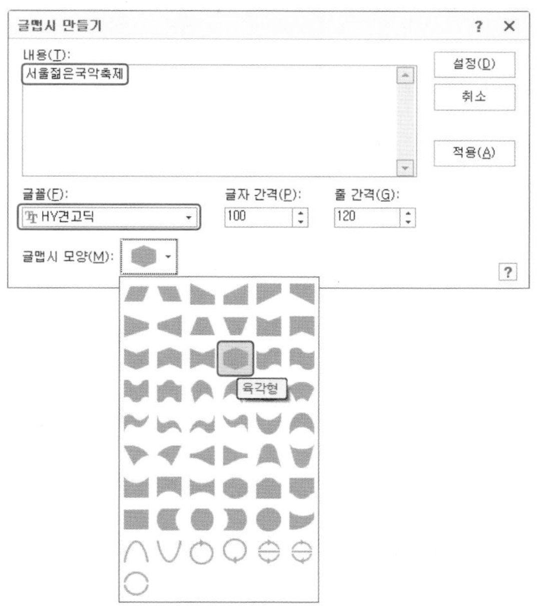

> **Tip**
> - 시험에서는 [글맵시 모양]에 대한 별도의 지시사항이 없습니다.
> - 문제지의 출력형태를 보고 판단하여 동일한 글맵시 모양으로 적용하도록 합니다.

서울젊은국악축제

▲ 글맵시 완성

쪽 테두리 : 이중 실선(0.5mm), 머리말 포함

글상자 – 크기 : 너비(60mm), 높이(12mm), 테두리 : 이중 실선(1.00mm), 반원
채우기 : 색상(RGB:227,220,193), 위치 : 글자처럼 취급, 가운데 정렬,
글자 모양 : 견고딕, 15pt, 가운데 정렬

머리말(궁서, 9pt, 오른쪽 정렬)

DIAT

그림D 삽입(바탕화면-KAIT-제출파일폴더)
너비(30mm), 높이(30mm)
위치 : 어울림(가로-쪽의 왼쪽:0mm,
세로-쪽의 위:24mm)

호주의 세계유산

굴림체, 12pt, 진하게, 가운데 정렬

1. 오페라하우스

돋움체, 12pt, 진하게

하버브리지의 남동쪽에 위치하며, 공연(公演) 예술의 중심지로서 극장과 녹음실, 음악당, 전시장을 갖추고 있는 시드니 오페라하우스는 호주를 대표하는 하나의 아이콘(Icon)이다. 1960년대 이 독특한 건축의 등장은 오스트레일리아(호주)의 현대적이고 활기와 젊음이 넘치는 문위기를 상징적으로 보여주고 있다. 시드니 오페라하우스는 예정된 기간보다 6년이나 늦어져 총 16년간 건설되었으며 처음에 예상한 비용보다 10배를 초과했다. 1973년 10월 20일 시드니 오페라하우스 개관식에는 영국(英國) 여왕 엘리자베스 2세가 참석하여 테이프를 끊었다. 시드니 항구에 정박되어 있는 요트들의 돛 모양을 되살린 조가비모양의 지붕이 바다와 묘한 조화를 이루며 세계의 가장 아름다운 건축물 중 하나로 2007년 유네스코Ⓐ 선정 세계문화유산으로 지정되었다.

분

각주

2. 블루마운틴

돋움체, 12pt, 진하게

블루마운틴은 오스트레일리아(Australia) 시드니에서 서쪽으로 약 60km 떨어진 곳에 위치한 산악 국립공원(國立公園)으로 유칼립투스나무로 뒤덮인 해발 1100m의 사암(砂巖) 고원이다. 특유의 푸른빛과 가파른 계곡, 폭포, 기암(奇巖) 등이 빚어내는 아름다운 경관을 갖추고 있어 그 가치를 인정받아 2000년에 유네스코(UNESCO) 세계자연유산으로 등록되었다. 바다도 아닌 산에 블루(Blue)라는 색을 가져다가 이름을 붙인 이유는 이 산이 멀리에서 보면 파랗게 보이기 때문이다. 이 푸른빛은 유칼립투스나무에서 유액들이 증발되는 태양광선과 만나 푸른빛의 파장을 만들어 내기 때문이다. 그러므로 서울의 4배 정도의 면적에 91종이나 되는 다양한 유칼립투스나무들이 주종을 이루는 숲의 특징에서 블루마운틴이란 이름이 연유되었다고 할 수 있다.

참가자 현황

구분	15세 이하	16세 이상
8기	13	17
9기	15	15
10기	18	12
11기	20	10

위쪽 제목 셀 : 색상(RGB:202,86,167), 진하게
제목 셀 아래선 : 이중 실선(0.5mm)
글자 모양 : 굴림, 10pt, 가운데 정렬

궁서, 13pt, 진하게

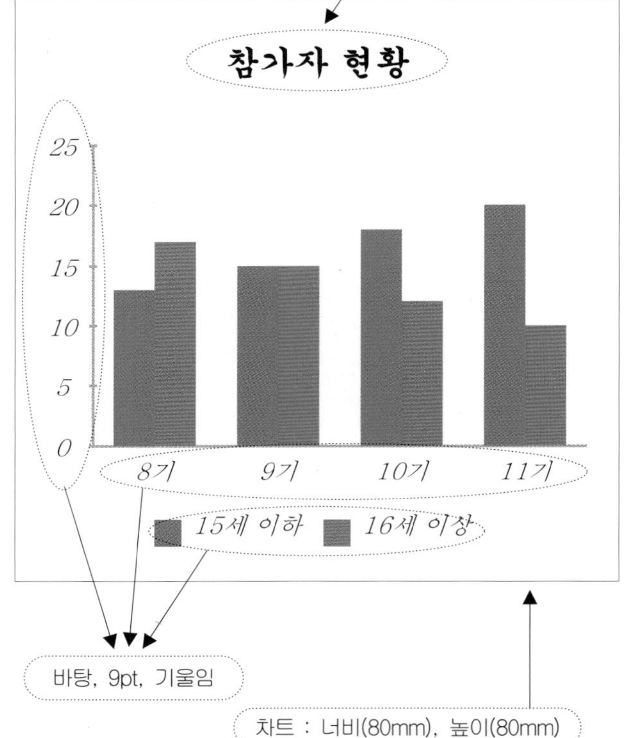

바탕, 9pt, 기울임

차트 : 너비(80mm), 높이(80mm)

Ⓐ 유엔교육과학문화기구로 지적 활동 분야의 국제협력 촉진

궁서, 8pt

- II -

쪽 번호 매기기, Ⅰ,Ⅱ,Ⅲ 순으로, 가운데 아래

04 빵빵한 예제로 기본다지기

1 조건을 이용하여 다음과 같은 문서를 작성해 보세요.

완성파일 : 기본04-01.hwp

작성조건 ▶ 글맵시 : 견고딕

인창세계도시축전

Tip

내용 입력 후 글꼴('견고딕')과 글맵시 모양('팽창')적용

작성조건 ▶ 글맵시 : 돋움체

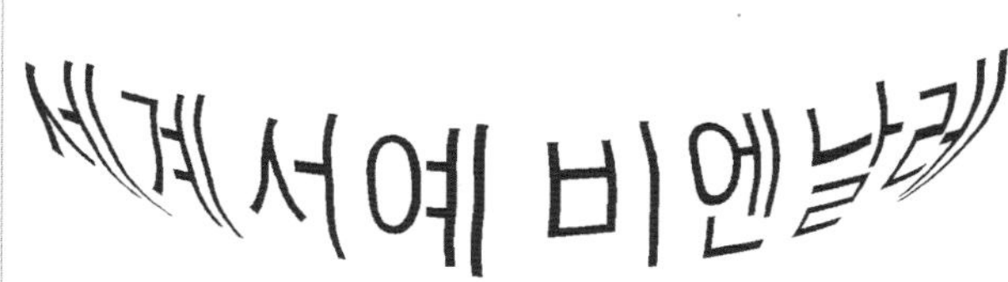

내용 입력 후 글꼴('돋움체')과 글맵시 모양('역손톱 모양')적용

2 조건을 이용하여 다음과 같은 문서를 작성해 보세요.

완성파일 : 기본04-01.hwp

작성조건 ▶ 글맵시 : HY견고딕

정보화경진대회

Tip

내용 입력 후 글꼴('HY견고딕')과 글맵시 모양('역갈매기형 수장') 적용

작성조건 ▶ 글맵시 : 휴먼옛체

저탄소녹색성장

Tip

내용 입력 후 글꼴('휴먼옛체')과 글맵시 모양('육각형')적용

글맵시 – 휴먼옛체, 채우기 : 색상(RGB:53,135,145)
크기 : 너비(120mm), 높이(20mm), 위치 : 글자처럼 취급, 가운데 정렬

DIAT
머리말(궁서, 9pt, 오른쪽 정렬)

국제문화탐방참가자모집

진하게, 기울임

서울시립청소년센터에서는 ***청소년들이 자신의 소질을 찾고 미래를 탐색할 수 있도록*** 다양하고 유익한 청소년 활동들을 운영하는 청소년시설입니다. 이번에 청소년센터에서는 동계국제문화탐방으로 '요즘 애들 호주에 가다!'라는 프로그램을 계획하였습니다. 청소년들이 다양한 해외문화체험을 통한 세계시민의식 함양과 외국 청소년 교류 활동을 통한 글로벌리더십 향상을 목적으로 하고 있습니다. 호주 멜버른에서 세인트 패트릭 성당, 대학교 탐방, 시드니의 블루마운틴, 농가체험, 오페라하우스 등을 중심으로 8박 10일간의 프로그램을 진행합니다. 다음과 같이 참가자를 모집하오니 많은 관심과 홍보 부탁드립니다.

문자표 → ◇ 행사안내 ◇

돋움체, 가운데 정렬

기울임, 밑줄

1. 행 사 명 : 요즘 애들 호주에 가자!
2. 활동내용 : <u>*호주 멜버른과 시드니 문화탐방 및 체험활동 중 다양한 현지 미션 프로그램*</u>
3. 참가자격 : 10세 ~ 20세까지의 대한민국 청소년 30명
4. 신청방법 : 신청서 작성 후 이메일(gaja@ihd.or.kr) 또는 팩스(02-1234-5678)로 제출
5. 세부내용 : 서울시립청소년센터 홈페이지 동계국제문화탐방 참조(http://www.ihd.or.kr)

문자표

※ 기타사항

- 일정은 현지 도로 및 기후 등 기타 제반 사항에 의해 다소 변경될 수 있습니다.
- 개인의 부주의로 인한 부상, 분실, 또는 천재지변, 불가항력으로 인한 일정의 변경 및 취소에 따른 손해에 대해서는 관례에 따라 면책됨을 알려드립니다.
- 조식은 호텔식으로 제공되며, 중식과 석식은 현지식 또는 자유식으로 진행됩니다.

왼쪽여백 : 10pt
내어쓰기 : 12pt

2022. 12. 01. ← 13pt, 가운데 정렬

서울시립청소년센터 ← 견고딕, 25pt, 가운데 정렬

문제1은 1구역, 문제2는 2구역으로 나누어 답안 작성

- I - ← 쪽 번호 매기기, Ⅰ,Ⅱ,Ⅲ 순으로, 가운데 아래

3 조건을 이용하여 다음과 같은 문서를 작성해 보세요.

완성파일 : 기본04-01.hwp

작성조건 ▶ 글맵시 : 바탕체

주말농장분양안내

Tip

내용 입력 후 글꼴('바탕체')과 글맵시 모양('왼쪽으로 줄이기') 적용

작성조건 ▶ 글맵시 : HY헤드라인M

어린이돕기 마라톤대회

Tip

내용 입력 후 글꼴('HY헤드라인M')과 글맵시 모양('물결 1') 적용

4 조건을 이용하여 다음과 같은 문서를 작성해 보세요.

완성파일 : 기본04-01.hwp

작성조건 ▶ 글맵시 : 궁서체

영어 말하기 대회

Tip

내용 입력 후 글꼴('궁서체')과 글맵시 모양('갈매기형 수장') 적용

작성조건 ▶ 글맵시 : 굴림체

산유수 축제 한마당

Tip

내용 입력 후 글꼴('굴림체')과 글맵시 모양('아래쪽 리본 사각형') 적용

5 조건을 이용하여 다음과 같은 문서를 작성해 보세요.

완성파일 : 기본04-01.hwp

작성조건 ▶ 글맵시 : 휴먼옛체

송도영화박물관안내

Tip

내용 입력 후 글꼴('휴먼옛체')과 글맵시 모양('수축') 적용

작성조건 ▶ 글맵시 : 굴림체

인터넷 중독 예방 교육

Tip

내용 입력 후 글꼴('굴림체')과 글맵시 모양('왼쪽으로 팽창') 적용

【문제】 첨부된 문제를 다음의 조건을 적용하여 문서를 작성하시오.

① 문서는 A4(210mm×297mm) 크기, 세로 용지방향으로 작성한다.

② 페이지 여백은 아래와 같이 설정한다.

왼쪽	오른쪽	위쪽	아래쪽	머리말	꼬리말	제본
20mm	20mm	20mm	20mm	10mm	10mm	0mm

③ 한글 NEO 버전은 아래와 같이 "자동 글머리 기호 넣기"와 "자동 번호 매기기" 기능을 해제한다.

도구 → 빠른 교정 → 빠른 교정 내용 → 입력 자동 서식 ⇒	자동 글머리 기호 넣기(해제) 자동 번호 매기기(해제)

※ 만약 입력자동서식 메뉴가 없는 경우에는, "자동 글머리 기호 넣기"와 "자동 번호 매기기" 기능이 설정되어 있지 않은 것이므로 별도의 기능 해제 없이 그대로 시험에 응시하시면 됩니다.

④ 글자는 별도의 지시사항이 없는 한 바탕, 10pt, 양쪽정렬, 줄간격 160%로 작성한다.

⑤ 영문, 숫자 등은 별도의 지시가 없는 한 반각(1byte) 문자를 사용한다.

⑥ 특수문자는 문자표(전각 기호)를 이용하여 작성한다.

⑦ 교정부호 및 화살표로 기재된 지시사항대로 처리하되, →은 지시사항이므로 작성하지 않는다.

⑧ 1페이지에 [문제1]을 작성하고, 구역나누기를 하여 2페이지에 [문제2]를 작성한다.

※ 해당 페이지에 작성하지 않거나 의도적으로 텍스트 작성을 하지 않은 경우 0점 처리

⑨ [문제2]는 문제지와 같이 2단으로 다단을 나누어 작성한다.

⑩ '그림 삽입' 시에는 반드시 "KAIT 수검프로그램"을 통해 다운로드 한 그림 파일을 사용한다.

⑪ 차트의 범례는 기본값으로 작성한다.(선 모양 없음)

⑫ 총점 : 200점

[공통사항1(기본설정, 용지설정)] : 8점, [공통사항2(오탈자)] : 40점

[문제1] : 46점, [문제2] : 106점

⑬ 기타 특별히 지시되어 있지 않은 사항은 문제지에 준하여 작성한다.

글맵시 편집

>>> **핵심만 쏙쏙** ❶ 채우기 색 설정 ❷ 개체 속성 설정 ❸ 글맵시 정렬

작성한 글맵시에 색을 채우고, 개체 속성(크기 : 너비와 높이, 위치 : 글자처럼 취급)을 설정하는 형태로 출제되고 있습니다.

핵심 짚어보기

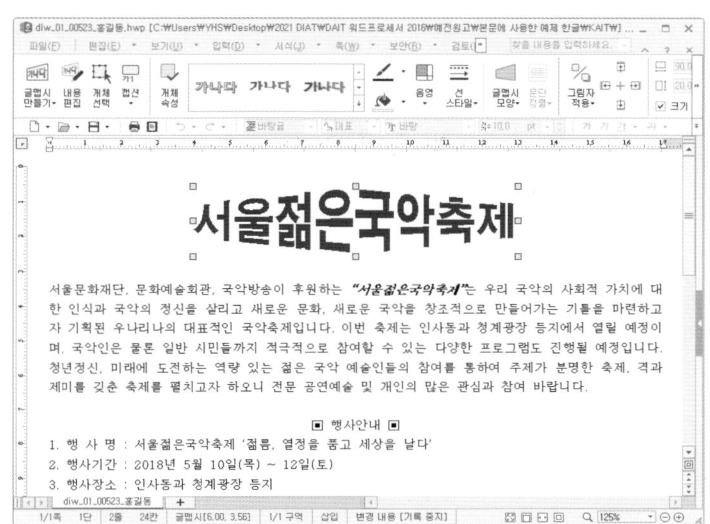

▲ [개체 속성] 대화상자–[기본] 탭

▲ [개체 속성] 대화상자–[채우기] 탭

클래스 업

- **글맵시의 개체 속성** : 작성한 글맵시를 더블클릭한 후 [개체 속성] 대화상자를 이용하여 설정 (채우기 색 : 면색, 크기 : 너비와 높이, 위치 : 글자처럼 취급)

제 04 회

최신기출유형

한글 NEO 버전용

- 시험과목 : 워드프로세서(한글)
- 시험일자 : 20XX. XX. XX(X)
- 응시자 기재사항 및 감독위원 확인

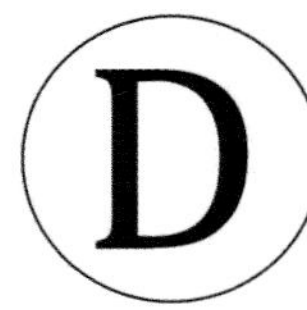

수 검 번 호	DIW – XXXX –	감독위원 확인
성 명		

응시자 유의사항

1. 응시자는 반드시 신분증을 지참하여야 시험에 응시할 수 있으며, 시험이 종료될 때까지 신분증을 제시하지 못 할 경우 해당 시험은 0점 처리됩니다.
2. 시스템(PC작동여부, 네트워크 상태 등)의 이상여부를 반드시 확인하여야 하며, 시스템 이상이 있을 경우 감독위원에게 조치를 받으셔야 합니다.
3. 시험 중 부주의 또는 고의로 시스템을 파손한 경우는 수검자 부담으로 합니다.
4. 답안 전송 프로그램을 통해 다운로드 받은 파일을 이용하여 답안파일을 작성하시기 바랍니다.
5. 작성한 답안 파일은 답안 전송 프로그램을 통하여 전송됩니다. 감독관의 지시에 따라 주시기 바랍니다.
6. 다음사항의 경우 실격(0점) 혹은 부정행위 처리됩니다.
   1) 답안파일을 저장하지 않았거나, 저장한 파일이 손상되었을 경우
   2) 답안파일을 지정된 폴더(바탕화면 – "KAIT" 폴더)에 저장하지 않았을 경우
      ※ 답안 전송 프로그램 로그인 시 바탕화면에 자동 생성됨
   3) 답안파일을 다른 보조 기억장치(USB) 혹은 네트워크(메신저, 게시판 등)로 전송할 경우
   4) 휴대용 전화기 등 통신기기를 사용할 경우
7. 시험지에 제시된 글꼴이 응시 프로그램에 없는 경우, 반드시 감독위원에게 해당 내용을 통보한 뒤 조치를 받아야 합니다.
8. 시험의 완료는 작성이 완료된 답안을 저장하고, 답안 전송이 완료된 상태를 확인한 것으로 합니다. 답안 전송 확인 후 문제지는 감독관에게 제출한 후 퇴실하여야 합니다.
9. 답안전송이 완료된 경우에는 수정 또는 정정이 불가능합니다.
10. 시험시행 후 결과는 홈페이지(www.ihd.or.kr)에서 확인하시기 바랍니다.
    1) 문제 및 모범답안 공개 : 20XX. XX. XX(X)
    2) 합격자 발표 : 20XX. XX. XX(X)

식별CODE

1 채우기 색 설정

채우기 색 설정하기

❶ 작성한 글맵시를 더블클릭

❷ [개체 속성] 대화상자의 [채우기] 탭–[면 색]–[다른 색] 클릭

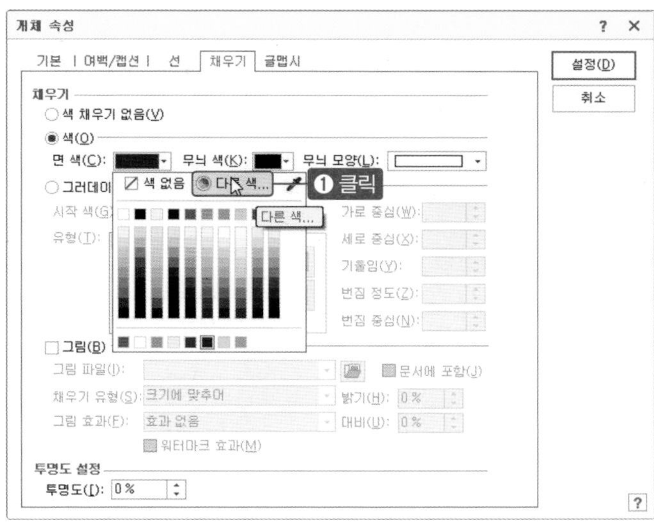

❸ [색] 대화상자에서 문제지에 제시된 RGB 값 입력

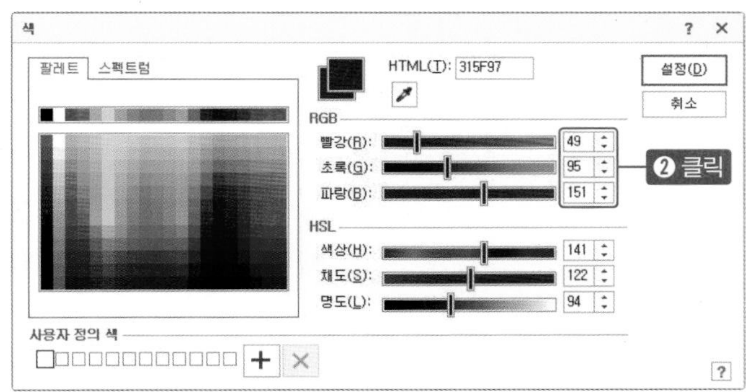

Tip

글맵시 채우기

[색상 테마]–[기본]의 첫 줄에 있는 면 색을 선택하여 글맵시를 채우는 방법도 알아두도록 합니다.

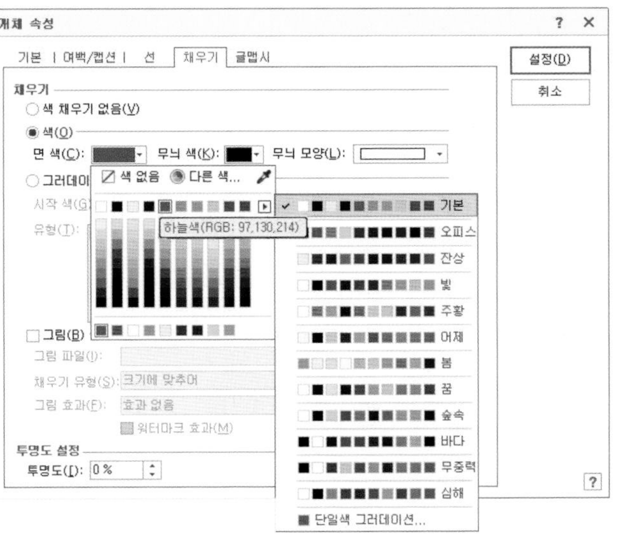

쪽 테두리 : 이중 실선(0.5mm), 머리말 포함

글상자 - 크기 : 너비(70mm), 높이(12mm), 테두리 : 이중 실선(1.00mm), 반원
채우기 : 색상(RGB:227,220,193), 위치 : 글자처럼 취급, 가운데 정렬,
글자 모양 : 견고딕, 15pt, 가운데 정렬

머리말(굴림, 9pt, 오른쪽 정렬)

DIAT

그림C 삽입(바탕화면-KAIT-제출파일폴더)
너비(30mm), 높이(30mm)
위치 : 어울림(가로-쪽의 왼쪽:0mm,
세로-쪽의 위:24mm)

컴퓨팅 사고력과 알고리즘

1. 컴퓨팅 사고력

돋움체, 12pt, 진하게

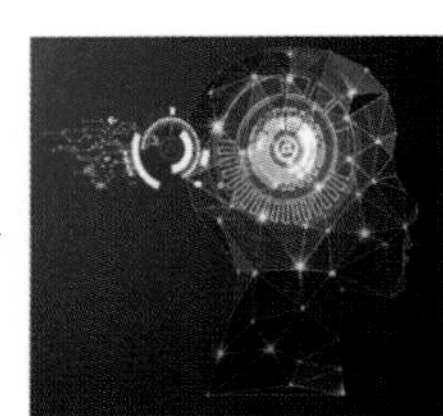

오늘날 컴퓨팅 사고는 새로운 창의적(創意的) 사고의 방법으로 주목받고 있다. 많은 나라들이 소프트웨어(software) 교육을 실시하는 것은 단지 국민을 컴퓨터 코딩을 능숙하게 다루는 프로그래머로 만들자는 것이 아니라, 국민들이 모든 분야의 문제를 새로운 방향으로 생각하여 수월하게 해결할 수 있는 능력을 키워주기 위해서 이다. 따라서 컴퓨팅 사고력은 컴퓨터가 문재를 해결하는 방식처럼 복잡한 문제를 단순화하고 이를 논리적, 효율적으로 해결하는 능력뿐만 아니라 컴퓨터가 여러 일들을 묶어서 처리하거나, 우선순위를 정하여 순서대로 처리하는 원리를 배워서 자신이 실생활에서 해야 할 일들을 효율적으로 처리하는 능력을 기를 수 있다. 그러므로 빠르게 변하고 복잡해지는 미래(未來) 사회에서 모든 사람들이 갖추어야 할 능력으로 꼽히고 있다.

제

굴림체, 12pt, 진하게, 가운데 정렬

대회 참가 현황

구분	이론부문	실기부문
초등부	25	31
중등부	19	22
고등부	22	18

위쪽 제목 셀 : 색상(RGB:233,174,43), 진하게
제목 셀 아래선 : 이중 실선(0.5mm)
글자 모양 : 돋움, 10pt, 가운데 정렬

굴림체, 12pt, 진하게

대회 참가 현황

	이론부문	실기부문
초등부	25	31
중등부	19	22
고등부	22	18

35, 30, 25, 20, 15, 10, 5, 0

돋움, 9pt, 기울임

차트 : 너비(80mm), 높이(80mm)

2. 알고리즘(algorithm)

돋움체, 12pt, 진하게

우리는 해결해야 할 문제에 접하면, 대부분의 문제들은 순간적인 판단으로 해결한다. 하지만 여러 가지 조건과 상황을 고려하여 최적의 판단을 해야 하는 복잡한 문제가 발생할 때는 컴퓨터를 이용하기도 한다. 알고리즘㉮은 주어진 문제를 논리적으로 해결하기 위해 필요한 절차(節次), 방법, 명령어들을 모아놓은 것이라 정의할 수 있으며 넓게는 사람 손으로 해결하는 것, 컴퓨터로 해결하는 것, 수학적인 것, 비수학적인 것을 모두 포함한다. 그리고 알고리즘에서 가장 중요한 것은 효율성이라고 할 수 있는데 똑같은 문제(問題) 해결에 있어 결과는 같아도 해결방법에 따라 실행 속도나 오차(誤差) 또는 오류(error) 등에 차이가 있을 수 있기 때문이다. 또한, 알고리즘은 명확해야 하는데 이를 위해 프로그래머들은 주로 순서도나 의사코드(pseudocode) 등을 이용하고 있다.

각주

㉮ 수학자 알고리즈미(Al-Khowarizmi) 이름에서 유래

굴림, 9pt

쪽 번호 매기기, 가,나,다 순으로, 오른쪽 아래

- 나 -

2 개체 속성 설정

개체 속성 설정하기

글맵시를 더블클릭한 후 크기('너비', '높이')와 위치('글자처럼 취급') 설정

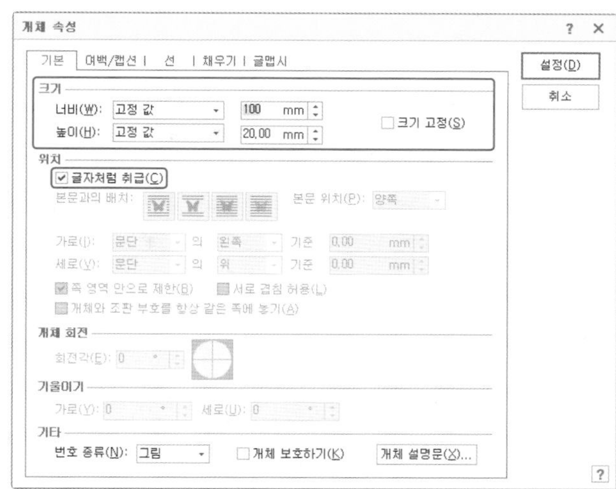

한글 NEO 버전의 상단에 표시되는 탭 메뉴 중 [글맵시( )] 탭의 [개체 속성( )]에서 크기('너비', '높이')와 위치('글자처럼 취급')를 선택할 수도 있습니다.

3 글맵시 정렬

글맵시 정렬하기

❶ 글맵시가 삽입된 행의 왼쪽 빈 공간에서 마우스 포인터의 모양이 ↖로 변경될 때 클릭

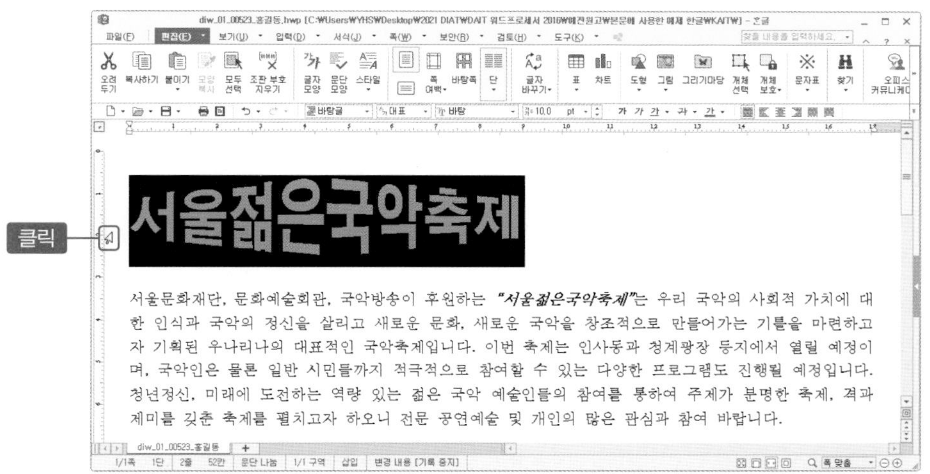

❷ 서식 도구 상자에서 '가운데 정렬( )' 아이콘 클릭

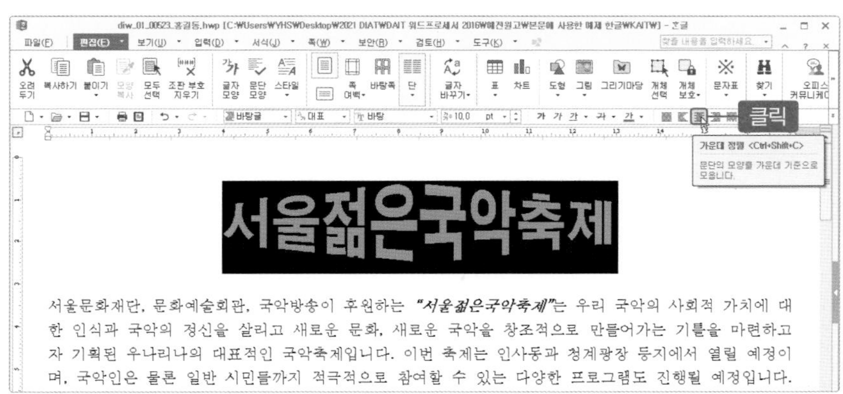

글맵시 – 휴먼옛체, 채우기 : 색상(RGB:53,135,145)
크기 : 너비(110mm), 높이(20mm), 위치 : 글자처럼 취급, 가운데 정렬

DIAT
머리말(굴림, 9pt, 오른쪽 정렬)

컴퓨터과학경시대회안내

진하게, 기울임

컴퓨터과학에서 비롯된 인공지능과 빅데이터는 공학, 과학, 사회과학, 예술, 교육, 경영, 경제, 의학, 법학 등의 모든 분야에 적용이 가능한 보편적 학문의 성격을 띠고 있습니다. 또한 ***영화에서나 등장하던 로봇, 자율주행, 유전자 신기술은 컴퓨터과학을 통해 현실***로 다가오고 있습니다. 컴퓨터과학경시대회는 컴퓨팅사고력, 프로그래밍, 알고리즘을 개별적으로 평가하던 기존의 방식과 달리 컴퓨터과학에 대한 개념과 지식을 바탕으로 컴퓨팅사고력과 프로그래밍 능력을 종합적으로 평가하는 대회입니다. 컴퓨터과학은 미래의 우리에게 더 많은 기회를 보여줄 것입니다. 관심 있는 학생들의 많은 참여 바랍니다.

문자표 →

궁서, 가운데 정렬

1. 대 회 명 : 컴퓨터과학경시대회
2. 참가자격 : <u>*컴퓨터과학에 관심 있는 만 7세 ~ 18세의 대한민국 거주 청소년*</u> ← 기울임, 밑줄
3. 경기부문 : 참가 연령에 따라 초등부, 중등부, 고등부로 구분
4. 지원부문 : 이론부문 또는 실기부문을 선택하여 지원할 수 있음
5. 자세한 내용은 누리집(http://www.ihd.or.kr) 공지사항을 참고하시기 바랍니다.

문자표

※ 기타사항

- 공통 응시과목은 컴퓨터과학에 대한 기초지식 및 중요개념을 묻는 문제가 출제됩니다.
- 이론부문 응시과목 컴퓨팅사고력(지필) 문제를 풀기 위해서는 수학적 사고력과 언어능력을 필요로 하며, 컴퓨팅사고력의 하위요소인 추상화, 분할, 자동화, 알고리즘 등의 능력도 함께 평가됩니다.
- 실기부문은 C언어를 이용하여 자료구조와 알고리즘을 적용하는 프로그래밍 문제가 출제됩니다.

왼쪽여백 : 10pt
내어쓰기 : 12pt

2022. 02. 21. ← 11pt, 가운데 정렬

국립소프트웨어영재교육원 ← 견고딕, 20pt, 가운데 정렬

문제1은 1구역, 문제2는 2구역으로 나누어 답안 작성

쪽 번호 매기기, 가,나,다 순으로, 오른쪽 아래 → - 가 -

빵빵한 예제로 기본다지기

1 조건을 이용하여 다음과 같은 문서를 작성해 보세요.

완성파일 : 기본05-01.hwp

작성조건

▶ 글맵시 – 휴먼옛체, 채우기 : 색상(RGB:53,135,145)

주부바둑강좌

Tip

내용 입력 후 글꼴('휴먼옛체')과 글맵시 모양('육각형 ') 적용

작성조건

▶ 글맵시 – 중고딕, 채우기 : 색상(RGB:233,174,43)

유니세프자원봉사자

Tip

내용 입력 후 글꼴('중고딕')과 글맵시 모양('아래쪽 리본 사각형 ') 적용

2 조건을 이용하여 다음과 같은 문서를 작성해 보세요.

완성파일 : 기본05-01.hwp

작성조건

▶ 글맵시 – HY견고딕, 채우기 : 색상(RGB:202,86,167)

동아리회원모집

Tip

내용 입력 후 글꼴('HY견고딕')과 글맵시 모양('오른쪽으로 줄이기 ') 적용

작성조건

▶ 글맵시 – 돋움체, 채우기 : 색상(RGB:105,155,55)

전기차박람회

Tip

내용 입력 후 글꼴('돋움체')과 글맵시 모양('역갈매기형 수장 ') 적용

【문제】 첨부된 문제를 다음의 조건을 적용하여 문서를 작성하시오.

① 문서는 A4(210mm×297mm) 크기, 세로 용지방향으로 작성한다.

② 페이지 여백은 아래와 같이 설정한다.

왼쪽	오른쪽	위쪽	아래쪽	머리말	꼬리말	제본
20mm	20mm	20mm	20mm	10mm	10mm	0mm

③ 한글 NEO 버전은 아래와 같이 "자동 글머리 기호 넣기"와 "자동 번호 매기기" 기능을 해제한다.

도구 → 빠른 교정 → 빠른 교정 내용 → 입력 자동 서식 ⇒	자동 글머리 기호 넣기(해제) 자동 번호 매기기(해제)

※ 만약 입력자동서식 메뉴가 없는 경우에는, "자동 글머리 기호 넣기"와 "자동 번호 매기기" 기능이 설정되어 있지 않은 것이므로 별도의 기능 해제 없이 그대로 시험에 응시하시면 됩니다.

④ 글자는 별도의 지시사항이 없는 한 바탕, 10pt, 양쪽정렬, 줄간격 160%로 작성한다.

⑤ 영문, 숫자 등은 별도의 지시가 없는 한 반각(1byte) 문자를 사용한다.

⑥ 특수문자는 문자표(전각 기호)를 이용하여 작성한다.

⑦ 교정부호 및 화살표로 기재된 지시사항대로 처리하되, ( )→은 지시사항이므로 작성하지 않는다.

⑧ 1페이지에 [문제1]을 작성하고, 구역나누기를 하여 2페이지에 [문제2]를 작성한다.

※ 해당 페이지에 작성하지 않거나 의도적으로 텍스트 작성을 하지 않은 경우 0점 처리

⑨ [문제2]는 문제지와 같이 2단으로 다단을 나누어 작성한다.

⑩ '그림 삽입' 시에는 반드시 "KAIT 수검프로그램"을 통해 다운로드 한 그림 파일을 사용한다.

⑪ 차트의 범례는 기본값으로 작성한다.(선 모양 없음)

⑫ 총점 : 200점

[공통사항1(기본설정, 용지설정)] : 8점, [공통사항2(오탈자)] : 40점

[문제1] : 46점, [문제2] : 106점

⑬ 기타 특별히 지시되어 있지 않은 사항은 문제지에 준하여 작성한다.

조건을 이용하여 다음과 같은 문서를 작성해 보세요.

완성파일 : 기본05-02.hwp

작성조건 ▶ 용지 여백 : 왼쪽 · 오른쪽 · 위쪽 · 아래쪽 20mm, 머리말 · 꼬리말 10mm

글맵시 – 궁서체, 채우기 : 색상(RGB:105,155,55)
크기 : 너비(100mm), 높이(20mm), 위치 : 글자처럼 취급, 가운데 정렬

전국청소년민속예술제 관람안내

진하게, 밑줄

한국민속예술축제는 **일제강점기의 문화 탄압과 6.25전쟁으로 인해 사라져가던 우리 민족 고유의 예술**을 발굴하고 보존하기 위해 1958년 전국민속예술경연대회로 시작했습니다. 1994년부터는 청소년들에 대한 민속 예술 전승의 활성화를 위해 전국청소년민속예술제도 함께 개최해오고 있습니다. 한국민속예술축제는 그간의 축제를 통해 총 400여종이 넘는 민속 예술 종목을 발굴했으며 이 가운데 140종이 넘는 종목이 국가 및 지방 무형문화재로 지정되는 성과를 거두었습니다. 우리 민속 예술의 우수성을 발견하고 화합을 이뤄내는 장에 여러분을 초대하오니, 민속 예술에 관심 있는 청소년들의 많은 참여바랍니다.

4 조건을 이용하여 다음과 같은 문서를 작성해 보세요.

완성파일 : 기본05-03.hwp

작성조건 ▶ 용지 여백 : 왼쪽 · 오른쪽 · 위쪽 · 아래쪽 20mm, 머리말 · 꼬리말 10mm

글맵시 – 휴먼옛체, 채우기 : 색상(RGB:53,135,145)
크기 : 너비(130mm), 높이(20mm), 위치 : 글자처럼 취급, 가운데 정렬

캡스톤디자인작품전시회

진하게, 밑줄

디지털대학교 산학협력 사업단에서는 본교 학생들의 **창의적 종합설계능력 제고 및 산업체 수요에 맞춘** 우수 인재양성을 위해 캡스톤 디자인 작품전시회를 개최합니다. 캡스톤 디자인은 학생들이 졸업 후 산업현장에서 부딪힐 수 있는 많은 문제들을 좀 더 쉽게 해결할 수 있도록 도와주기 위해 졸업 논문 대신 작품을 만들어 미리 산업현장을 느낄 수 있도록 하는 종합설계 교육프로그램입니다. 이번 행사는 우리 대학의 다양한 산학협력 및 교육혁신 활동을 통해 도출된 학생들의 창작품과 실적물의 전시 및 우수작품에 대한 포상을 통하여 지역 산업체들과 함께 성과를 공유하고자 하오니 많은 성원과 관심 바랍니다.

제 03 회

최신기출유형

한글 NEO 버전용

- 시험과목 : 워드프로세서(한글)
- 시험일자 : 20XX. XX. XX(X)
- 응시자 기재사항 및 감독위원 확인

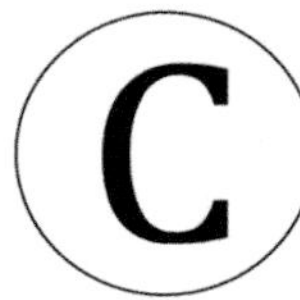

수 검 번 호	DIW – XXXX –	감독위원 확인
성 명		

응시자 유의사항

1. 응시자는 반드시 신분증을 지참하여야 시험에 응시할 수 있으며, 시험이 종료될 때까지 신분증을 제시하지 못 할 경우 해당 시험은 0점 처리됩니다.
2. 시스템(PC작동여부, 네트워크 상태 등)의 이상여부를 반드시 확인하여야 하며, 시스템 이상이 있을 경우 감독위원에게 조치를 받으셔야 합니다.
3. 시험 중 부주의 또는 고의로 시스템을 파손한 경우는 수검자 부담으로 합니다.
4. 답안 전송 프로그램을 통해 다운로드 받은 파일을 이용하여 답안파일을 작성하시기 바랍니다.
5. 작성한 답안 파일은 답안 전송 프로그램을 통하여 전송됩니다. 감독관의 지시에 따라 주시기 바랍니다.
6. 다음사항의 경우 실격(0점) 혹은 부정행위 처리됩니다.
   1) 답안파일을 저장하지 않았거나, 저장한 파일이 손상되었을 경우
   2) 답안파일을 지정된 폴더(바탕화면 – "KAIT" 폴더)에 저장하지 않았을 경우
      ※ 답안 전송 프로그램 로그인 시 바탕화면에 자동 생성됨
   3) 답안파일을 다른 보조 기억장치(USB) 혹은 네트워크(메신저, 게시판 등)로 전송할 경우
   4) 휴대용 전화기 등 통신기기를 사용할 경우
7. 시험지에 제시된 글꼴이 응시 프로그램에 없는 경우, 반드시 감독위원에게 해당 내용을 통보한 뒤 조치를 받아야 합니다.
8. 시험의 완료는 작성이 완료된 답안을 저장하고, 답안 전송이 완료된 상태를 확인한 것으로 합니다. 답안 전송 확인 후 문제지는 감독관에게 제출한 후 퇴실하여야 합니다.
9. 답안전송이 완료된 경우에는 수정 또는 정정이 불가능합니다.
10. 시험시행 후 결과는 홈페이지(www.ihd.or.kr)에서 확인하시기 바랍니다.
    1) 문제 및 모범답안 공개 : 20XX. XX. XX(X)
    2) 합격자 발표 : 20XX. XX. XX(X)

Chapter 06

머리말/꼬리말

>>> **핵심만 쏙쏙** ❶ 머리말 삽입 ❷ 머리말 편집

머리말/꼬리말은 문서의 각 페이지 상단/하단에 고정적으로 반복되는 내용을 말하는 것으로, 시험에서는 머리말을 지정하는 문제가 출제되고 있습니다.

핵심 짚어보기

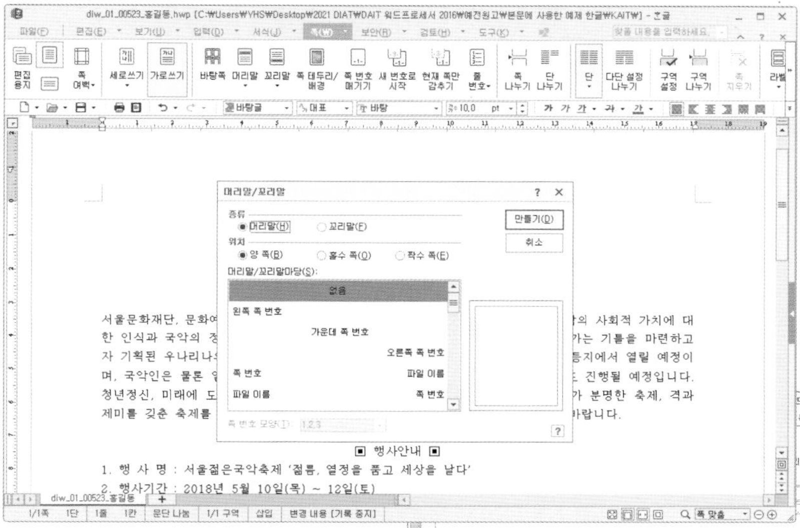

▲ [머리말/꼬리말] 대화상자

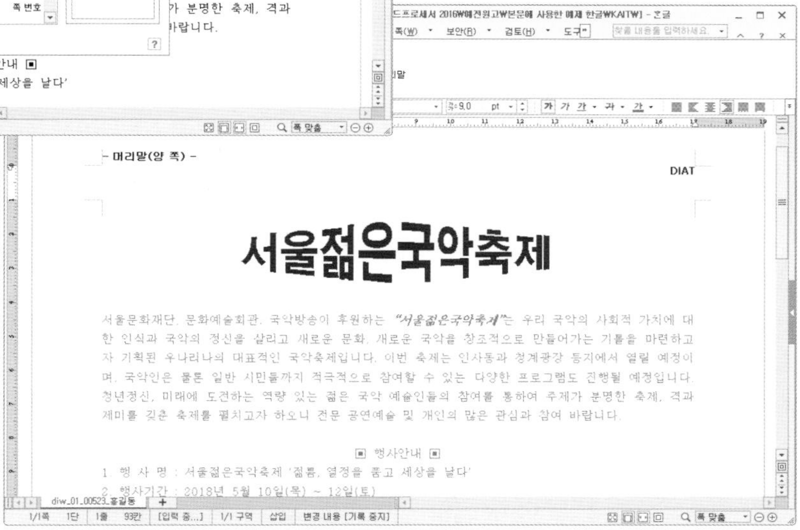

▲ 머리말 입력 상태

클래스 업

- 머리말 입력 상태를 닫으려면 Shift + Esc 를 누르거나 [머리말/꼬리말 닫기( )]를 클릭합니다.
- 삽입된 머리말/꼬리말이 보이지 않는 경우에는 [보기]-[쪽 윤곽] 메뉴를 선택합니다.

쪽 테두리 : 이중 실선(0.5mm), 머리말 포함

글상자 - 크기 : 너비(60mm), 높이(12mm), 테두리 : 이중 실선(1.00mm), 둥근 모양
채우기 : 색상(RGB:199,82,82), 위치 : 글자처럼 취급, 가운데 정렬,
글자 모양 : 견고딕, 20pt, 가운데 정렬

머리말(돋움, 9pt, 오른쪽 정렬)

DIAT

그림B 삽입(바탕화면-KAIT-제출파일폴더)
너비(35mm), 높이(30mm)
위치 : 어울림(가로-쪽의 왼쪽:0mm,
세로-쪽의 위:24mm)

조형미술의 현재

돋움체, 12pt, 진하게, 가운데 정렬

1. 조형미술의 미

돋움, 12pt, 진하게

일반 대중에게 공개된 장소에 설치 및 전시되는 작품을 지칭하는 것이 공공미술이며, 지정된 장소의 조형미술이나 장소 자체를 위한 디자인(Design) 등을 포함한다. 여기서 조형미술이란 회화, 조각, 사진 등과 같은 현대 미술의 표현(表現) 방법 장르 중의 하나를 말한다. 조형미술의 특징이라면 작품 속에 녹아든 사회 및 정치에 대한 풍자와 비판(批判)을 꼽을 수 있다. 실내뿐 아니라 야외라는 특수한 공간(空間)에서 작가의 의도에 따라 장소와 작품을 자유롭게 체험하는 예술이다. 감상하는 사람들은 그 전체를 시각(Sight), 청각과 감정으로 체험하게 된다. 세계적인 조형미술 아티스트들이 진행하는 형태의 다양한 조형미술 프로젝트는 관람하는 사람들로 하여금 작품을 통하여 무한한 상상력을 펼치기도 한다.

2. 조형미술의 활용

돋움, 12pt, 진하게

지난 2012년 서울 덕수궁의 자연을 포함한 궁궐 내부의 모든 것이 빛, 소리, 기타 조형물들을 만나 역사와 예술(藝術)이 결합된 또 다른 공간으로 관람객들을 맞이하였다. 중화전 행각에선 낭랑한 목소리의 궁중 소설이 울려 퍼지고, 연못가 숲속에는 그림자(Shadow)를 활용한 빛의 형태로 조형미술이 전시되었다. 2014년 10월에는 석촌호수의 러버덕①을 통하여 조형미술의 대중화를 실현(實現)시키고 있다. 이 외에도 국내 조형미술의 작가들과 지역적 협력을 통해 보다 창의적인 조형예술 프로젝트(Project)를 진행하고 있다. 이는 관객들에게 높은 만족도와 조형미술이 아름답고 친숙한 예술 작품이라는 것을 경험하는 계기가 되었다. 더불어 관객들에게는 생활 속에 들어온 조형미술이 주는 공공성 있는 메시지를 기억하며 관람하는 자세가 필요할 것이다.

각주

미

조형미술 프로젝트 현황(건)

년도	국내작가	해외작가
2008년	30	22
2010년	62	70
2012년	88	101
2016년	210	321

위쪽 제목 셀 : 색상(RGB:233,174,43), 진하게
제목 셀 아래선 : 이중 실선(0.5mm)
글자 모양 : 굴림, 10pt, 가운데 정렬

궁서, 12pt, 진하게

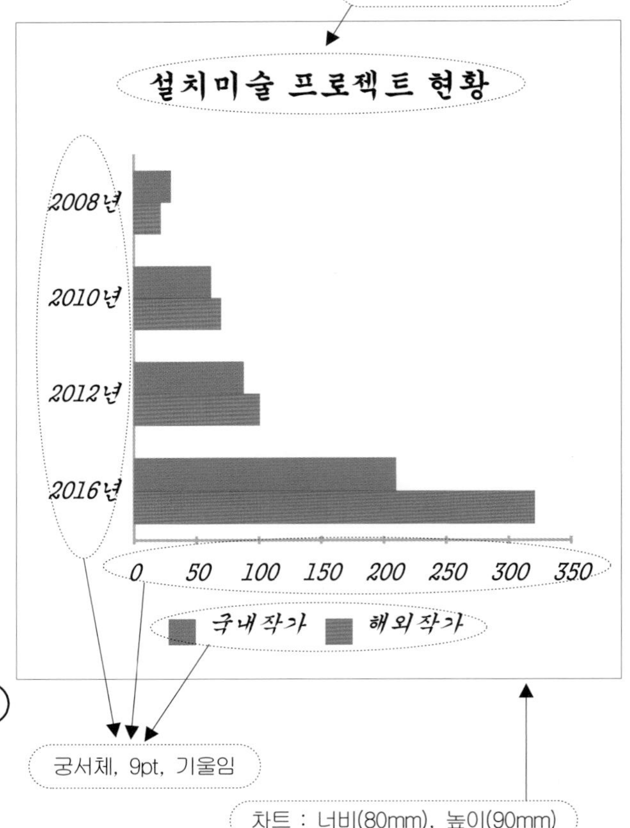

궁서체, 9pt, 기울임

차트 : 너비(80mm), 높이(90mm)

① 플로렌타인 호프만의 조형미술로 16개국을 순회

궁서, 9pt

- 나 -

쪽 번호 매기기, 가,나,다 순으로, 가운데 아래

1 머리말 삽입

1 [머리말/꼬리말] 대화상자 열기

- 메뉴 : [쪽]–[머리말/꼬리말]
- 단축키 : Ctrl + N, H

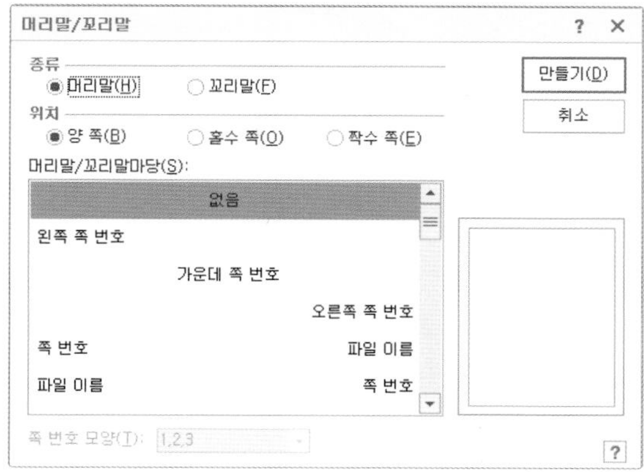

2 머리말 편집

1 머리말 편집하기

머리말 영역에 내용을 입력하고 조건으로 제시된 글꼴 서식 지정

2 머리말 입력 상태 닫기

[머리말/꼬리말] 탭–[머리말/꼬리말 닫기( )]를 클릭하거나 Shift + Esc를 누름

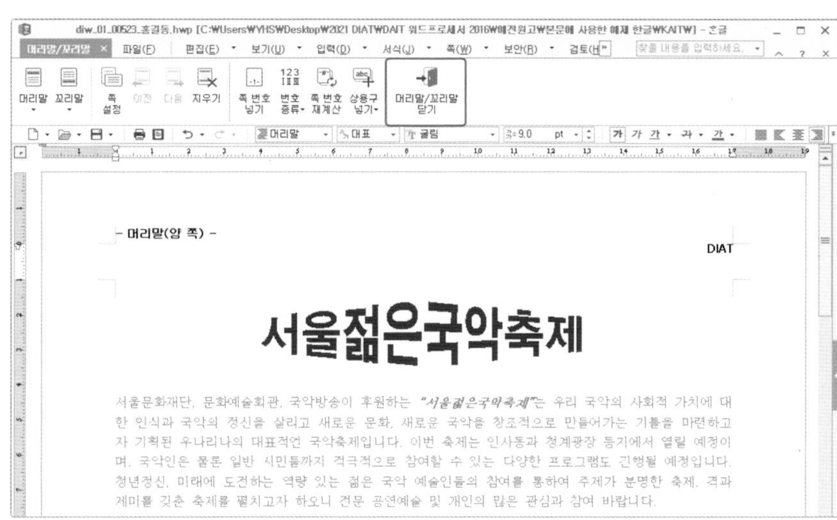

Tip

삽입된 머리말/꼬리말이 보이지 않는 경우에는 [보기]–[쪽 윤곽] 메뉴를 선택합니다.

글맵시 - 궁서체, 채우기 : 색상(RGB:202,86,167)
크기 : 너비(110mm), 높이(20mm), 위치 : 글자처럼 취급, 가운데 정렬

DIAT
머리말(돋움, 9pt, 오른쪽 정렬)

2022조형미술공모전

진하게, 밑줄

국내 조형미술의 발전과 성공적인 지역별 축제를 위하여 노력하는 **사회적 기업인 한국조형미술협회에서는 화합을 도모하는** 자리로 '2022 조형미술 공모전'을 개최합니다. 이번 공모전에서는 국내 유명 관광지의 대표적인 지역 축제를 더욱 빛나게 할 조형미술 작품을 모집합니다. 전국 각 지역을 대표하는 축제에 대한 정보와 의미를 파악하고, 야외에 설치가 가능한 형태의 작품을 완성하여 포트폴리오와 함께 제출하시면 됩니다. 국내 지역적인 발전과 현대 미술과 조형미술의 대중화를 위하여 창의력 있는 아이디어를 가진 능력 있는 미술작가 여러분들의 많은 참여를 바랍니다.

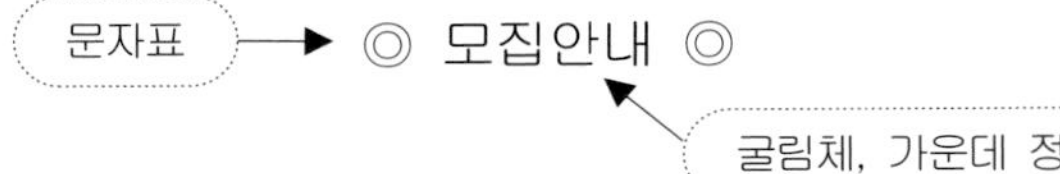

1. 기　한 : 2022. 12. 1.(목) ~ 12. 31.(토)
2. 접수처 : 경기도 고양시 대한조형미술협회 기획부
3. 대　상 : ***조형미술작가 외 미술관련 종사자(미술 전공 학생 가능)*** ← 진하게, 기울임
4. 주　관 : 한국조형미술협회, 한국미술작가협회, 한국디자인
5. 기　타 : 한국조형미술협회 홈페이지(http://www.ihd.or.kr) 참조

문자표

※ 기타사항
- 야외에 설치가 가능한 형태의 설치 미술로써 해당 지역 축제와의 연관성과 작가의 독창성이 뚜렷하게 포함된 포트폴리오와 함께 우편 및 방문 접수하시기 바랍니다.
- 접수는 평일 09:00부터 18:00까지, 토요일 09:00부터 13:00까지 가능합니다.
- 기타문의는 한국조형미술협회 운영부로 문의하시기 바랍니다.

왼쪽여백 : 10pt
내어쓰기 : 12pt

2022. 11. 11. ← 12pt, 가운데 정렬

한국조형미술협회 ← 궁서, 24pt, 가운데 정렬

문제1은 1구역, 문제2는 2구역으로 나누어 답안 작성

- 가 - ← 쪽 번호 매기기, 가,나,다 순으로, 가운데 아래

1 조건을 이용하여 다음과 같은 문서를 작성해 보세요.

완성파일 : 기본06-01.hwp

작성조건 ▶ 머리말(굴림, 9pt, 오른쪽 정렬)

한국정보융합학회

2 조건을 이용하여 다음과 같은 문서를 작성해 보세요.

완성파일 : 기본06-02.hwp

작성조건 ▶ 머리말(돋움, 9pt, 오른쪽 정렬)

한국장애인고용공단

3 조건을 이용하여 다음과 같은 문서를 작성해 보세요.

완성파일 : 기본06-03.hwp

작성조건 ▶ 머리말(궁서체, 9pt, 오른쪽 정렬)

신명사물놀이 동호회

【문제】 첨부된 문제를 다음의 조건을 적용하여 문서를 작성하시오.

① 문서는 A4(210mm×297mm) 크기, 세로 용지방향으로 작성한다.

② 페이지 여백은 아래와 같이 설정한다.

왼쪽	오른쪽	위쪽	아래쪽	머리말	꼬리말	제본
20mm	20mm	20mm	20mm	10mm	10mm	0mm

③ 한글 NEO 버전은 아래와 같이 "자동 글머리 기호 넣기"와 "자동 번호 매기기" 기능을 해제한다.

도구 → 빠른 교정 → 빠른 교정 내용 → 입력 자동 서식 ⇒ 자동 글머리 기호 넣기(해제)
자동 번호 매기기(해제)

※ 만약 입력자동서식 메뉴가 없는 경우에는, "자동 글머리 기호 넣기"와 "자동 번호 매기기" 기능이 설정되어 있지 않은 것이므로 별도의 기능 해제 없이 그대로 시험에 응시하시면 됩니다.

④ 글자는 별도의 지시사항이 없는 한 바탕, 10pt, 양쪽정렬, 줄간격 160%로 작성한다.

⑤ 영문, 숫자 등은 별도의 지시가 없는 한 반각(1byte) 문자를 사용한다.

⑥ 특수문자는 문자표(전각 기호)를 이용하여 작성한다.

⑦ 교정부호 및 화살표로 기재된 지시사항대로 처리하되, ( )→은 지시사항이므로 작성하지 않는다.

⑧ 1페이지에 [문제1]을 작성하고, 구역나누기를 하여 2페이지에 [문제2]를 작성한다.

※ 해당 페이지에 작성하지 않거나 의도적으로 텍스트 작성을 하지 않은 경우 0점 처리

⑨ [문제2]는 문제지와 같이 2단으로 다단을 나누어 작성한다.

⑩ '그림 삽입' 시에는 반드시 "KAIT 수검프로그램"을 통해 다운로드 한 그림 파일을 사용한다.

⑪ 차트의 범례는 기본값으로 작성한다.(선 모양 없음)

⑫ 총점 : 200점

[공통사항1(기본설정, 용지설정)] : 8점, [공통사항2(오탈자)] : 40점

[문제1] : 46점, [문제2] : 106점

⑬ 기타 특별히 지시되어 있지 않은 사항은 문제지에 준하여 작성한다.

4 지시사항에 따라 다음과 같은 문서를 작성해 보세요.

완성파일 : 기본06-04.hwp

작성조건 ▶ 용지 여백 : 왼쪽 · 오른쪽 · 위쪽 · 아래쪽 20mm, 머리말 · 꼬리말 10mm

글맵시 – 휴먼옛체, 채우기 : 색상(RGB:202,86,167)
크기 : 너비(100mm), 높이(20mm), 위치 : 글자처럼 취급, 가운데 정렬

머리말(굴림, 9pt, 오른쪽 정렬) → DIAT

자연생태공원 홍보요청

진하게, 기울임

환경부로부터 서식지 외 보전기관으로 지정된 자연생태공원은 ***'사람과 자연이 하나 되는 행복한 세상!'***을 표방하고 있습니다. '하늘에는 나비와 잠자리, 땅에는 꽃과 난초, 물에는 수생생물과 물고기'를 주제로 한 사계절 탐방학습과 생태체험이 가능하도록 공원을 조성하였습니다. 또한 학생들의 호기심을 충족시켜주는 다양하고 재미있는 체험프로그램들을 운영하고 있으며 사계절 오감만족과 가족, 친구, 연인들과 함께 소중한 추억을 만들고 캠핑을 동시에 즐길 수 있는 아름다운 자연 그대로의 친환경적인 생태공원입니다. 학생들에게 널리 홍보하여 많은 것을 보고 느끼고 배울 수 있는 기회를 주시길 바랍니다.

5 지시사항에 따라 다음과 같은 문서를 작성해 보세요.

완성파일 : 기본06-05.hwp

작성조건 ▶ 용지 여백 : 왼쪽 · 오른쪽 · 위쪽 · 아래쪽 20mm, 머리말 · 꼬리말 10mm

글맵시 – 궁서체, 채우기 : 색상(RGB:53,135,145)
크기 : 너비(90mm), 높이(20mm), 위치 : 글자처럼 취급, 가운데 정렬

머리말(돋움, 9pt, 오른쪽 정렬) → DIAT

애견동호회회원모집안내

진하게, 밑줄

2007년 창립된 마음애견동호회는 **<u>최근 1인 가구의 증가와 반려동물에 대한 관심이 높아짐</u>**에 따라, 반려동물을 사랑하는 회원님들의 만족도를 높이고자 다방면으로 노력하고 있습니다. 금년에 창립 10주년을 맞이하여 동호회 활성화를 위해 회원 모집과 함께 애견용품 바자회를 개최하고자 합니다. 동호회에 회원이 되시면 서울, 경기 지역 내 애견인들과 온라인 커뮤니티 활동을 할 수 있으며, 한 달에 1~2회의 정기 모임을 통해 평소 애견들의 생활 습관이나 미용 등을 관리하며 어려움을 겪은 적이 있는 애견인들간의 소통 및 정보공유의 시간을 가질 수 있습니다. 애견을 사랑하는 분들의 관심을 기다립니다.

제 02 회

최신기출유형

한글 NEO 버전용

- 시험과목 : 워드프로세서(한글)
- 시험일자 : 20XX. XX. XX(X)
- 응시자 기재사항 및 감독위원 확인

수 검 번 호	DIW – XXXX –	감독위원 확인
성 명		

응시자 유의사항

1. 응시자는 반드시 신분증을 지참하여야 시험에 응시할 수 있으며, 시험이 종료될 때까지 신분증을 제시하지 못 할 경우 해당 시험은 0점 처리됩니다.
2. 시스템(PC작동여부, 네트워크 상태 등)의 이상여부를 반드시 확인하여야 하며, 시스템 이상이 있을 경우 감독위원에게 조치를 받으셔야 합니다.
3. 시험 중 부주의 또는 고의로 시스템을 파손한 경우는 수검자 부담으로 합니다.
4. 답안 전송 프로그램을 통해 다운로드 받은 파일을 이용하여 답안파일을 작성하시기 바랍니다.
5. 작성한 답안 파일은 답안 전송 프로그램을 통하여 전송됩니다. 감독관의 지시에 따라 주시기 바랍니다.
6. 다음사항의 경우 실격(0점) 혹은 부정행위 처리됩니다.
   1) 답안파일을 저장하지 않았거나, 저장한 파일이 손상되었을 경우
   2) 답안파일을 지정된 폴더(바탕화면 – "KAIT" 폴더)에 저장하지 않았을 경우
      ※ 답안 전송 프로그램 로그인 시 바탕화면에 자동 생성됨
   3) 답안파일을 다른 보조 기억장치(USB) 혹은 네트워크(메신저, 게시판 등)로 전송할 경우
   4) 휴대용 전화기 등 통신기기를 사용할 경우
7. 시험지에 제시된 글꼴이 응시 프로그램에 없는 경우, 반드시 감독위원에게 해당 내용을 통보한 뒤 조치를 받아야 합니다.
8. 시험의 완료는 작성이 완료된 답안을 저장하고, 답안 전송이 완료된 상태를 확인한 것으로 합니다. 답안 전송 확인 후 문제지는 감독관에게 제출한 후 퇴실하여야 합니다.
9. 답안전송이 완료된 경우에는 수정 또는 정정이 불가능합니다.
10. 시험시행 후 결과는 홈페이지(www.ihd.or.kr)에서 확인하시기 바랍니다.
    1) 문제 및 모범답안 공개 : 20XX. XX. XX(X)
    2) 합격자 발표 : 20XX. XX. XX(X)

식별CODE

Chapter 07

쪽 번호 매기기

>>> **핵심만 쏙쏙** ❶ 쪽 번호 매기기 ❷ 새 번호로 시작

쪽 번호 매기기는 문서에 쪽(페이지) 번호를 자동으로 매겨 주는 기능입니다. 시작 번호를 변경할 수 있는 '새 번호로 시작' 기능도 함께 알아두도록 합니다.

핵심 짚어보기

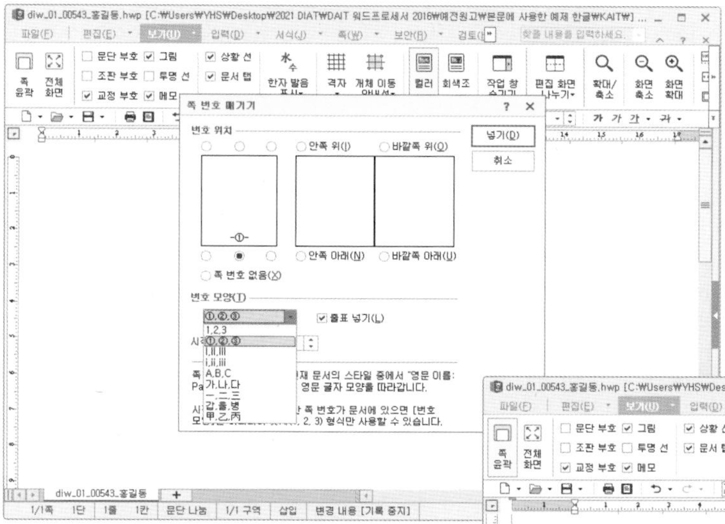

▲ [쪽 번호 매기기] 대화상자

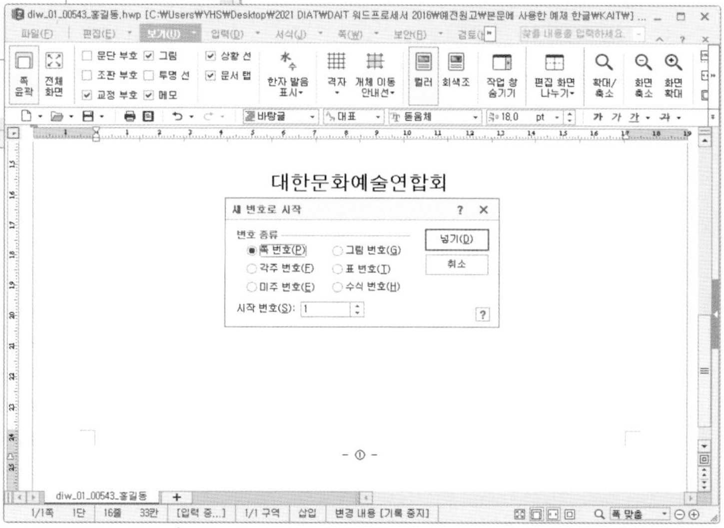

▲ [새 번호로 시작] 대화상자

클래스 업

- [문제1] 작성 시에 '머리말'과 '쪽 번호 매기기'를 지정하도록 합니다.
- 쪽 번호와 머리말을 삭제할 경우에는 [보기]-[표시/숨기기]-[조판 부호] 메뉴를 이용하도록 합니다.

쪽 테두리 : 이중 실선(0.5mm), 머리말 포함

글상자 – 크기 : 너비(70mm), 높이(12mm), 테두리 : 이중 실선(1.00mm), 둥근 모양
채우기 : 색상(RGB:233,174,43), 위치 : 글자처럼 취급, 가운데 정렬,
글자 모양 : 견고딕, 23pt, 가운데 정렬

머리말(굴림, 9pt, 오른쪽 정렬)

DIAT

그림A 삽입(바탕화면-KAIT-제출파일폴더)
너비(30mm), 높이(25mm)
위치 : 어울림(가로-쪽의 왼쪽:0mm,
세로-쪽의 위:25mm)

방과후수업통계

굴림체, 12pt, 진하게, 가운데 정렬

1. 방과후수업의 의미

돋움, 12pt, 진하게

방학동안 맞벌이 부부를 위한 초등돌봄 및 방과후학교 수업(class)이 크게 각광받고 있는 추세이다. 서울특별시교육청에 따르면 서울시 유,초,중,고등학교 500여개의 모든 교육기관(教育機關) 의 학생들의 특기적성을 돕는 방과후학교 프로그램(program) 이 개설되어 운영(operate)하고 있습니다. 특히 모든 초등학교의 돌봄 교실로 저학년들의 참여로 학부모 부담이 크게 줄어 뜨거운 관심이 쏟아지고 있습니다. 서울교육청 방과후 센터(center)는 학교에서 희망하고 있는 분야를 중심적으로 지역내 유능한 강사를 섭외하여 방과후학교 서비스(service)를 추진하고 있습니다. 돌봄에서 사각지대가 발생되지 않기 위해서 학기 중 5시간의 비해 운영이 늘어나는 방학 중 돌봄 체제에 대처하는 자세를 보여야 한다.

에

방과후수업 평균신청인원

과목	수강요일	신청인원
영어	월	22
컴퓨터	화	20
바둑	수	25
발레	목	15
중국어	금	19

위쪽 제목 셀 : 색상(RGB:255,255,0), 진하게
제목 셀 아래선 : 이중 실선(0.5mm)
글자 모양 : 굴림, 10pt, 가운데 정렬

굴림체, 12pt, 진하게

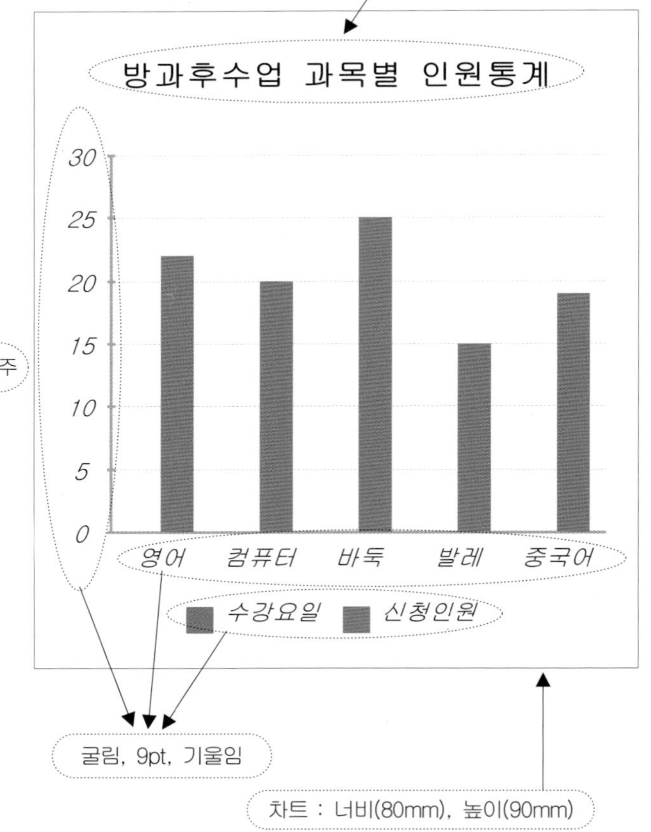

굴림, 9pt, 기울임

차트 : 너비(80mm), 높이(90mm)

2. 방과후수업의 안전조치

돋움, 12pt, 진하게

특히 태풍(颱風) 및 지진(地震)으로 인한 자연재해로 인해 큰 피해가 우려될시 전국적으로 전체 학교의 방과후수업 및 돌봄 교실이 일체 금지되고 있습니다. 태풍의 경우에는 소멸Ⓐ시까지 방과후 수업을 중단하는 긴급 공문을 각 학교(學校)마다 발송을 하고 지진발생시 여진에 대비하여 각 학교에서는 항상 안전대비가 필요합니다. 만약의 상황을 대비하여 비상연락망 체계를 유지하고 계기교육을 통해 학생들과 안전수칙과 행동요령에 대해 자세히 안내하도록 합니다. 학교 관계자는 지속적으로 안전교육(安全教育) 실시 및 지도를 강화하며 재난에 철저하게 대비해야겠습니다. 기숙사 운영 및 급식사항을 포함한 모든 부분은 학교장의 신축적인 결정하에 진행되도록 한다. 특히, 교직원에게 위험 기상특보 등을 스마트폰으로 전송해주는 모바일 맞춤형 기상서비스인 '방재기상정보시스템'을 적극 활용할 계획이다.

각주

Ⓐ 사라져 없어지는 것을 나타냄

돋움, 9pt

- B -

쪽 번호 매기기, A,B,C 순으로, 가운데 아래

1 쪽 번호 매기기

1 [쪽 번호 매기기] 대화상자 열기

- 메뉴 : [쪽]-[쪽 번호 매기기]
- 단축키 : Ctrl+N, P

2 쪽 번호 설정

조건에 해당하는 번호 위치와 번호 모양 지정

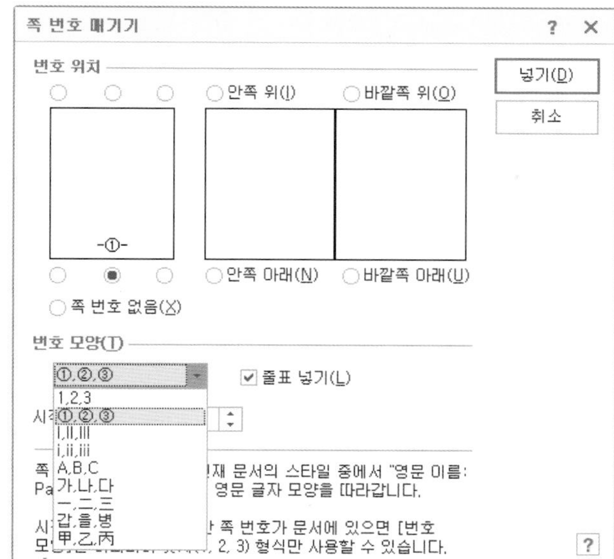
▲ [쪽 번호 매기기] 대화상자

Tip

- [문제1] 작성 시에 '머리말'과 '쪽 번호 매기기'를 지정하도록 합니다.
- 쪽 번호와 머리말을 삭제할 경우에는 [보기]-[표시/숨기기]-[조판 부호] 메뉴를 이용하도록 합니다.

2 새 번호로 시작

1 [새 번호로 시작] 지정하기

❶ [쪽]-[새 번호로 시작] 메뉴 선택
❷ 새 번호로 시작할 '번호 종류' 선택(쪽 번호)
❸ '시작 번호'를 입력하고 [넣기] 단추 클릭

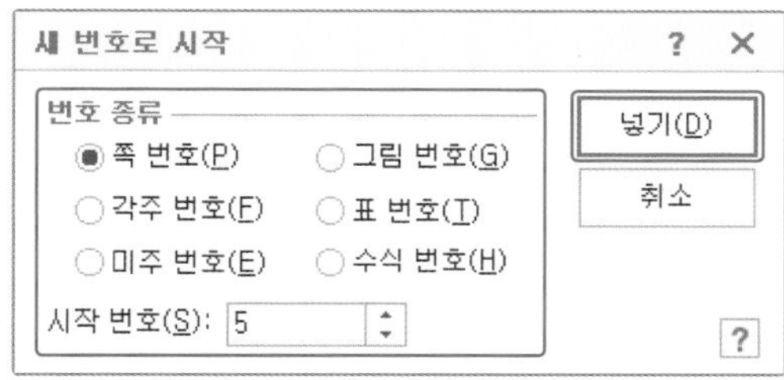
▲ [새 번호로 시작] 대화상자

DIAT 시험에서 '시작 번호'를 변경하는 문제는 출제되고 있지 않으나 차후 출제 가능성이 있으므로 [새 번호로 시작] 기능도 알아두도록 합니다.

글맵시 - 휴먼옛체, 채우기 : 색상(RGB:199,82,82)
크기 : 너비(120mm), 높이(20mm), 위치 : 글자처럼 취급, 가운데 정렬

DIAT
머리말(굴림, 9pt, 오른쪽 정렬)

방과후수업 안내장

진하게, 기울임

학부모님 안녕하십니까? 그동안 사교육경감을 위한 대한초등학교 방과후수업을 통한 학생들의 특기와 적성을 계발과 동시에 학부모님의 사교육비를 경감하기 위한 아래와 같이 이번달 방과후수업을 운영하고자 합니다. 아래 안내장은 ***[학교홈페이지-게시판-방과후수업]*** 란에도 공지되어 있으니 확인하시면 되겠습니다. 이에 한국초등학교는 최선의 노력으로 질높은 교육으로 보답하도록 하겠습니다. 아래 안내를 확인하시고 일정에 맞춰 신청하시면 되겠습니다. 늘 대한초등학교의 방과수업에 꾸준한 관심에 큰 감사드립니다. 기타 건의 사항이 있는 학부모님께서는 교무행정실로 연락 주시면 되겠습니다.

문자표 → ☞ **안내사항** ☜

궁서, 가운데 정렬

1. 수강 신청일 : 2022년 6월 2일~8일 17:00
2. 수강 장소 : 1층 교무행정실 김민국 선생님(02-1234-5678)
3. 수강 시작일 : 매월 10일
4. 수강료 납부방법 : 매월 20일 스쿨뱅킹(재료비포함)
5. 프로그램 안내장 : **<u>학교 홈페이지 (http://www.ihd.or.kr)</u>** ← 진하게, 밑줄

문자표

※ 기타사항

- 강좌당 수강생 수 25명 미만일 경우 폐강됩니다.
- 모든 강좌는 25명을 정원으로 하며 해당강좌 최대인원을 초과시 추첨에 의해 선발합니다.
- 수강신청을 원하실 경우에는 꼭 신청서를 제출하시고 기타문의는 1층 교무행정실 김민국 선생님(02-1234-5678) 에게 문의하세요.

왼쪽여백 : 10pt
내어쓰기 : 12pt

2022. 05. 02. ← 13pt, 가운데 정렬

대한초등학교장 ← 굴림, 24pt, 가운데 정렬

문제1은 1구역, 문제2는 2구역으로 나누어 답안 작성

- A - ← 쪽 번호 매기기, A,B,C 순으로, 가운데 아래

07 빵빵한 예제로 기본다지기

1 조건을 이용하여 다음과 같은 문서를 작성해 보세요.

완성파일 : 기본07-01.hwp

작성조건 ▶ 쪽 번호 매기기, A, B, C 순으로, 오른쪽 아래

– A –

Tip

[문제1]과 [문제2]에 제시된 쪽 번호의 위치와 모양이 같은 경우 [문제1] 작성시에만 쪽 번호를 지정하도록 합니다.

2 조건을 이용하여 다음과 같은 문서를 작성해 보세요.

완성파일 : 기본07-02.hwp

작성조건 ▶ 쪽번호 매기기, ①, ②, ③ 순으로, 왼쪽 아래

– ① –

3 조건을 이용하여 다음과 같은 문서를 작성해 보세요.

완성파일 : 기본07-03.hwp

작성조건 ▶ 쪽번호 매기기, 가, 나, 다 순으로, 가운데 아래

– 가 –

【문제】 첨부된 문제를 다음의 조건을 적용하여 문서를 작성하시오.

① 문서는 A4(210mm×297mm) 크기, 세로 용지방향으로 작성한다.

② 페이지 여백은 아래와 같이 설정한다.

왼쪽	오른쪽	위쪽	아래쪽	머리말	꼬리말	제본
20mm	20mm	20mm	20mm	10mm	10mm	0mm

③ 한글 NEO 버전은 아래와 같이 "자동 글머리 기호 넣기"와 "자동 번호 매기기" 기능을 해제한다.

도구 → 빠른 교정 → 빠른 교정 내용 → 입력 자동 서식 ⇒	자동 글머리 기호 넣기(해제) 자동 번호 매기기(해제)

※ 만약 입력자동서식 메뉴가 없는 경우에는, "자동 글머리 기호 넣기"와 "자동 번호 매기기" 기능이 설정되어 있지 않은 것이므로 별도의 기능 해제 없이 그대로 시험에 응시하시면 됩니다.

④ 글자는 별도의 지시사항이 없는 한 바탕, 10pt, 양쪽정렬, 줄간격 160%로 작성한다.

⑤ 영문, 숫자 등은 별도의 지시가 없는 한 반각(1byte) 문자를 사용한다.

⑥ 특수문자는 문자표(전각 기호)를 이용하여 작성한다.

⑦ 교정부호 및 화살표로 기재된 지시사항대로 처리하되, ( )→은 지시사항이므로 작성하지 않는다.

⑧ 1페이지에 [문제1]을 작성하고, 구역나누기를 하여 2페이지에 [문제2]를 작성한다.

※ 해당 페이지에 작성하지 않거나 의도적으로 텍스트 작성을 하지 않은 경우 0점 처리

⑨ [문제2]는 문제지와 같이 2단으로 다단을 나누어 작성한다.

⑩ '그림 삽입' 시에는 반드시 "KAIT 수검프로그램"을 통해 다운로드 한 그림 파일을 사용한다.

⑪ 차트의 범례는 기본값으로 작성한다.(선 모양 없음)

⑫ 총점 : 200점

[공통사항1(기본설정, 용지설정)] : 8점, [공통사항2(오탈자)] : 40점

[문제1] : 46점, [문제2] : 106점

⑬ 기타 특별히 지시되어 있지 않은 사항은 문제지에 준하여 작성한다.

4 지시사항에 따라 다음과 같은 문서를 작성해 보세요.

완성파일 : 기본07-04.hwp

작성조건 ▶ 용지 여백 : 왼쪽 · 오른쪽 · 위쪽 · 아래쪽 20mm, 머리말 · 꼬리말 10mm

문자표 → ※ 기타사항

- 교직원과 학생들의 헌혈증은 지역사회 기부를 통해 국내 의료 활동에 사용될 예정입니다.
- 헌혈자의 모든 헌혈기록이나 검사결과는 비밀이 보장되며, 본인이 아닌 다른 분들에게는 공개되지 않도록 법적으로 보호됩니다.
- 문의는 홈페이지(http://www.ihd.or.kr) 또는 보건소(043-2233-4455)를 이용하시기 바랍니다.

왼쪽여백 : 15pt
내어쓰기 : 10pt

2021. 3. 25. ← 13pt, 가운데 정렬

미래대학교 ← 굴림체, 24pt, 가운데 정렬

- 가 - ← 쪽 번호 매기기, 가, 나, 다 순으로, 가운데 아래

5 지시사항에 따라 다음과 같은 문서를 작성해 보세요.

완성파일 : 기본07-05.hwp

작성조건 ▶ 용지 여백 : 왼쪽 · 오른쪽 · 위쪽 · 아래쪽 20mm, 머리말 · 꼬리말 10mm

문자표 → ※ 기타사항

- 백제문화제 홈페이지(http://www.ihd.or.kr)에서 자세한 사항을 확인할 수 있습니다.
- 행사기간 상설 프로그램 : 백제 왕가의 나들이, 사비 왕궁 열차 운행, 백제 기마문화 체험, 백마강 달밤 야시장, 전통 씨름 체험, 곰두리 열차 운행, 백제 등불 향연, 고맛나루 장터 등
- 기타 문의 사항은 백제문화제추진 사무국(041-2233-4455)으로 문의하시기 바랍니다.

왼쪽여백 : 10pt
내어쓰기 : 12pt

2021. 05. 12. ← 14pt, 가운데 정렬

(재)백제문화제추진위원회 ← 굴림체, 20pt, 가운데 정렬

쪽 번호 매기기, ①, ②, ③ 순으로, 오른쪽 아래 → - ① -

제 01 회

최신기출유형

한글 NEO 버전용

- 시험과목 : 워드프로세서(한글)
- 시험일자 : 20XX. XX. XX(X)
- 응시자 기재사항 및 감독위원 확인

수 검 번 호	DIW – XXXX –	감독위원 확인
성 명		

응시자 유의사항

1. 응시자는 반드시 신분증을 지참하여야 시험에 응시할 수 있으며, 시험이 종료될 때까지 신분증을 제시하지 못 할 경우 해당 시험은 0점 처리됩니다.
2. 시스템(PC작동여부, 네트워크 상태 등)의 이상여부를 반드시 확인하여야 하며, 시스템 이상이 있을 경우 감독위원에게 조치를 받으셔야 합니다.
3. 시험 중 부주의 또는 고의로 시스템을 파손한 경우는 수검자 부담으로 합니다.
4. 답안 전송 프로그램을 통해 다운로드 받은 파일을 이용하여 답안파일을 작성하시기 바랍니다.
5. 작성한 답안 파일은 답안 전송 프로그램을 통하여 전송됩니다. 감독관의 지시에 따라 주시기 바랍니다.
6. 다음사항의 경우 실격(0점) 혹은 부정행위 처리됩니다.
   1) 답안파일을 저장하지 않았거나, 저장한 파일이 손상되었을 경우
   2) 답안파일을 지정된 폴더(바탕화면 – "KAIT" 폴더)에 저장하지 않았을 경우
      ※ 답안 전송 프로그램 로그인 시 바탕화면에 자동 생성됨
   3) 답안파일을 다른 보조 기억장치(USB) 혹은 네트워크(메신저, 게시판 등)로 전송할 경우
   4) 휴대용 전화기 등 통신기기를 사용할 경우
7. 시험지에 제시된 글꼴이 응시 프로그램에 없는 경우, 반드시 감독위원에게 해당 내용을 통보한 뒤 조치를 받아야 합니다.
8. 시험의 완료는 작성이 완료된 답안을 저장하고, 답안 전송이 완료된 상태를 확인한 것으로 합니다. 답안 전송 확인 후 문제지는 감독관에게 제출한 후 퇴실하여야 합니다.
9. 답안전송이 완료된 경우에는 수정 또는 정정이 불가능합니다.
10. 시험시행 후 결과는 홈페이지(www.ihd.or.kr)에서 확인하시기 바랍니다.
    1) 문제 및 모범답안 공개 : 20XX. XX. XX(X)
    2) 합격자 발표 : 20XX. XX. XX(X)

1 지시사항에 따라 다음과 같은 문서를 완성해 보세요.

완성파일 : 실전01-01.hwp

작성조건 ▶ 용지 여백 : 왼쪽 · 오른쪽 · 위쪽 · 아래쪽 20mm, 머리말 · 꼬리말 10mm

글맵시 – 궁서체, 채우기 : 색상(RGB:105,155,55)
크기 : 너비(110mm), 높이(20mm), 위치 : 글자처럼 취급, 가운데 정렬

머리말(돋움, 9pt, 오른쪽 정렬) → DIAT

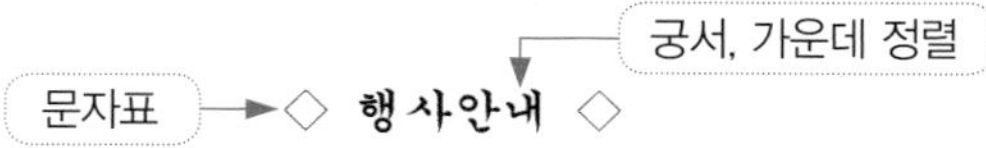

진하게, 기울임

슬로우푸드협회에서는 바쁘고 반복되는 일상에 지쳐가는 ***현대인들에게 꼭 필요한 자급자족의 형태***인 슬로우푸드 라이프를 선보이는 자리를 마련하였습니다. 슬로우푸드 힐링 페스티벌은 국가별, 지역별 특성에 맞는 전통적이고 다양한 음식 문화를 만들고자 1986년부터 이탈리아에서 시작된 식생활 운동입니다. 슬로우푸드협회는 이러한 이념을 바탕으로 현대인의 건강을 위한 슬로우푸드를 개발하고 실천할 수 있도록 대중화에 힘쓰고 있습니다. 남녀노소 누구나 이번 페스티벌에 참여하셔서 올바르고 건강한 슬로우푸드 식단을 경험하시고 직접 요리 체험도 하시면서 슬로우푸드 힐링 운동에도 동참해주시기 바랍니다.

궁서, 가운데 정렬

문자표 → ◇ 행사안내 ◇

1. 행사일시 : 2021. 02. 20.(토) ~ 02. 26.(금) 10:00 ~ 17:00
2. 행사장소 : 경기도 고양시 슬로우푸드협회 제1전시장
3. 행사규모 : 슬로우푸드 회사 50개사, 체험부스 75부스
4. 참가대상 : **<u>슬로우푸드에 관심있는 남녀노소 누구나</u>** ← 진하게, 밑줄
5. 부대행사 : 슬로우푸드 시식 및 요리 체험

문자표

※ 기타사항

- 슬로우푸드 시식과 요리 체험은 당일 선착순으로 진행될 예정입니다.
- 10월 30일부터 홈페이지(http://www.ihd.or.kr)에서 사전 등록 시스템을 운영하오니 사전등록 후 등록번호를 확인하고 당일 입장하시기 바랍니다.
- 행사 당일에는 행사장 주변이 혼잡할 수 있으므로 가급적 대중교통을 이용해주시기 바랍니다.

왼쪽여백 : 15pt
내어쓰기 : 10pt

2021. 03. 25. ← 14pt, 가운데 정렬

슬로우푸드협회 ← 중고딕, 22pt, 가운데 정렬

쪽 번호 매기기, ①, ②, ③ 순으로, 오른쪽 아래 → - ① -

PART

03

최신기출유형

CONTENTS

2 지시사항에 따라 다음과 같은 문서를 완성해 보세요.

완성파일 : 실전01-02.hwp

작성조건 ▶ 용지 여백 : 왼쪽 · 오른쪽 · 위쪽 · 아래쪽 20mm, 머리말 · 꼬리말 10mm

글맵시 – 휴먼옛체, 채우기 : 색상(RGB:202,86,167)
크기 : 너비(100mm), 높이(20mm), 위치 : 글자처럼 취급, 가운데 정렬

머리말(굴림, 9pt, 오른쪽 정렬) → DIAT

사물놀이동아리회원모집

진하게, 기울임

지역주민에게 배움의 기회를 제공하고 평생교육을 실현하고자, 동 주민센터와 신명사물놀이 동호회가 협력하여 사물놀이 동아리를 개설하고 회원을 모집하고자 합니다. 우리가락의 멋과 흥을 꽹과리, 징, 장구, 북으로 신명나게 연주하면서 기초부터 배울 수 있는 기회를 제공합니다. 전문 강사를 배정해 사물놀이를 처음 접하는 초보자 분들도 쉽게 따라하실 수 있도록 하였습니다. 악기 또한 넉넉하게 준비되어 있으며 동호회 센터 1층에 연습실을 마련하여 회원님들을 위한 최적의 환경을 제공할 예정이오니 평소 우리의 전통 가락과 사물놀이에 관심이 있지만 배울 기회가 없었던 지역주민들의 많은 참여 바랍니다.

문자표 → ◆ 등록안내 ◆ ← 돋움, 가운데 정렬

1. 강의일시 : 2021. 03. 08.(월) ~ 03. 23.(화)
2. 강의장소 : 신명사물놀이 동호회 센터 1층 강당
3. 등록대상 : 현재 우리 동에 거주중인 주민(만 55세 이상)
4. 등록기간 : *<u>2021. 03. 02.(화) ~ 03. 05.(금) 4일간</u>* ← 기울임, 밑줄
5. 등록장소 : 신명사물놀이 동호회 센터 2층 안내데스크

문자표

※ 기타사항

- 강의를 시작한 후에는 접수가 어려우므로 불이익이 없도록 등록기간을 필히 확인하시기 바랍니다.
- 등록기간 중에는 인터넷을 이용한 접수도 가능하오니, 홈페이지(http://www.ihd.or.kr)의 공지사항을 확인하여 편리하게 등록하시기 바랍니다.
- 기타 궁금하신 사항은 신명사물놀이 동호회 총무(02-123-4567)에게 문의하시기 바랍니다.

왼쪽여백 : 10pt
내어쓰기 : 10pt

2021. 02. 26. ← 11pt, 가운데 정렬

신명사물놀이동호회 ← 궁서, 24pt, 가운데 정렬

- 가 - ← 쪽 번호 매기기, 가, 나, 다 순으로, 왼쪽 아래

쪽 테두리 : 이중 실선(0.5mm), 머리말 포함

글상자 - 크기 : 너비(65mm), 높이(12mm), 테두리 : 이중 실선(1.00mm), 반원
채우기 : 색상(RGB:53,135,145), 위치 : 글자처럼 취급, 가운데 정렬,
글자 모양 : 휴먼옛체, 20pt, 가운데 정렬

머리말(돋움, 9pt, 오른쪽 정렬)

DIAT

그림T 삽입(바탕화면-KAIT-제출파일폴더)
너비(30mm), 높이(30mm)
위치 : 어울림(가로-쪽의 왼쪽:0mm,
세로-쪽의 위:24mm)

맥주의 종류

1. 에일

굴림, 12pt, 진하게

에일(Ale)은 맥주의 발효(醱酵) 과정에서 사카로마이세스 세레비지에ⓐ라는 효모(酵母)가 맥주 위로 거품처럼 떠오르는 상면(上面) 발효 맥주로 인류 문명 발생 이전부터 만들어진 맥주이다. 상면 발효 맥주가 오래 전부터 만들어질 수 있었던 이유는 발효온도를 인위적으로 설정할 수 있는 기술이 없어도 가능했기 때문이며, 유럽에서는 지역별로 형태로 다양한 발전해 오고 있다. 상면 발효 맥주는 10도에서 25도 사이의 상온에서 발효하기 때문에 효모와 부유단백질 등이 맥주에 떠있어 일반적으로 색이 진하고 이산화탄소가 적으며 과일향이나 꽃향기와 같은 풍부한 향을 갖고 있고, 알코올 도수도 높은 편이다. 독일의 바이스비어(Weissbier)나 쾰쉬, 영국의 에일, 스타우트, 포터(Porter) 같은 맥주가 상면 발효 맥주에 속한다.

각주

2. 라거

굴림, 12pt, 진하게

라거(Lager)는 하면(下面) 발효 맥주로 19세기 중반에 처음 만들어진 맥주이다. 상면 발효 맥주보다 낮은 온도인 섭씨 12도 전후에서 발효하며, 발효 과정에서 사카로마이세스 카를스베르겐시스라는 효모가 바닥으로 가라앉는다. 독일의 양조사인 조셉 그롤이 체코의 필센 지방에 있는 양조장(釀造場)에서 처음으로 양조에 성공했는데, 이 양조장의 지하 저장고가 서늘했기 때문에 양조가 가능했다. 하면 발효 맥주는 저온에서 발효를 하기 때문에 바닥에 가라앉은 효모와 부유단백질을 제거하기 때문에 맑은 황금색을 띠는 것이 일반적이며, 깨끗하고 부드러운 맛과 향이 특징이다. 전세계 맥주의 60%를 차지하고 있으며 라거는 대표적이다. 양조법에 따라 드라이 맥주, 디허스크 맥주, 아이스 맥주 등으로 구분된다.

㉮

돋움, 12pt, 진하게, 가운데 정렬

호프와 몰트 향의 강도

맥주	호프향	몰트향
헤페바이젠	20	60
포터	60	80
페일 에일	80	80
아메리칸 라거	60	60
저먼 라거	60	80

위쪽 제목 셀 : 색상(RGB:202,86,167), 진하게
제목 셀 아래선 : 이중 실선(0.5mm)
글자 모양 : 굴림, 10pt, 가운데 정렬

궁서체, 13pt, 진하게

궁서, 9pt, 기울임

차트 : 너비(80mm), 높이(90mm)

ⓐ 발효 중 탄산가스와 함께 발효액의 표면에 뜨는 성질이 있는 효모

중고딕, 9pt

- B -

쪽 번호 매기기, A,B,C 순으로, 가운데 아래

지시사항에 따라 다음과 같은 문서를 완성해 보세요.

완성파일 : 실전01-03.hwp

작성조건 ▶ 용지 여백 : 왼쪽 · 오른쪽 · 위쪽 · 아래쪽 20mm, 머리말 · 꼬리말 10mm

2021 전국청소년페스티벌

한국스카우트서울연맹에서는 **<u>'청소년 만나다. 그리고 꿈꾸다.'</u>**라는 주제로 청소년의 무한 가능성과 잠재력을 축제로 발산하고 청소년들이 가족과 함께 공유하는 Open Mind 축제 한마당 '2016 전국 청소년 페스티벌'을 개최합니다. 주요 행사로는 전국 청소년 댄스, 밴드, 노래 등의 공연과 플래시몹 경연대회 그리고 전국 청소년 자원봉사, 환경, 예술, 취미 등의 동아리 경연대회 등이 있습니다. 이번 행사를 통하여 다른 지역의 또래들과 교류를 통해 소통과 공감을 이루는 축제의 장이 되었으면 합니다. 행사의 성공적인 개최를 위하여 관심있는 여러분의 많은 참여 바랍니다.

▲ 본선안내 ▲

1. 주　　제 : 청소년 만나다. 그리고 꿈꾸다.
2. 본선대회 : ***2021. 03. 26(토) 10:00 ~ 18:00 서울 용지문화공원*** ← 진하게, 기울임
3. 경연부문 : 공연부문, 동아리자랑부문, 플래시몹 등 3개 분야(예선에서 부문별 각 10팀 선발)
4. 주　　최 : 한국스카우트서울연맹(http://www.ihd.or.kr)
5. 후　　원 : 교육부, 여성가족부, 한국스카우트연맹, 한국청소년단체협의회

※ 기타사항

- 공연부문(예선) : 공연했던 동영상을 파일로 제출(경연대회에서 공연할 내용이 아니어도 가능)
- 플래시몹부문 : 공연했던 동영상을 파일로 제출(경연대회에서 공연할 내용이 아니어도 가능), 동영상 파일의 규격은 640 X 480 픽셀로 7분 이내 wmv 또는 mp4 형식의 동영상
- 동아리자랑부문(예선) : 프레젠테이션 파일 및 패널 사진(전시의 경우)자료 제출

2021. 03. 15. ← 11pt, 가운데 정렬

한국스카우트연맹 ← 휴먼옛체, 24pt, 가운데 정렬

- A - ← 쪽 번호 매기기, A, B, C 순으로, 가운데 아래

글맵시 - 휴먼옛체, 채우기 : 색상(RGB:49,95,151)
크기 : 너비(100mm), 높이(20mm), 위치 : 글자처럼 취급, 가운데 정렬

DIAT
머리말(돋움, 9pt, 오른쪽 정렬)

2022송도비어페스티벌

기울임, 밑줄

2022 송도비어 페스티벌은 *국내외 맥주 및 맥주와 관련된 설비, 부대용품 등 소비와 산업 전반*을 아우르는 국내 최대 맥주 전문행사입니다. 이번 페스티벌에서 지루함을 날려주는 맥주의 청량함과 맛있는 음식에서 얻는 소소한 만족, 그리고 사랑하는 사람들과 함께하는 시간까지 음악과 비트가 흘러넘치는 송도달빛축제공원에서 당신의 일상에 '숨 쉴 틈'을 만들어 보세요. 맛있는 음식, 라이브공연, 토크콘서트 등을 동시에 즐길 수 있습니다. 또한, 이번 페스티벌의 참가한 기업들은 세미나, 클래스, 심포지엄 등 다양한 프로그램들을 통해 소비자들에게 브랜드에 대한 직접적인 홍보를 할 수 있습니다.

문자표 → ☆ **행사안내** ☆ ← 궁서, 가운데 정렬

1. 행 사 명 : 월드 비어 페스티벌
2. 행사일시 : 2022. 03. 18.(금) ~ 03. 26.(토)
3. 행사장소 : 송도달빛축제공원
4. 사전등록 : **2022. 03. 17.(목) 18:00까지 온라인으로 등록(http://www.ihd.or.kr)** ← 진하게, 밑줄
5. 행사주관 : 송도맥주축제조직위원회

문자표

※ 기타사항

- 행사 프로그램 및 품목 : 비어 심포지엄과 토크쇼, 브랜드 세미나, 비어 클래스, 홈브루잉 맥주 경연대회, 크래프트 비어 관련설비, 부대용품, 관련식품 등
- 행사기간 중 15:00~21:00 까지 맥주 페스티벌 참가비는 무료
- 온라인으로 사전 등록한 관람객들에게 500cc 맥주잔 증정

왼쪽여백 : 10pt
내어쓰기 : 12pt

2022. 02. 21. ← 12pt, 가운데 정렬

송도맥주축제협회 ← 견고딕, 23pt, 가운데 정렬

문제1은 1구역, 문제2는 2구역으로 나누어 답안 작성

- A - ← 쪽 번호 매기기, A,B,C 순으로, 가운데 아래

지시사항에 따라 다음과 같은 문서를 완성해 보세요.

완성파일 : 실전01-04.hwp

작성조건 ▶ 용지 여백 : 왼쪽 · 오른쪽 · 위쪽 · 아래쪽 20mm, 머리말 · 꼬리말 10mm

글맵시 – 견고딕, 채우기 : 색상(RGB:202,86,167)
크기 : 너비(130mm), 높이(20mm), 위치 : 글자처럼 취급, 가운데 정렬

머리말(굴림, 9pt, 오른쪽 정렬) → DIAT

유니세프자원봉사모집

진하게, 기울임

세계에서 가장 큰 어린이를 위한 단체인 유니세프는 전 세계 190개 나라와 만여 명 직원들이 ***어린이들의 생존, 보호, 발달, 참여***를 위해 일하고 있습니다. 유니세프 한국위원회는 국내에 세계 어린이 현황과 유니세프 활동을 널리 알려 어린이를 돕기 위한 기금을 조성하고, 아동권리를 알리면서 옹호하는 활동을 펼치고 있습니다. 전 세계 모든 어린이를 행복하게 만들자는 유니세프의 뜻에 공감하고, 자신의 재능과 시간을 나누며 다양한 활동을 펼치기를 희망하는 대학생 자원봉사자를 모집합니다. 어린이들의 행복한 미래를 위해 나눔을 실천하며 행복한 세상을 만들고 싶은 분들의 많은 관심과 참여를 부탁드립니다.

문자표 → ★ 모집안내 ★ ← 돋움, 가운데 정렬

1. 활동일정 : 2017.03.06(월) ~ 2017.12.29(금)
2. 활동대상 : 1년간 지속적으로 활동이 가능한 대학교 재학생 및 휴학생
3. 활동내용 : 유니세프 한국위원회 업무지원, 홍보부스 및 캠페인 운영
4. 모집방법 : **<u>유니세프 한국위원회 홈페이지(http://www.ihd.or.kr)를 통해 접수</u>** ← 진하게, 밑줄
5. 모집인원 : 50~60명(신청서 접수 후 면접 선발)

문자표

※ 기타사항

- 모집인원은 자원봉사 근무편성에 따라 변동될 수 있습니다.
- 유니세프 한국위원회는 자원봉사정보 실적관리, 인증서 발급 서비스를 제공하며, 개인정보보호와 문서 위조방지를 위한 시스템을 적용하여 자원봉사자의 정보를 보호합니다.
- 자세한 사항은 자원봉사 담당자 박화선(02-1212-1234)에게 문의하시기 바랍니다.

왼쪽여백 : 10pt
내어쓰기 : 10pt

2017. 01. 21. ← 11pt, 가운데 정렬

유니세프 한국위원회 ← 휴먼옛체, 22pt, 가운데 정렬

쪽 번호 매기기, 갑, 을, 병 순으로, 오른쪽 아래 → - 갑 -

【문제】 첨부된 문제를 다음의 조건을 적용하여 문서를 작성하시오.

① 문서는 A4(210mm×297mm) 크기, 세로 용지방향으로 작성한다.

② 페이지 여백은 아래와 같이 설정한다.

왼쪽	오른쪽	위쪽	아래쪽	머리말	꼬리말	제본
20mm	20mm	20mm	20mm	10mm	10mm	0mm

③ 한글 NEO 버전은 아래와 같이 "자동 글머리 기호 넣기"와 "자동 번호 매기기" 기능을 해제한다.

도구 → 빠른 교정 → 빠른 교정 내용 → 입력 자동 서식 ⇒	자동 글머리 기호 넣기(해제) 자동 번호 매기기(해제)

※ 만약 입력자동서식 메뉴가 없는 경우에는, "자동 글머리 기호 넣기"와 "자동 번호 매기기" 기능이 설정되어 있지 않은 것이므로 별도의 기능 해제 없이 그대로 시험에 응시하시면 됩니다.

④ 글자는 별도의 지시사항이 없는 한 바탕, 10pt, 양쪽정렬, 줄간격 160%로 작성한다.

⑤ 영문, 숫자 등은 별도의 지시가 없는 한 반각(1byte) 문자를 사용한다.

⑥ 특수문자는 문자표(전각 기호)를 이용하여 작성한다.

⑦ 교정부호 및 화살표로 기재된 지시사항대로 처리하되, ( )→은 지시사항이므로 작성하지 않는다.

⑧ 1페이지에 [문제1]을 작성하고, 구역나누기를 하여 2페이지에 [문제2]를 작성한다.

※ 해당 페이지에 작성하지 않거나 의도적으로 텍스트 작성을 하지 않은 경우 0점 처리

⑨ [문제2]는 문제지와 같이 2단으로 다단을 나누어 작성한다.

⑩ '그림 삽입' 시에는 반드시 "KAIT 수검프로그램"을 통해 다운로드 한 그림 파일을 사용한다.

⑪ 차트의 범례는 기본값으로 작성한다.(선 모양 없음)

⑫ 총점 : 200점

[공통사항1(기본설정, 용지설정)] : 8점, [공통사항2(오탈자)] : 40점

[문제1] : 46점, [문제2] : 106점

⑬ 기타 특별히 지시되어 있지 않은 사항은 문제지에 준하여 작성한다.

구역 나누기/다단

>>> **핵심만 쏙쏙** ❶ 구역 나누기 ❷ 다단 설정 나누기 ❸ 다단 만들기

시험에서는 1페이지에 [문제1]을 작성하고, 구역을 나눈 후 다단 설정 나누기와 다단 기능을 이용하여 2페이지에 [문제2]를 작성해야 합니다.

핵심 짚어보기

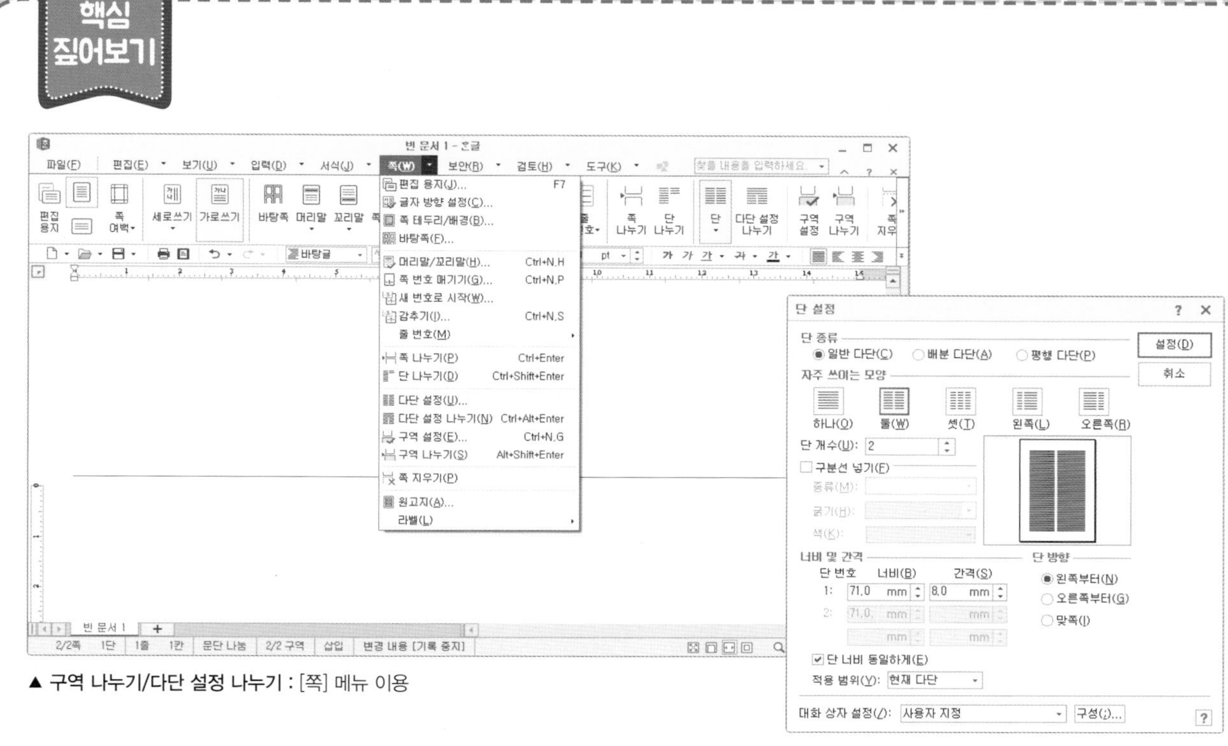

▲ 구역 나누기/다단 설정 나누기 : [쪽] 메뉴 이용

▲ [단 설정] 대화상자

클래스 업

- **구역 나누기 :** 각 쪽(페이지) 마다 편집 용지, 다단, 페이지 번호 등을 다르게 설정할 수 있는 기능
- **다단 설정 나누기 :** 한 쪽(페이지) 안에서 여러 개의 독립적인 단을 나눌 때 사용하는 기능
- **다단 :** 신문이나 회보, 찾아보기 등을 만들 때 읽기 쉽도록 한 쪽을 여러 개의 단으로 나누는 기능

※ 시험에서의 주요 지시사항

- 1페이지에 [문제1]을 작성하고, 구역을 나누어 2페이지에 [문제2]를 작성한다.
  (해당 페이지에 작성하지 않으면 0점 처리)
- [문제2]는 문제지와 같이 글상자 아랫줄부터 2단으로 다단을 나누어 작성한다.

제 20 회

실전모의고사

한글 NEO 버전용

- 시험과목 : 워드프로세서(한글)
- 시험일자 : 20XX. XX. XX(X)
- 응시자 기재사항 및 감독위원 확인

수 검 번 호	DIW – XXXX –	감독위원 확인
성 명		

응시자 유의사항

1. 응시자는 반드시 신분증을 지참하여야 시험에 응시할 수 있으며, 시험이 종료될 때까지 신분증을 제시하지 못 할 경우 해당 시험은 0점 처리됩니다.
2. 시스템(PC작동여부, 네트워크 상태 등)의 이상여부를 반드시 확인하여야 하며, 시스템 이상이 있을 경우 감독위원에게 조치를 받으셔야 합니다.
3. 시험 중 부주의 또는 고의로 시스템을 파손한 경우는 수검자 부담으로 합니다.
4. 답안 전송 프로그램을 통해 다운로드 받은 파일을 이용하여 답안파일을 작성하시기 바랍니다.
5. 작성한 답안 파일은 답안 전송 프로그램을 통하여 전송됩니다. 감독관의 지시에 따라 주시기 바랍니다.
6. 다음사항의 경우 실격(0점) 혹은 부정행위 처리됩니다.
   1) 답안파일을 저장하지 않았거나, 저장한 파일이 손상되었을 경우
   2) 답안파일을 지정된 폴더(바탕화면 – "KAIT" 폴더)에 저장하지 않았을 경우
      ※ 답안 전송 프로그램 로그인 시 바탕화면에 자동 생성됨
   3) 답안파일을 다른 보조 기억장치(USB) 혹은 네트워크(메신저, 게시판 등)로 전송할 경우
   4) 휴대용 전화기 등 통신기기를 사용할 경우
7. 시험지에 제시된 글꼴이 응시 프로그램에 없는 경우, 반드시 감독위원에게 해당 내용을 통보한 뒤 조치를 받아야 합니다.
8. 시험의 완료는 작성이 완료된 답안을 저장하고, 답안 전송이 완료된 상태를 확인한 것으로 합니다. 답안 전송 확인 후 문제지는 감독관에게 제출한 후 퇴실하여야 합니다.
9. 답안전송이 완료된 경우에는 수정 또는 정정이 불가능합니다.
10. 시험시행 후 결과는 홈페이지(www.ihd.or.kr)에서 확인하시기 바랍니다.
    1) 문제 및 모범답안 공개 : 20XX. XX. XX(X)
    2) 합격자 발표 : 20XX. XX. XX(X)

식별CODE

1 구역 나누기

 구역 나누기 설정

• 메뉴 : [쪽]-[구역 나누기]
• 단축키 : Alt + Shift + Enter

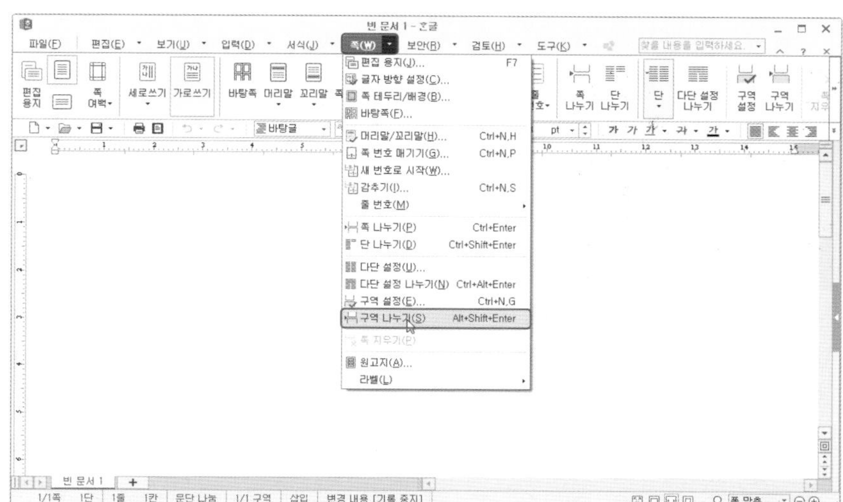

Tip

구역 나누기를 이용하여 한 문서 내에 편집 용지 설정, 다단, 머리말, 꼬리말, 페이지 번호 등을 다르게 설정할 수 있습니다.

2 구역 나누기 구분선

상태 표시줄에 표시된 구역(1/2 구역, 2/2 구역) 확인

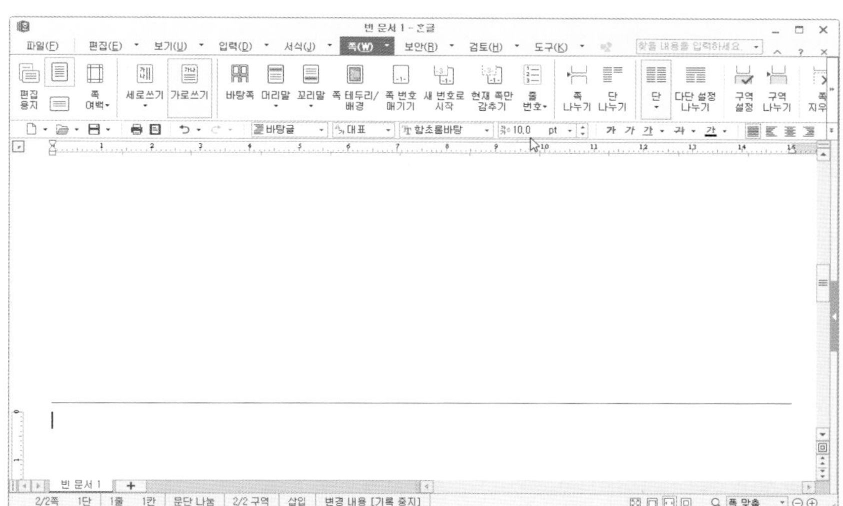

Tip

구역 나누기 구분선(빨간 선)은 [쪽 윤곽]을 선택한 경우 나타나지 않습니다.

알고가기

• [문제1]과는 달리 [문제2]는 다단으로 나누어 작업해야 하므로 반드시 구역 나누기를 설정해야 합니다.
• [문제1]을 작성하기 전에 미리 구역 나누기를 하여 빈 두 페이지를 만들어 놓는 방법과 [문제1]을 작성한 다음 구역 나누기를 설정하고 [문제2]를 작성하는 방법이 있습니다.
• 커서를 [문제1]의 제일 끝에 위치시킨 다음 구역 나누기와 다단을 설정하고 [문제2]를 작성합니다.
• 구역 나누기를 해제하려면 1구역 맨 마지막에서 Delete 를 누르거나 2구역 맨 처음에서 Back Space 를 누릅니다.

쪽 테두리 : 이중 실선(0.5mm), 머리말 포함

글상자 – 크기 : 너비(70mm), 높이(12mm), 테두리 : 이중 실선(1.00mm), 둥근 모양
채우기 :색상(RGB:233,174,43), 위치 : 글자처럼 취급, 가운데 정렬,
글자 모양 : 휴먼옛체, 20pt, 가운데 정렬

머리말(굴림, 9pt, 오른쪽 정렬)

DIAT

그림S 삽입(바탕화면-KAIT-제출파일폴더)
너비(35mm), 높이(30mm)
위치 : 어울림(가로-쪽의 왼쪽:0mm,
세로-쪽의 위:24mm)

금융경제교육

1. 금융경제교육의 필요성

돋움, 12pt, 진하게

이 시대의 청소년(靑少年)들이 속해 있는 금융 환경은 소비를 자극하고 부추기는 TV와 인터넷 등을 통해 걸러지지 않은 경제 관련 정보들을 흡수(吸收)하는 상황이다. 게다가 최근에는 스마트폰의 기프티콘을 사용하는 방법으로 오직 소비만을 위한 손쉽고 편리한 방식의 결제수단까지 생겨나고 있다. 우리나라 대부분의 부모들은 조기(早期) 교육에 적극적이지만 금융경제교육에는 다소 소극적인 경향이 있다. 미래에 하지만 성인으로 생활하는데 있어 모든 것에는 경제(Economy)를 빼 놓을 수 없다. 현대 사회에서 개인은 경제적으로 지속가능한 생활이 필수이며, 금융상 합리적인 판단력과 현명한 선택이 필요하다. 따라서 이른 금융경제교육을 통하여 앞으로의 금융 계획(Plan)을 스스로 세울 수 있어야 한다.

2. 금융경제교육의 현황

돋움, 12pt, 진하게

올바른 금융경제교육을 위해서는 경제학적 개념과 원리 교육에 치중(置重)했던 과거에서 벗어나 학교를 중심으로 개인 금융교육, 창업교육① 등 다양한 교육의 영역을 확대하고 시작해야 할 필요가 있다. 또한 금융경제교육 과목의 비중을 확대하는 노력이 필요하다. 사회 과목과 연계하여 금융경제교육의 내용과 구성, 학습방식 등의 보충자료(資料)를 개발하는 것이 중요하다. 국내 금융경제교육의 현황을 분야별 조기교육을 중심으그 살펴보았을 때 이 중요성은 다른 분야에 비하여 현저히 낮게 나타났다. 어릴 때부터 용돈(Pocket money)과 경제에 관한 교육을 경험하면 돈에 관한 올바른 태도와 선택(Choice)을 배워 건전한 소비습관을 가질 수 있다. 또한 경제생활 중 선택할 상황을 마주하였을 때 현명한 결정을 위해 끊임없이 사고하는 방법을 스스로 터득하게 된다.

각주

로

굴림체, 12pt, 진하게, 가운데 정렬

분야별 조기교육 현황(%)

분야	2000년	2010년
예술	37.9	35.0
언어	45.5	57.2
경제	5.3	3.2
기타	11.3	4.6

위쪽 제목 셀 : 색상(RGB:199,82,82), 진하게
제목 셀 아래선 : 이중 실선(0.5mm)
글자 모양 : 돋움, 10pt, 가운데 정렬

궁서, 13pt, 진하게

돋움, 9pt, 기울임

차트 : 너비(80mm), 높이(90mm)

---

① 사회적 수요에 따른 성공 창업을 위한 교육 전반을 말함

굴림, 8pt

- B -

쪽 번호 매기기, A,B,C 순으로, 왼쪽 아래

2 다단 설정 나누기

1 다단 설정 나누기 설정

- 메뉴 : [쪽]–[다단 설정 나누기]
- 단축키 : Ctrl + Alt + Enter

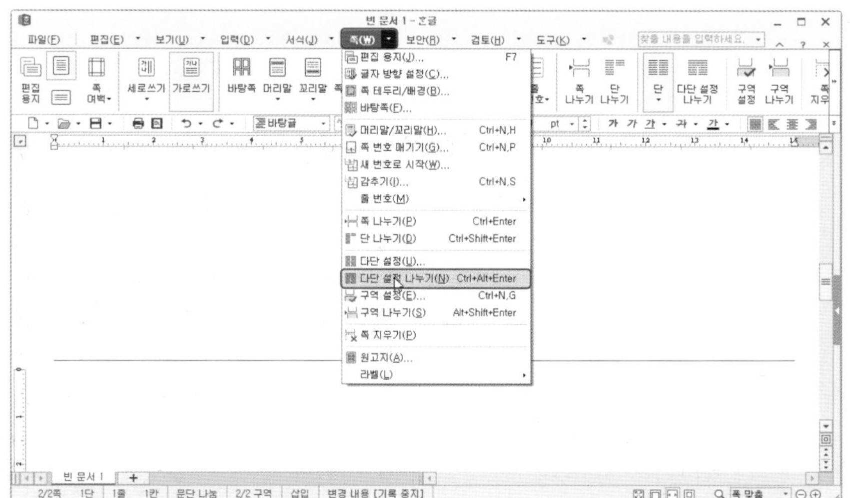

Tip

다단 설정 나누기를 이용하면 한 쪽(페이지) 안에서 여러 개의 독립적인 단을 나눌 수 있습니다.

2 커서 위치 확인

다단 설정 나누기를 설정한 후 커서의 위치 확인

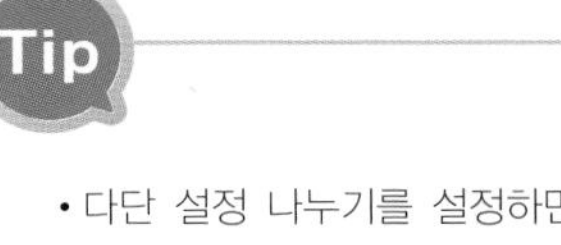

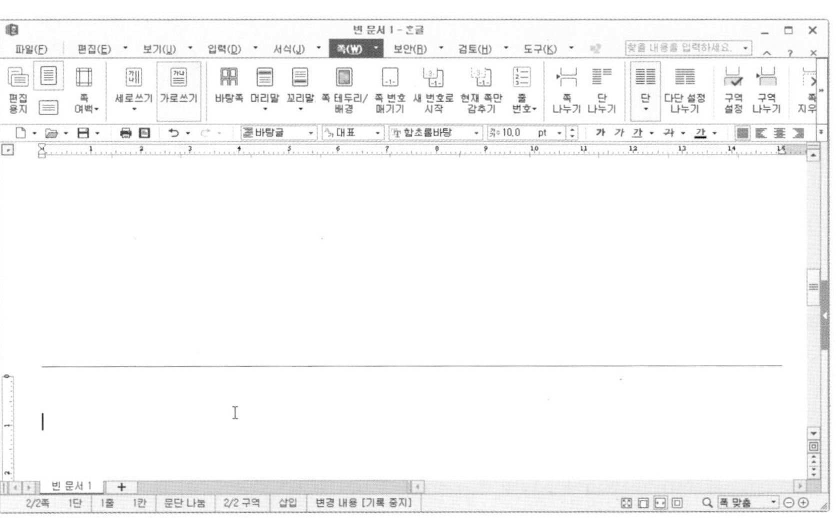

Tip

- 다단 설정 나누기를 설정하면 한 줄이 삽입되면서 커서가 두 번째 줄에 위치합니다.
- [문제2]의 제목에 해당되는 글상자는 첫 번째 줄에서 삽입합니다.

알고가기

- 제목 부분과 본문 부분을 구분하여 문서를 작성할 경우에 다단 설정 나누기를 사용합니다.
- **제목 부분** : 글상자를 이용하여 제목을 작성하는 문제가 주로 출제되고 있습니다.
- **본문 부분** : 다단 기능을 이용하여 2개의 단을 작성한 후 문서를 작성합니다.

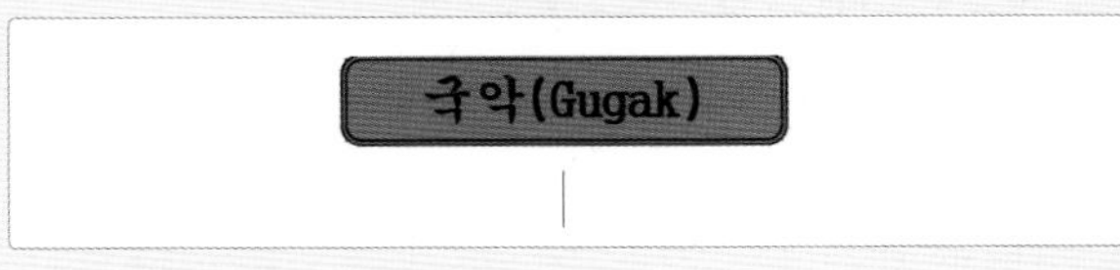

▲ 첫 줄에 다단 설정 나누기를 한 경우

▲ 다단 설정 나누기를 하지 않은 경우

글맵시 – 견고딕, 채우기 : 색상(RGB:202,86,167)
크기 : 너비(110mm), 높이(20mm), 위치 : 글자처럼 취급, 가운데 정렬

DIAT
머리말(굴림, 9pt, 오른쪽 정렬)

2022년청소년금융경제캠프

진하게, 기울임

대한금융경제교육원에서는 우리나라 청소년들이 ***올바른 경제 개념을 정립하고 건전한 경제의식 함양***과 더불어 미래의 합리적인 금융생활 주체로 성장할 수 있도록, 다양한 교육 프로그램을 준비하고 있습니다. 금년 청소년 금융경제캠프는 2박 3일의 일정으로 보다 체계적인 경제 교육을 준비하였습니다. 또한 중등부와 고등부의 캠프 일정을 구분하고, 눈높이맞춤 프로그램을 접할 수 있도록 계획하여 참여자들로 하여금 보다 높은 만족도를 기대할 수 있을 것입니다. 또한 협업을 통한 프로젝트, 진로특강, 골든벨 대회 등 다양한 체험 프로그램을 준비하였으니 청소년 여러분들의 많은 관심과 참여를 기다립니다.

문자표 → ◎ 신청안내 ◎

돋움, 가운데 정렬

1. 일　　자 : 2022. 03. 18.(목) ~ 03. 21.(일)
2. 장　　소 : 경기도 청평 대한금융경제교육원 부설 기숙사
3. 대　　상 : 평소 경제에 관심 있는 중, 고등학생 50명
4. 신청일시 : 2022. 03. 15.(월) 09:00 ~ 18:00
5. 신청방법 : *<u>대한금융경제교육원 홈페이지(http://www.ihd.or.kr) 참조</u>* ← 기울임, 밑줄

문자표

※ 기타사항

- 참가를 원하는 학생은 홈페이지 게시판에 있는 공지사항을 꼼꼼히 확인한 후, 첨부된 신청서를 작성하여 기재된 E-mail로 신청하면 됩니다.
- 캠프 수여증이 배부되며, 신청 인원이 많을 경우 무작위 추첨으로 선발됨을 알려드립니다.
- 본 캠프는 경제은행이 후원하고, 대한금융경제교육원이 주관합니다.

왼쪽여백 : 10pt
내어쓰기 : 12pt

2022. 02. 22. ← 13pt, 가운데 정렬

대한금융경제교육원 ← 궁서, 26pt, 가운데 정렬

- A - ← 쪽 번호 매기기, A,B,C 순으로, 왼쪽 아래

문제1은 1구역, 문제2는 2구역으로 나누어 답안 작성

3 다단 만들기

1 다단 설정

메뉴 : [쪽]–[다단 설정]

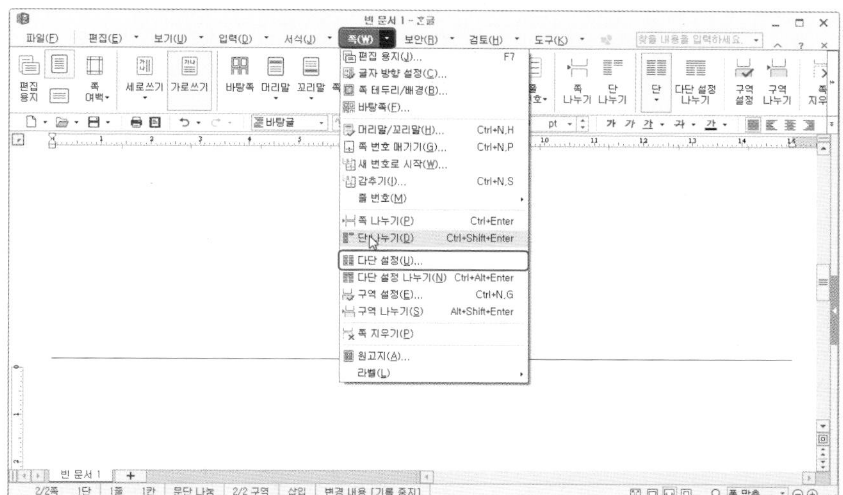

Tip

다단이란 신문이나 회보, 찾아보기 등을 만들 때 읽기 쉽도록 한 쪽을 여러 개의 단으로 나누는 기능입니다.

2 [단 설정] 대화상자

[자주 쓰이는 모양]에서 '둘'을 선택하거나 [단 개수]에서 '2'를 입력

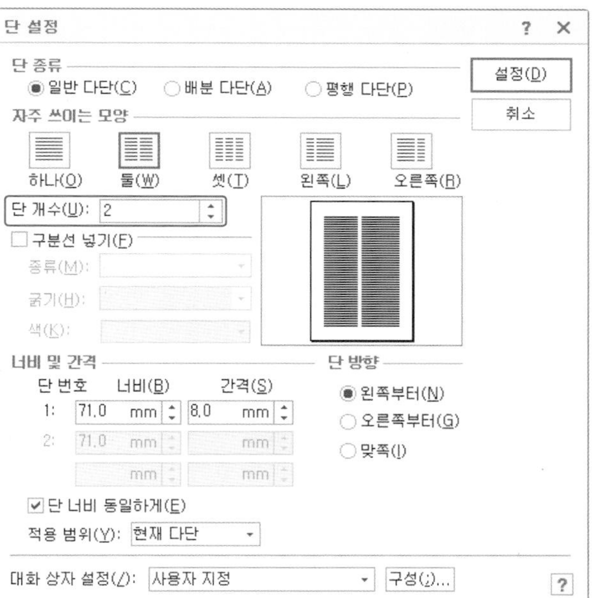

Tip

출제되고 있지는 않으나 시험에서 구분선 넣기 여부나 너비 및 간격에 대한 지시사항이 있을 경우 [단 설정] 대화상자에서 지정하도록 합니다.

【문제】 첨부된 문제를 다음의 조건을 적용하여 문서를 작성하시오.

① 문서는 A4(210mm×297mm) 크기, 세로 용지방향으로 작성한다.

② 페이지 여백은 아래와 같이 설정한다.

왼쪽	오른쪽	위쪽	아래쪽	머리말	꼬리말	제본
20mm	20mm	20mm	20mm	10mm	10mm	0mm

③ 한글 NEO 버전은 아래와 같이 "자동 글머리 기호 넣기"와 "자동 번호 매기기" 기능을 해제한다.

도구 → 빠른 교정 → 빠른 교정 내용 → 입력 자동 서식 ⇒	자동 글머리 기호 넣기(해제) 자동 번호 매기기(해제)

※ 만약 입력자동서식 메뉴가 없는 경우에는, "자동 글머리 기호 넣기"와 "자동 번호 매기기" 기능이 설정되어 있지 않은 것이므로 별도의 기능 해제 없이 그대로 시험에 응시하시면 됩니다.

④ 글자는 별도의 지시사항이 없는 한 바탕, 10pt, 양쪽정렬, 줄간격 160%로 작성한다.

⑤ 영문, 숫자 등은 별도의 지시가 없는 한 반각(1byte) 문자를 사용한다.

⑥ 특수문자는 문자표(전각 기호)를 이용하여 작성한다.

⑦ 교정부호 및 화살표로 기재된 지시사항대로 처리하되, ( ) →은 지시사항이므로 작성하지 않는다.

⑧ 1페이지에 [문제1]을 작성하고, 구역나누기를 하여 2페이지에 [문제2]를 작성한다.

※ 해당 페이지에 작성하지 않거나 의도적으로 텍스트 작성을 하지 않은 경우 0점 처리

⑨ [문제2]는 문제지와 같이 2단으로 다단을 나누어 작성한다.

⑩ '그림 삽입' 시에는 반드시 "KAIT 수검프로그램"을 통해 다운로드 한 그림 파일을 사용한다.

⑪ 차트의 범례는 기본값으로 작성한다.(선 모양 없음)

⑫ 총점 : 200점

[공통사항1(기본설정, 용지설정)] : 8점, [공통사항2(오탈자)] : 40점

[문제1] : 46점, [문제2] : 106점

⑬ 기타 특별히 지시되어 있지 않은 사항은 문제지에 준하여 작성한다.

08 빵빵한 예제로 기본다지기

1 구역 나누기, 다단을 이용해 문서를 설정해 보세요.

완성파일 : 기본08-01.hwp

작성조건
- ▶ 1쪽 : 1단, 2쪽 : 2단
- ▶ 3쪽 : 3단, 4쪽 : 4단

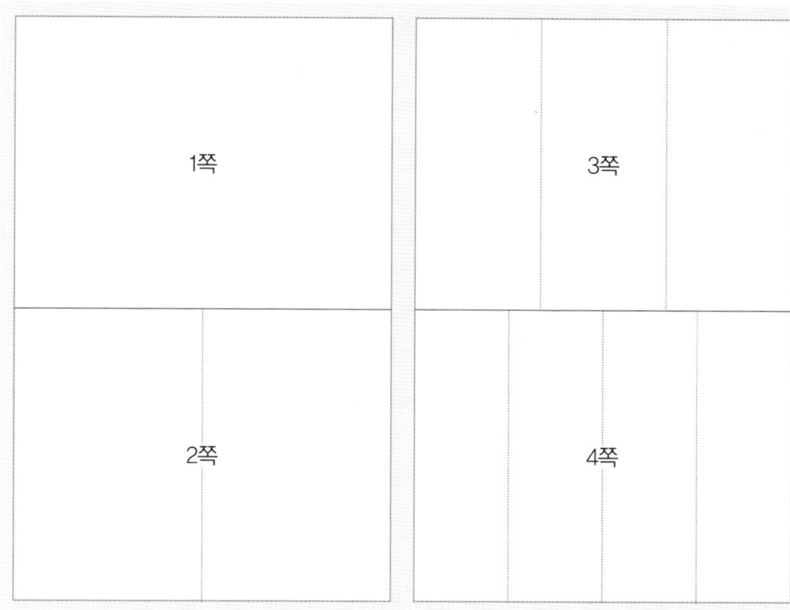

Tip
- 구역 나누기 : Alt + Shift + Enter
- 다단 : [쪽]-[다단 설정] 메뉴

2 구역 나누기, 다단을 이용해 문서를 설정해 보세요.

완성파일 : 기본08-02.hwp

작성조건
- ▶ 1쪽 : 1단, 2쪽 : 2단

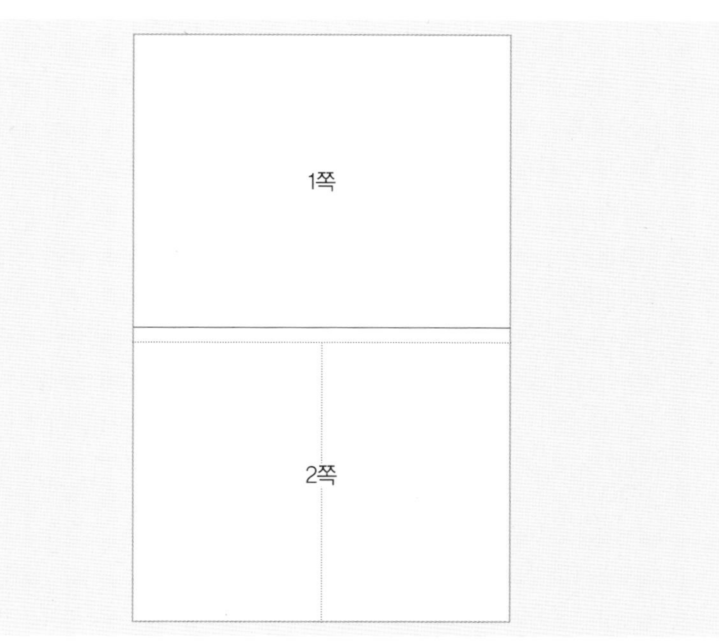

Tip
- 다단 설정 나누기 : Ctrl + Alt + Enter

제 19 회

실전모의고사

한글 NEO 버전용

- 시험과목 : 워드프로세서(한글)
- 시험일자 : 20XX. XX. XX(X)
- 응시자 기재사항 및 감독위원 확인

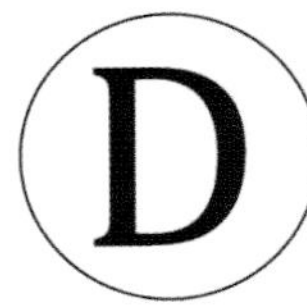

수 검 번 호	DIW – XXXX –	감독위원 확인
성 명		

응시자 유의사항

1. 응시자는 반드시 신분증을 지참하여야 시험에 응시할 수 있으며, 시험이 종료될 때까지 신분증을 제시하지 못 할 경우 해당 시험은 0점 처리됩니다.
2. 시스템(PC작동여부, 네트워크 상태 등)의 이상여부를 반드시 확인하여야 하며, 시스템 이상이 있을 경우 감독위원에게 조치를 받으셔야 합니다.
3. 시험 중 부주의 또는 고의로 시스템을 파손한 경우는 수검자 부담으로 합니다.
4. 답안 전송 프로그램을 통해 다운로드 받은 파일을 이용하여 답안파일을 작성하시기 바랍니다.
5. 작성한 답안 파일은 답안 전송 프로그램을 통하여 전송됩니다. 감독관의 지시에 따라 주시기 바랍니다.
6. 다음사항의 경우 실격(0점) 혹은 부정행위 처리됩니다.
   1) 답안파일을 저장하지 않았거나, 저장한 파일이 손상되었을 경우
   2) 답안파일을 지정된 폴더(바탕화면 – "KAIT" 폴더)에 저장하지 않았을 경우
      ※ 답안 전송 프로그램 로그인 시 바탕화면에 자동 생성됨
   3) 답안파일을 다른 보조 기억장치(USB) 혹은 네트워크(메신저, 게시판 등)로 전송할 경우
   4) 휴대용 전화기 등 통신기기를 사용할 경우
7. 시험지에 제시된 글꼴이 응시 프로그램에 없는 경우, 반드시 감독위원에게 해당 내용을 통보한 뒤 조치를 받아야 합니다.
8. 시험의 완료는 작성이 완료된 답안을 저장하고, 답안 전송이 완료된 상태를 확인한 것으로 합니다. 답안 전송 확인 후 문제지는 감독관에게 제출한 후 퇴실하여야 합니다.
9. 답안전송이 완료된 경우에는 수정 또는 정정이 불가능합니다.
10. 시험시행 후 결과는 홈페이지(www.ihd.or.kr)에서 확인하시기 바랍니다.
    1) 문제 및 모범답안 공개 : 20XX. XX. XX(X)
    2) 합격자 발표 : 20XX. XX. XX(X)

식별CODE
워

Korea Association for ICT promotion
한국정보통신진흥협회 KAIT

지시사항에 따라 다음과 같은 문서를 완성해 보세요.

완성파일 : 기본08-03.hwp

작성조건
- ▶ 용지 여백 : 왼쪽 · 오른쪽 · 위쪽 · 아래쪽 20mm, 머리말 · 꼬리말 10mm
- ▶ 다단 설정 나누기와 다단 기능을 이용하여 작성할 것

정보보안기술 ◀ 굴림체, 20pt, 가운데 정렬

1. 정보보안기술의 필요성 ◀ 굴림, 12pt, 진하게

각종 산업분야와 IT기술의 융합(融合)으로 다양한 분야에서 혁신적인 변화가 이루어지고 있다. 그에 따라 발생하는 문제점 중 하나가 사이버해킹이다. 시스템 권한(權限)을 획득하는 시스템 해킹, 프로토콜의 취약점(vulnerability)을 공격하는 네트워크 해킹 등 그 종류는 다양하다. 이러한 상황으로 개인 및 국가적 차원에서 정보보안과 중요성이 대두되고 있다. 또한 국제적으로 인터넷 사용자의 급증은 보안의 필요성이 일반화(一般化)되었다는 의미로 볼 수 있다.

지시사항에 따라 다음과 같은 문서를 완성해 보세요.

완성파일 : 기본08-04.hwp

작성조건
- ▶ 용지 여백 : 왼쪽 · 오른쪽 · 위쪽 · 아래쪽 20mm, 머리말 · 꼬리말 10mm
- ▶ 다단 설정 나누기와 다단 기능을 이용하여 작성할 것

신재생에너지 ◀ 궁서체, 22pt, 가운데 정렬

1. 신재생에너지란 ◀ 돋움체, 12pt, 진하게

신재생에너지는 석탄, 석유와 같은 기존의 화석연료(化石燃料)를 변환시켜 이용하거나 햇빛, 물, 지열, 강수, 생물유기체 등을 포함하여 재생 가능한 에너지를 변환시켜 이용하는 대체에너지이다. 최근 10년간 우리나라의 에너지 소비와 온실가스배출량 증가율은 세계 최고를 기록(記錄)하고 있어, 더 이상 간과할 문제가 아니라는 심각성을 보여주고 있다. 이러한 문제를 해결하기 위하여 우리나라에서도 미래에 사용될 신재생에너지 11가지를 지정하여 개발(Development)에 힘쓰고 있다.

쪽 테두리 : 이중 실선(0.5mm), 머리말 포함

글상자 - 크기 : 너비(60mm), 높이(12mm), 테두리 : 이중 실선(1.00mm), 반원
채우기 : 색상(RGB:233,174,43), 위치 : 글자처럼 취급, 가운데 정렬,
글자 모양 : 휴먼옛체, 18pt, 가운데 정렬

머리말(돋움, 9pt, 오른쪽 정렬)

DIAT

선사시대 유적지

그림R 삽입(바탕화면-KAIT-제출파일폴더)
너비(40mm), 높이(35mm)
위치 : 어울림(가로-쪽의 왼쪽:0mm,
세로-쪽의 위:24mm)

1. 선사시대

돋움, 12pt, 진하게

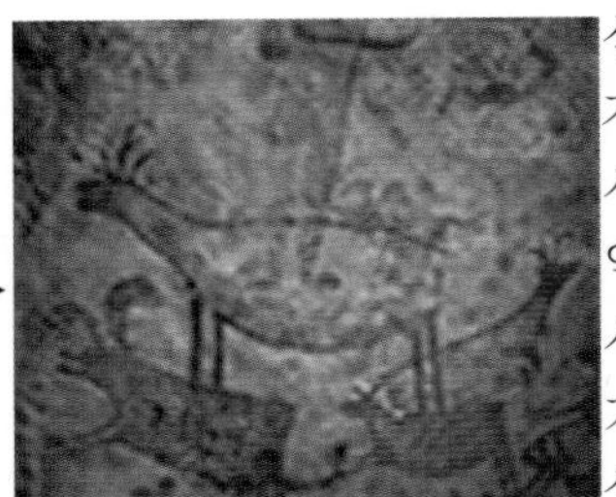

선사시대(先史時代)는 글자 그대로 역사 이전의 시대를 뜻하며, 문자로 역사를 기록하기 이전의 시대를 말한다. 즉, 이 시기에는 기록이 아닌 당시 쓰던 물건 등의 흔적을 통해 생활을 파악할 수 있다. 또한 도구의 발달 정도에 따라 석기 시대, 청동기 시대, 철기 시대로 구분할 수 있다. 통상적으로 인류(Humanity)가 출현(Appearance)한 시기부터 철기 시대까지 통틀어 선사시대라고 부른다. 그 중에서도 경기 연천 전곡리, 공주 석장리, 제천 점말 동굴, 단양 상시리 바위그늘, 단양 수양개, 제주 빌레못 동굴 등을 포함한 많은 유적지(Historic sites)를 통해 구석기 생활을 엿볼 수 있다. 신석기 유적지로 대표적인 곳은 서울 암사동㉠, 경기 하남 미사리, 김해 수가리, 양양 지경리, 강원도 양양 오산리, 강원도 고성 문암리 등이 있다.

각주

2. 유적지의 보존

돋움, 12pt, 진하게

기원전 약 50만 년 전부터 생활한 사람들이 남긴 흔적(痕迹)은 국내의 여러 곳에서 찾아볼 수 있다. 특히 동굴(Cave) 벽에 그린 그림이나 땅을 파고 마련한 주거지, 고인돌 외 석기 및 토기 따위의 유물들이 발굴되어 그 당시 생활 모습을 추측(推測)할 수 있다. 선사시대 유적지 현황은 표와 같이 현존하며 각 지역 차원에서 유적지 보존과 위해 힘쓰고 있다. 그 중 한반도(韓半島) 최대의 구석기시대 유적지인 경기도 연천 전곡리 선사유적지는 한탄강변 전역(全域)이 유적지와 다름없다. 총 10차에 걸친 발굴을 통해 4,000점 이상의 석기가 출토되었다. 오산리 강원도 선사유적지는 2002년 충청북도 시도기념물 제126호 문화재로 지정되었으며 다량의 빗살무늬토기와 돌도끼, 그물추 등과 같은 생활 유적이 발견되었다.

을

굴림체, 12pt, 진하게, 가운데 정렬

선사시대 유적지 현황

장소	유적지 및 체험장
서울/경기	141
강원	103
충청	211
경상	98
제주	50
평안	31

위쪽 제목 셀 : 색상(RGB:202,86,167), 진하게
제목 셀 아래선 : 이중 실선(0.5mm)
글자 모양 : 중고딕, 10pt, 가운데 정렬

휴먼옛체, 13pt, 기울임

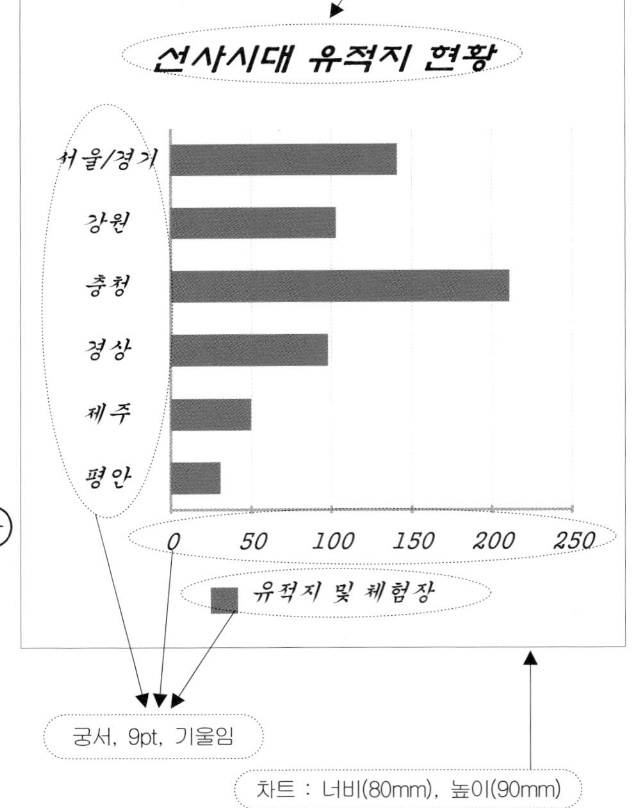

궁서, 9pt, 기울임

차트 : 너비(80mm), 높이(90mm)

㉠ 1925년 대홍수로 인해 발견된 신석기 대표 유적지

굴림, 9pt

- B -

쪽 번호 매기기, A,B,C 순으로, 가운데 아래

Chapter 09 글상자 만들기

>>> **핵심만 쏙쏙** ❶ 글상자 삽입 ❷ 개체 속성 설정 ❸ 글상자 서식 지정

글상자는 [문제2]에서 제목을 작성할 때 주로 사용되며, [개체 속성] 대화상자를 이용하여 크기와 테두리, 채우기 색 등을 설정해야 합니다.

핵심 짚어보기

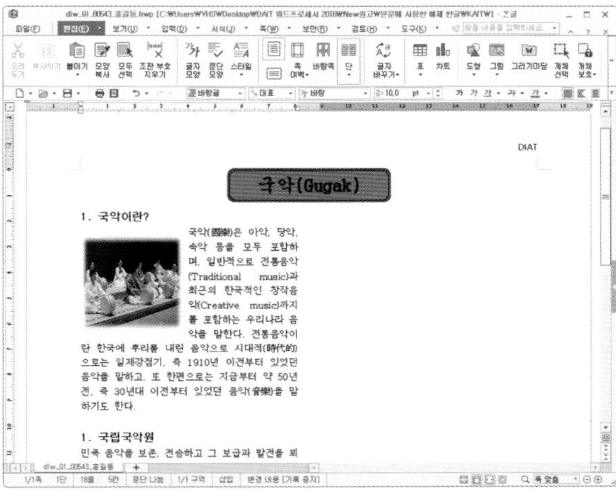

▲ [개체 속성] 대화상자–[기본] 탭

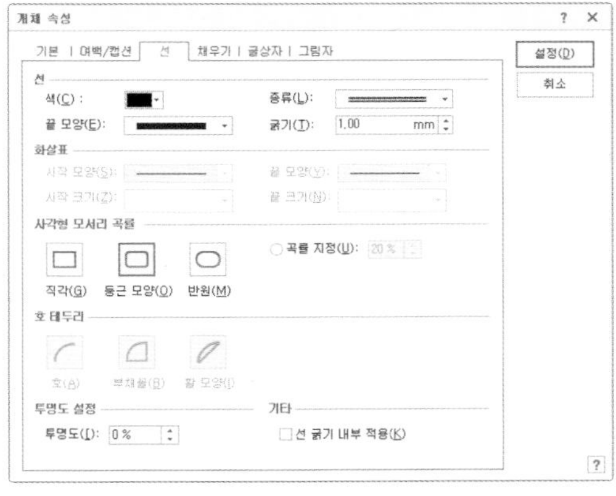

▲ [개체 속성] 대화상자–[선] 탭

▲ [개체 속성] 대화상자–[채우기] 탭

클래스 업

- 글상자는 주로 [문제2]에서 제목을 작성하는 형태로 출제되고 있습니다.
- 글상자를 먼저 삽입한 다음 글상자의 [개체 속성] 대화상자에서 글상자의 크기와 테두리 모양, 채우기 색을 설정합니다.

글맵시 – 휴먼옛체, 채우기 : 색상(RGB:199,82,82)
크기 : 너비(110mm), 높이(20mm), 위치 : 글자처럼 취급, 가운데 정렬

DIAT
머리말(돋움, 9pt, 오른쪽 정렬)

오산리선사유적박물관체험안내

진하게, 기울임

자녀분들과 함께 특별하고 좋은 경험을 체험할 수 있는 곳을 찾고 계신가요? ***국내의 아름다운 자연환경을 한껏 느끼며*** 무엇보다 즐겁게 지식을 탐구할 수 있는 소중한 체험기회가 여러분들을 기다리고 있습니다. 저희 오산리선사유적박물관은 강원도 양양군 손양면에 위치하고, 다양한 체험 프로그램을 운영하며 쌓은 노하우를 통해 남녀노소 모두에게 오감을 만족시킬 수 있는 선사시대의 유적지 및 전시물을 그대로 보존하여 제공하고 있습니다. 역사 교과서에서만 봤던 선사시대의 가옥 및 당시 생활 모습을 보여주는 생생한 전시장을 보다 상세하고 자세히 체험할 수 있으니 많은 참여 바랍니다.

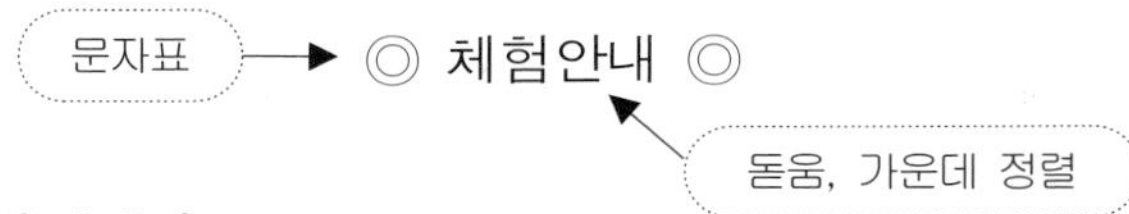

1. 체 험 명 : 조각난 토기를 복원하라!
2. 기　　간 : 2022. 03. 02.(수) ~ 03. 13.(일)
3. 장　　소 : 강원 양양군 손양면 오산리선사유적박물관
4. 등　　록 : 체험 당일 현장 등록**<u>(10인 이상 단체는 홈페이지를 통한 사전등록 가능)</u>** ← 진하게, 밑줄
5. 주　　관 : 청소년문화체험본부, 오산리선사유적박물관

문자표

※ 기타사항

- 주요 체험 테마 : 움집복원체험, 빗살무늬토기복원체험, 유물무늬관찰체험 등
- 야외 특별 체험장은 매주 월요일과 우천 시에는 개방하지 않습니다.
- 10인 이상의 단체로 체험을 원하시는 경우에는 체험일 기준으로 1일 전까지 박물관 홈페이지(http://www.ihd.or.kr)로 반드시 사전등록을 해주시기 바랍니다.

왼쪽여백 : 10pt
내어쓰기 : 13pt

2022. 02. 15. ← 13pt, 가운데 정렬

오산리선사유적박물관 ← 궁서, 24pt, 가운데 정렬

문제1은 1구역, 문제2는 2구역으로 나누어 답안 작성

- A - ← 쪽 번호 매기기, A,B,C 순으로, 가운데 아래

1 글상자 삽입

글상자 삽입하기

글상자를 삽입할 위치에 마우스를 드래그하여 글상자 삽입

- 메뉴 : [입력]-[개체]-[글상자]
- 단축키 : Ctrl+N, B
- 탭 메뉴 : [입력] 탭-[개체] 항목-[가로 글상자()]

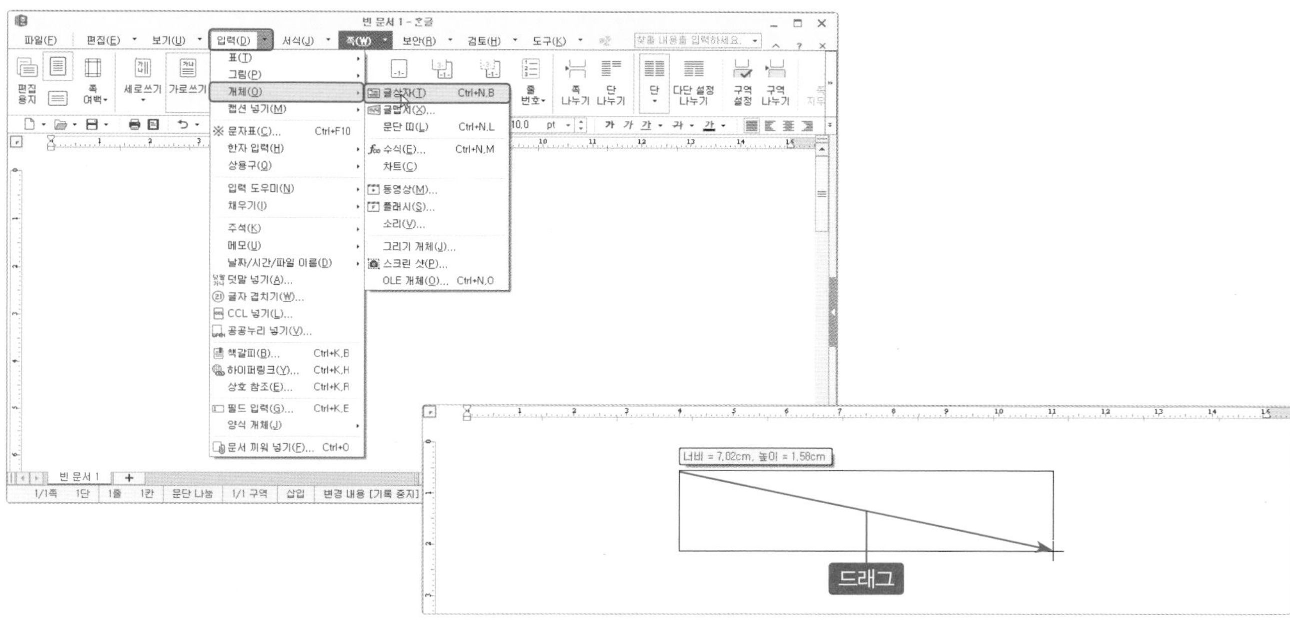

2 개체 속성 설정

1 [개체 속성] 대화상자 열기

글상자를 더블클릭하거나 글상자를 선택한 후 [편집]-[고치기] 메뉴 클릭(Ctrl+N, K)

2 [개체 속성] 대화상자-[기본] 탭

지시사항에 제시되어 있는 크기('너비', '높이')와 위치('글자처럼 취급') 설정

【문제】 첨부된 문제를 다음의 조건을 적용하여 문서를 작성하시오.

① 문서는 A4(210mm×297mm) 크기, 세로 용지방향으로 작성한다.

② 페이지 여백은 아래와 같이 설정한다.

왼쪽	오른쪽	위쪽	아래쪽	머리말	꼬리말	제본
20mm	20mm	20mm	20mm	10mm	10mm	0mm

③ 한글 NEO 버전은 아래와 같이 "자동 글머리 기호 넣기"와 "자동 번호 매기기" 기능을 해제한다.

도구 → 빠른 교정 → 빠른 교정 내용 → 입력 자동 서식 ⇒	자동 글머리 기호 넣기(해제) 자동 번호 매기기(해제)

※ 만약 입력자동서식 메뉴가 없는 경우에는, "자동 글머리 기호 넣기"와 "자동 번호 매기기" 기능이 설정되어 있지 않은 것이므로 별도의 기능 해제 없이 그대로 시험에 응시하시면 됩니다.

④ 글자는 별도의 지시사항이 없는 한 바탕, 10pt, 양쪽정렬, 줄간격 160%로 작성한다.

⑤ 영문, 숫자 등은 별도의 지시가 없는 한 반각(1byte) 문자를 사용한다.

⑥ 특수문자는 문자표(전각 기호)를 이용하여 작성한다.

⑦ 교정부호 및 화살표로 기재된 지시사항대로 처리하되, ( ) →은 지시사항이므로 작성하지 않는다.

⑧ 1페이지에 [문제1]을 작성하고, 구역나누기를 하여 2페이지에 [문제2]를 작성한다.

※ 해당 페이지에 작성하지 않거나 의도적으로 텍스트 작성을 하지 않은 경우 0점 처리

⑨ [문제2]는 문제지와 같이 2단으로 다단을 나누어 작성한다.

⑩ '그림 삽입' 시에는 반드시 "KAIT 수검프로그램"을 통해 다운로드 한 그림 파일을 사용한다.

⑪ 차트의 범례는 기본값으로 작성한다.(선 모양 없음)

⑫ 총점 : 200점

[공통사항1(기본설정, 용지설정)] : 8점, [공통사항2(오탈자)] : 40점

[문제1] : 46점, [문제2] : 106점

⑬ 기타 특별히 지시되어 있지 않은 사항은 문제지에 준하여 작성한다.

3 [개체 속성] 대화상자-[선] 탭

지시사항에 제시되어 있는 선의 종류와 굵기, 사각형 모서리 곡률(직각, 둥근 모양, 반원) 설정

4 [개체 속성] 대화상자-[채우기] 탭

① [색] 항목-[면 색]-[다른 색] 클릭

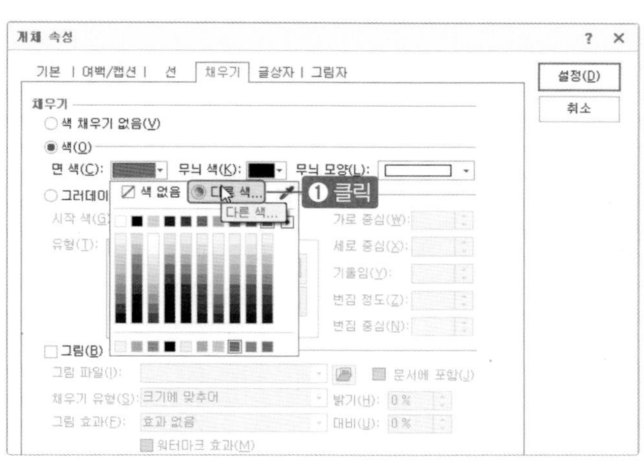

② [색] 대화상자에서 지시사항에 제시되어 있는 RGB값 입력

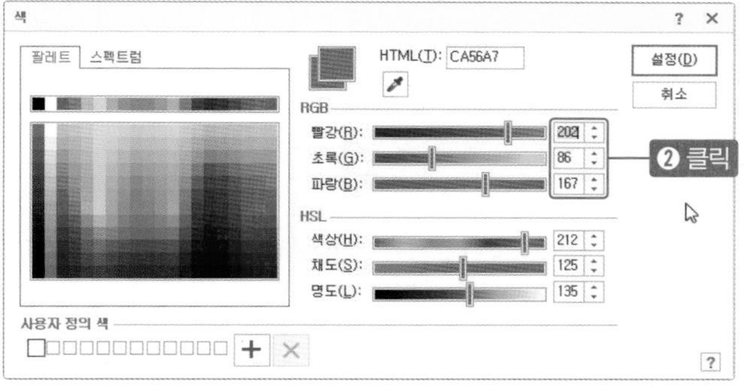

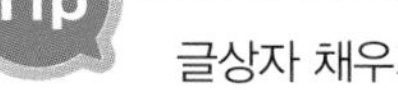

글상자 채우기

[색상 테마]-[기본]의 첫 줄에 있는 면 색을 선택하여 〈글상자〉를 채우는 방법도 알아두도록 합니다.

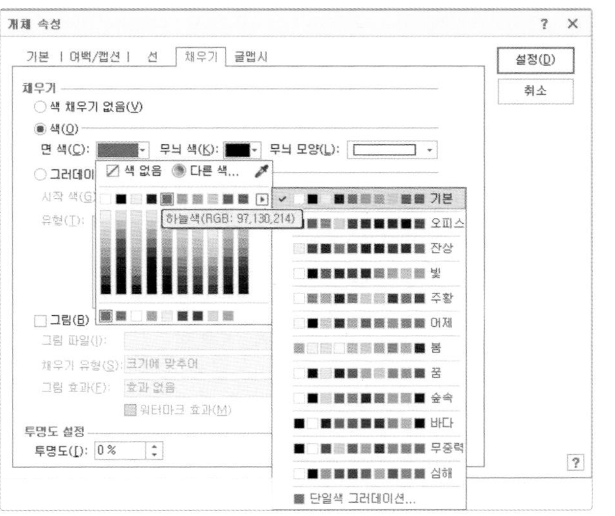

제 18 회

실전모의고사

한글 NEO 버전용

- 시험과목 : 워드프로세서(한글)
- 시험일자 : 20XX. XX. XX(X)
- 응시자 기재사항 및 감독위원 확인

수 검 번 호	DIW – XXXX –	감독위원 확인
성 명		

응시자 유의사항

1. 응시자는 반드시 신분증을 지참하여야 시험에 응시할 수 있으며, 시험이 종료될 때까지 신분증을 제시하지 못 할 경우 해당 시험은 0점 처리됩니다.
2. 시스템(PC작동여부, 네트워크 상태 등)의 이상여부를 반드시 확인하여야 하며, 시스템 이상이 있을 경우 감독위원에게 조치를 받으셔야 합니다.
3. 시험 중 부주의 또는 고의로 시스템을 파손한 경우는 수검자 부담으로 합니다.
4. 답안 전송 프로그램을 통해 다운로드 받은 파일을 이용하여 답안파일을 작성하시기 바랍니다.
5. 작성한 답안 파일은 답안 전송 프로그램을 통하여 전송됩니다. 감독관의 지시에 따라 주시기 바랍니다.
6. 다음사항의 경우 실격(0점) 혹은 부정행위 처리됩니다.
   1) 답안파일을 저장하지 않았거나, 저장한 파일이 손상되었을 경우
   2) 답안파일을 지정된 폴더(바탕화면 – "KAIT" 폴더)에 저장하지 않았을 경우
      ※ 답안 전송 프로그램 로그인 시 바탕화면에 자동 생성됨
   3) 답안파일을 다른 보조 기억장치(USB) 혹은 네트워크(메신저, 게시판 등)로 전송할 경우
   4) 휴대용 전화기 등 통신기기를 사용할 경우
7. 시험지에 제시된 글꼴이 응시 프로그램에 없는 경우, 반드시 감독위원에게 해당 내용을 통보한 뒤 조치를 받아야 합니다.
8. 시험의 완료는 작성이 완료된 답안을 저장하고, 답안 전송이 완료된 상태를 확인한 것으로 합니다. 답안 전송 확인 후 문제지는 감독관에게 제출한 후 퇴실하여야 합니다.
9. 답안전송이 완료된 경우에는 수정 또는 정정이 불가능합니다.
10. 시험시행 후 결과는 홈페이지(www.ihd.or.kr)에서 확인하시기 바랍니다.
    1) 문제 및 모범답안 공개 : 20XX. XX. XX(X)
    2) 합격자 발표 : 20XX. XX. XX(X)

식별CODE

Korea Association for ICT promotion
한국정보통신진흥협회 KAIT

3 글상자 서식 지정

1 글상자 정렬하기

❶ 글상자가 삽입된 행의 왼쪽 빈 공간에서 마우스 포인터의 모양이 ↖로 변경될 때 클릭

❷ 서식 도구 상자에서 [가운데 정렬(≡)] 클릭

2 글자 모양 지정하기

글상자에 글자를 입력한 후 서식 도구 상자를 이용해 글꼴 서식 지정

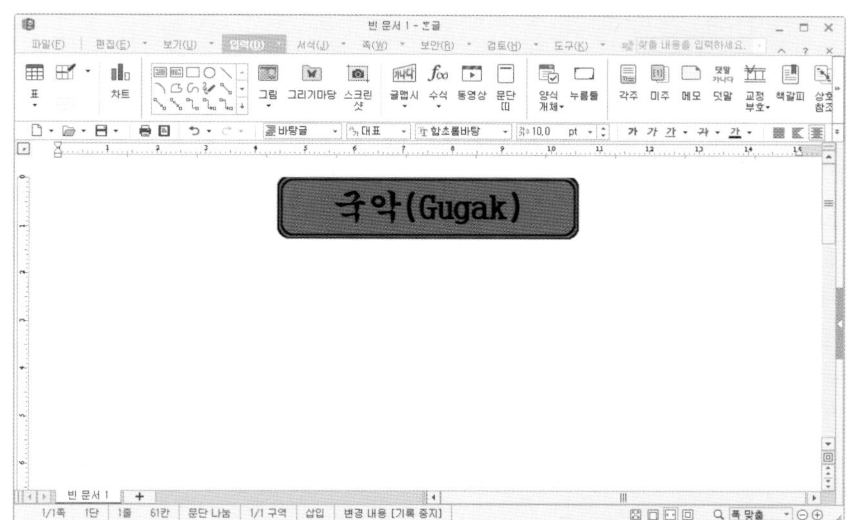

쪽 테두리 : 이중 실선(0.5mm), 머리말 포함

글상자 - 크기 : 너비(70mm), 높이(12mm), 테두리 : 이중 실선(1.00mm), 반원
채우기 : 색상(RGB:233,174,43), 위치 : 글자처럼 취급, 가운데 정렬,
글자 모양 : 휴먼엑스포, 18pt, 가운데 정렬

머리말(궁서체, 9pt, 오른쪽 정렬)

DIAT

그림Q 삽입(바탕화면-KAIT-제출파일폴더)
너비(40mm), 높이(35mm)
위치 : 어울림(가로-쪽의 왼쪽:0mm,
세로-쪽의 위:24mm)

송이의 역사와 생태

궁서, 12pt, 진하게, 가운데 정렬

1. 송이의 역사성

돋움체, 12pt, 진하게

신라 성덕왕 3년(704년)에 송이를 왕에게 진상했다는 삼국사기의 기록으로 보아 송이가 생산된 것은 꽤 오랜 역사를 지니고 있음을 알 수 있다. 고려시대 이인로는 파한집에서 송이는 소나무와 함께하고 복령의 향기(香氣)를 가진 송지라고 기술하였으며, 이색은 목은집에서 송이를 보내준 친구에게 '보내준 송이을 가지고 스님을 찾아가서 고상히 즐기겠다.'는 고마움의 편지를 남긴 것으로 보아 이 당시에도 매우 귀한 임산물(Forest Products)임을 엿볼 수 있다. 조선왕조실록에서도 송이로 표기(表記)되어 중국 사신들에게 선물하면서 값이 송이는 아니라 정성(精誠)이라고 하였다는 기록(記錄)이 있다.

를

버섯의 주요 성분

구분	단백질(%)	지방(%)	섬유(%)
송이버섯	2.0	6.7	0.8
표고버섯	2.0	6.5	6.05
느타리버섯	2.5	3.5	0.5
팽이버섯	2.7	0.5	0.9

위쪽 제목 셀 : 색상(RGB:233,174,43), 진하게
제목 셀 아래선 : 이중 실선(0.5mm)
글자 모양 : 굴림체, 10pt, 가운데 정렬

2. 송이의 생태

돋움체, 12pt, 진하게

송이는 소나무림에서 발생하는 주름버섯목에 속하는 외생균근성 버섯의 한 종류이다. 균류들이 번식하는 방법처럼 포자에 의하여 번식한다고 볼 수 있다. 가을철 자실체(Fruit body) 부위에서 만들어진 포자㉮들은 공기 중에 산포되어 적당한 장소에 떨어져 발아된 후 균사는 인접 균사와 만나서 2핵균사체를 만들고, 소나무 세근에 침입하여 송이 균근(菌根)이라는 것을 만든다. 송이는 소나무에서 양분을 얻으면서 더 많은 균근과 주변에 균사체를 만든다. 송이균과 균근은 더욱 발달하여 도넛 모양의 균환이 되고 이곳에서 송이가 발생하기 시작한다. 균환은 해마다 생장함에 따라 송이의 생산량도 함께 증가한다. 송이는 한번 땅에서 자라면 다년생 식물(Perennial Plant)처럼 매년 수확할 수 있는 특성을 지니고 있어 다년생 버섯이라고 말할 수 있으나 자랄 수 없는 환경여건이 되면 송이는 생명력을 잃는다.

각주

궁서, 13pt, 진하게

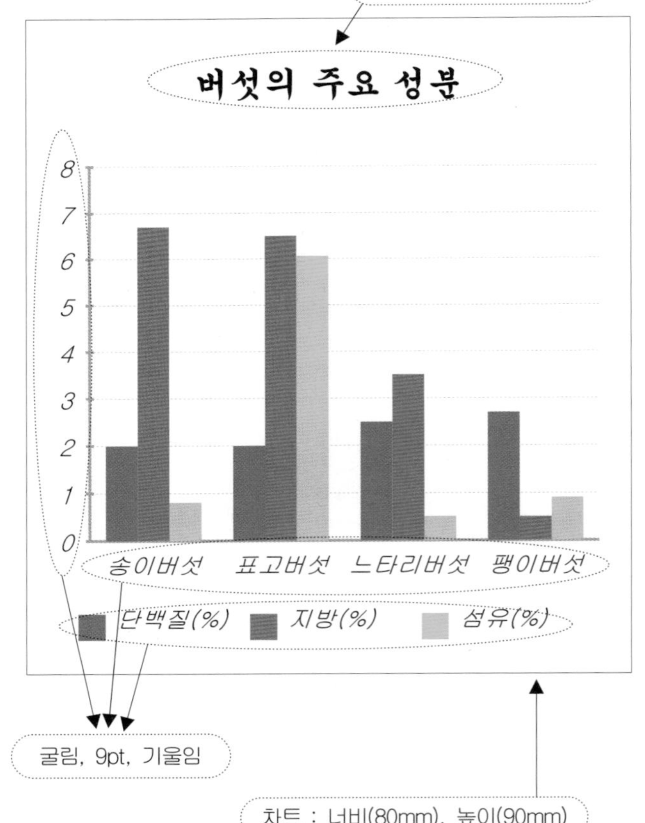

굴림, 9pt, 기울임

차트 : 너비(80mm), 높이(90mm)

㉮ 포자는 고사리 같은 양치류 식물, 이끼류 식물, 조류 또는 버섯이나 곰팡이 같은 균류가 만들어 내는 생식세포를 말한다.

굴림체, 9pt

- 乙 -

쪽 번호 매기기, 甲,乙,丙 순으로, 왼쪽 아래

1 조건을 이용하여 다음과 같은 문서를 작성해 보세요.

완성파일 : 기본09-01.hwp

작성조건 ▶ 글상자 – 크기 : 너비(90mm), 높이(15mm), 테두리 : 실선(0.5mm), 둥근 모양
위치 : 글자처럼 취급, 가운데 정렬, 글자모양 : 궁서체, 20pt, 가운데 정렬

치매의 원인과 치료

2 조건을 이용하여 다음과 같은 문서를 작성해 보세요.

완성파일 : 기본09-01.hwp

작성조건 ▶ 글상자 – 크기 : 너비(80mm), 높이(12mm), 테두리 : 이중 실선(1.00mm), 반원
채우기 : 색상(RGB:199,82,82), 위치 : 글자처럼 취급, 가운데 정렬
글자 모양 : 휴먼옛체, 20pt, 가운데 정렬

수자원의 중요성

3 조건을 이용하여 다음과 같은 문서를 작성해 보세요.

완성파일 : 기본09-01.hwp

작성조건 ▶ 글상자 – 크기 : 너비(100mm), 높이(15mm), 테두리 : 이중 실선(1.00mm), 둥근 모양
채우기 : 색상(RGB:233,174,43), 위치 : 글자처럼 취급, 가운데 정렬
글자 모양 : 굴림체, 17pt, 가운데 정렬

스마트카와 전기차

글맵시 – 견고딕, 채우기 :색상(RGB:53,135,145)
크기 : 너비(110mm), 높이(20mm), 위치 : 글자처럼 취급, 가운데 정렬

DIAT

머리말(궁서체, 9pt, 오른쪽 정렬)

향기로운송이축제

황금버섯, 숲속의 다이아몬드, 신비에 쌓인 영물, 자연이 준 선물 등으로 부르는 송이를 맘껏 구경하고 체험해볼 수 있는 송이축제에 여러분을 초대합니다. 송이축제에는 반짝반짝 별이 빛나는 밤하늘과 솔내음이 가득한 대자연의 숨소리가 있으며, 가족과 함께 황금물결의 들녘과 곱게 물든 산천, 넉넉한 인심이 넘치는 전원의 삶도 맛 볼 수 있습니다. 또한 자연산 송이를 직접 채취해 볼 수 있는 다양한 체험행사도 준비되어 있습니다. ***백두대간의 향기로운 송이축제***에서 자연과 호흡하며 그윽한 송이 향에 흠뻑 취해볼 수 있는 이번 축제에 많은 참여 바랍니다.

진하게, 기울임

문자표 → ▣ 축제안내 ▣

굴림체, 가운데 정렬

1. 축제기간 : 2022년 03월 16일(수) ~ 20일(일) 5일간
2. 신청기간 : 2022년 03월 02일(화) ~ 04일(금)까지
3. 신청안내 : 송이축제추진위원회 홈페이지(http://www.ihd.or.kr) 또는 전화 02-1234-4567
4. 축제장소 : *<u>고성남대천 둔치 및 송이밸리 체험장</u>* ← 기울임, 밑줄
5. 주최/후원 : 송이축제 추진위원회 / 농협중앙회고성지부, 고성농협

문자표

※ 기타사항

- 직접 채취한 송이(1인 2개 이내) 및 버섯을 이용한 음식 만들기 체험행사가 기간 내 진행됩니다.
- 초대가수, 각설이, 주민자치공연 등의 다양한 볼거리와 송이주 만들기, 송이를 이용한 다양한 음식 시식 등의 다채로운 즐길 거리도 준비되어 있습니다.
- 축제에 참가한 모든 분께 기념품을 드릴 예정이오니 많은 참여 바랍니다.

왼쪽여백 : 10pt
내어쓰기 : 12pt

2022. 02. 10. ← 13pt, 가운데 정렬

송이축제추진위원회 ← 휴먼옛체, 26pt, 가운데 정렬

- 甲 - ← 쪽 번호 매기기, 甲,乙,丙 순으로, 왼쪽 아래

문제1은 1구역, 문제2는 2구역으로 나누어 답안 작성

4 조건을 이용하여 다음과 같은 문서를 작성해 보세요.

완성파일 : 기본09-02.hwp

작성조건 ▶ 글상자 – 크기 : 너비(100mm), 높이(20mm), 테두리 : 이중 실선(1.5mm), 둥근 모양
채우기 : 색상(RGB:105,155,55), 위치 : 글자처럼 취급, 가운데 정렬
글자 모양 : HY견고딕, 20pt, 가운데 정렬

멸종위기 종의 복원

5 조건을 이용하여 다음과 같은 문서를 작성해 보세요.

완성파일 : 기본09-02.hwp

작성조건 ▶ 글상자 – 크기 : 너비(70mm), 높이(15mm), 테두리 : 실선(0.5mm), 반원
채우기 : 색상(RGB:202,86,167), 위치 : 글자처럼 취급, 가운데 정렬
글자 모양 : 돋움체, 24pt, 가운데 정렬

캡스톤 디자인

6 조건을 이용하여 다음과 같은 문서를 작성해 보세요.

완성파일 : 기본09-02.hwp

작성조건 ▶ 글상자 – 크기 : 너비(110mm), 높이(15mm), 테두리 : 이중 실선(1.00mm), 둥근 모양
채우기 : 색상(RGB:53,135,145), 위치 : 글자처럼 취급, 가운데 정렬
글자 모양 : 굴림, 24pt, 가운데 정렬

민속예술과 종묘제례악

【문제】 첨부된 문제를 다음의 조건을 적용하여 문서를 작성하시오.

① 문서는 A4(210mm×297mm) 크기, 세로 용지방향으로 작성한다.

② 페이지 여백은 아래와 같이 설정한다.

왼쪽	오른쪽	위쪽	아래쪽	머리말	꼬리말	제본
20mm	20mm	20mm	20mm	10mm	10mm	0mm

③ 한글 NEO 버전은 아래와 같이 "자동 글머리 기호 넣기"와 "자동 번호 매기기" 기능을 해제한다.

도구 → 빠른 교정 → 빠른 교정 내용 → 입력 자동 서식 ⇒ 자동 글머리 기호 넣기(해제)
자동 번호 매기기(해제)

※ 만약 입력자동서식 메뉴가 없는 경우에는, "자동 글머리 기호 넣기"와 "자동 번호 매기기" 기능이 설정되어 있지 않은 것이므로 별도의 기능 해제 없이 그대로 시험에 응시하시면 됩니다.

④ 글자는 별도의 지시사항이 없는 한 바탕, 10pt, 양쪽정렬, 줄간격 160%로 작성한다.

⑤ 영문, 숫자 등은 별도의 지시가 없는 한 반각(1byte) 문자를 사용한다.

⑥ 특수문자는 문자표(전각 기호)를 이용하여 작성한다.

⑦ 교정부호 및 화살표로 기재된 지시사항대로 처리하되, ( )→은 지시사항이므로 작성하지 않는다.

⑧ 1페이지에 [문제1]을 작성하고, 구역나누기를 하여 2페이지에 [문제2]를 작성한다.

※ 해당 페이지에 작성하지 않거나 의도적으로 텍스트 작성을 하지 않은 경우 0점 처리

⑨ [문제2]는 문제지와 같이 2단으로 다단을 나누어 작성한다.

⑩ '그림 삽입' 시에는 반드시 "KAIT 수검프로그램"을 통해 다운로드 한 그림 파일을 사용한다.

⑪ 차트의 범례는 기본값으로 작성한다.(선 모양 없음)

⑫ 총점 : 200점

[공통사항1(기본설정, 용지설정)] : 8점, [공통사항2(오탈자)] : 40점

[문제1] : 46점, [문제2] : 106점

⑬ 기타 특별히 지시되어 있지 않은 사항은 문제지에 준하여 작성한다.

7 지시사항에 따라 다음과 같은 문서를 완성해 보세요.

완성파일 : 기본09-03.hwp

작성조건
- ▶ 용지 여백 : 왼쪽 · 오른쪽 · 위쪽 · 아래쪽 20mm, 머리말 · 꼬리말 10mm
- ▶ 다단 설정 나누기와 다단 기능을 이용하여 작성할 것

백제의 산성

돋움체, 12pt, 진하게

1. 웅진성

475년 고구려 장수왕이 백제의 한성을 함락시키고 개로왕을 처형시키자 백제 왕조는 멸족의 위기로 내몰렸다. 그러자 제2의 도성으로 천도한 곳이 웅진성이었다. 웅진성에서의 백제 왕조는 온갖 어려움을 겪었지만 끝내 백제 왕계를 지켜낼 수 있었다. 웅진성은 백제를 지키기 위한 대표적인 고대 성곽인데, 부여로 도읍을 옮길 때까지 64년간 왕도를 지킨 산성이다.

글상자 – 크기 : 너비(70mm), 높이(12mm),
테두리 : 이중 실선(1.00mm), 둥근 모양
채우기 : 색상(RGB:233,174,43)
위치 : 글자처럼 취급, 가운데 정렬
글자모양 : 궁서체, 16pt, 가운데 정렬

8 지시사항에 따라 다음과 같은 문서를 완성해 보세요.

완성파일 : 기본09-04.hwp

작성조건
- ▶ 용지 여백 : 왼쪽 · 오른쪽 · 위쪽 · 아래쪽 20mm, 머리말 · 꼬리말 10mm
- ▶ 다단 설정 나누기와 다단 기능을 이용하여 작성할 것

슬로우푸드

굴림체, 12pt, 진하게

1. 슬로우푸드

1989년 프랑스 파리에서 슬로우푸드 선언문을 채택하고 국제운동으로 공식 출범된 슬로우푸드 운동은 패스트푸드를 비판(批判)하는 문화로서 자리매김하였다. 산업혁명과 함께 생산성을 높이기 위하여 무엇이든 단시간 내 처리하는 성과(成果) 중심의 생활은 사람들의 생활방식 뿐만 아니라 식생활에도 큰 변화를 가져왔다.

글상자 – 크기 : 너비(60mm), 높이(15mm),
테두리 : 실선(0.5mm), 반원
채우기 : 색상(RGB:199,82,82)
위치 : 글자처럼 취급, 가운데 정렬
글자모양 : 휴먼옛체, 20pt, 가운데 정렬

제 17 회

실전모의고사

한글 NEO 버전용

- 시험과목 : 워드프로세서(한글)
- 시험일자 : 20XX. XX. XX(X)
- 응시자 기재사항 및 감독위원 확인

수 검 번 호	DIW – XXXX –	감독위원 확인
성 명		

응시자 유의사항

1. 응시자는 반드시 신분증을 지참하여야 시험에 응시할 수 있으며, 시험이 종료될 때까지 신분증을 제시하지 못 할 경우 해당 시험은 0점 처리됩니다.
2. 시스템(PC작동여부, 네트워크 상태 등)의 이상여부를 반드시 확인하여야 하며, 시스템 이상이 있을 경우 감독위원에게 조치를 받으셔야 합니다.
3. 시험 중 부주의 또는 고의로 시스템을 파손한 경우는 수검자 부담으로 합니다.
4. 답안 전송 프로그램을 통해 다운로드 받은 파일을 이용하여 답안파일을 작성하시기 바랍니다.
5. 작성한 답안 파일은 답안 전송 프로그램을 통하여 전송됩니다. 감독관의 지시에 따라 주시기 바랍니다.
6. 다음사항의 경우 실격(0점) 혹은 부정행위 처리됩니다.
   1) 답안파일을 저장하지 않았거나, 저장한 파일이 손상되었을 경우
   2) 답안파일을 지정된 폴더(바탕화면 – "KAIT" 폴더)에 저장하지 않았을 경우
      ※ 답안 전송 프로그램 로그인 시 바탕화면에 자동 생성됨
   3) 답안파일을 다른 보조 기억장치(USB) 혹은 네트워크(메신저, 게시판 등)로 전송할 경우
   4) 휴대용 전화기 등 통신기기를 사용할 경우
7. 시험지에 제시된 글꼴이 응시 프로그램에 없는 경우, 반드시 감독위원에게 해당 내용을 통보한 뒤 조치를 받아야 합니다.
8. 시험의 완료는 작성이 완료된 답안을 저장하고, 답안 전송이 완료된 상태를 확인한 것으로 합니다. 답안 전송 확인 후 문제지는 감독관에게 제출한 후 퇴실하여야 합니다.
9. 답안전송이 완료된 경우에는 수정 또는 정정이 불가능합니다.
10. 시험시행 후 결과는 홈페이지(www.ihd.or.kr)에서 확인하시기 바랍니다.
    1) 문제 및 모범답안 공개 : 20XX. XX. XX(X)
    2) 합격자 발표 : 20XX. XX. XX(X)

식별CODE

표 만들기

>>> 핵심만 쏙쏙 ❶ 표 작성하기 ❷ 표 편집하기

표를 작성할 때에는 문제지에 제시된 줄 수와 칸 수를 잘 계산해야 합니다. 시험에서는 표를 작성한 후 제목 셀의 배경색, 테두리 모양, 표 안의 글꼴을 변경하는 문제가 출제되고 있습니다.

핵심 짚어보기

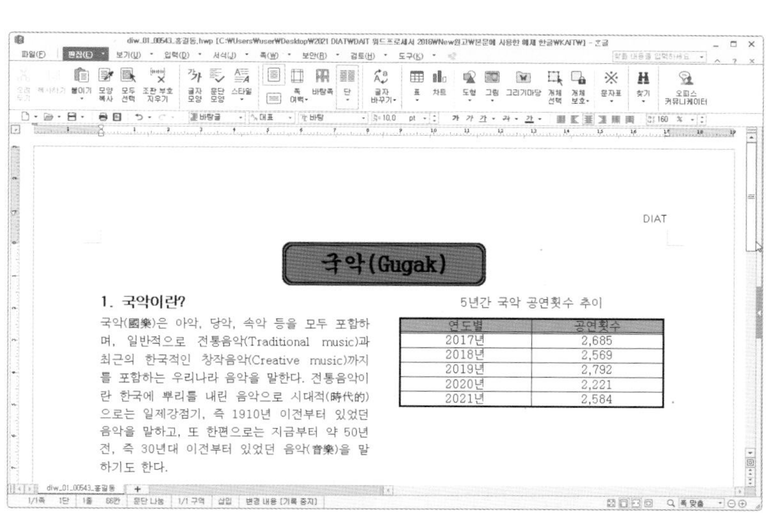

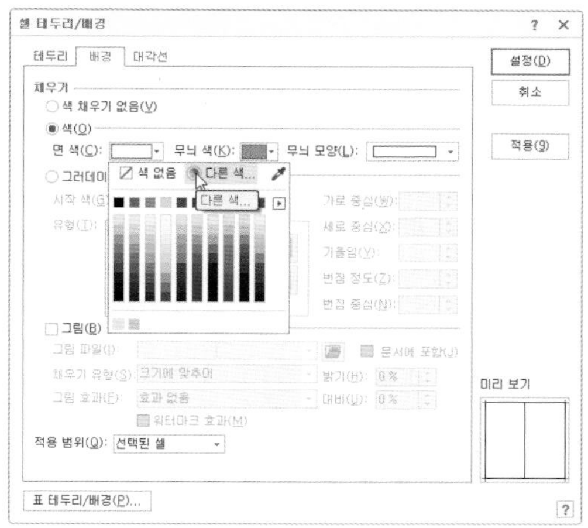

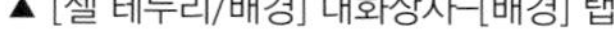

▲ [셀 테두리/배경] 대화상자–[배경] 탭

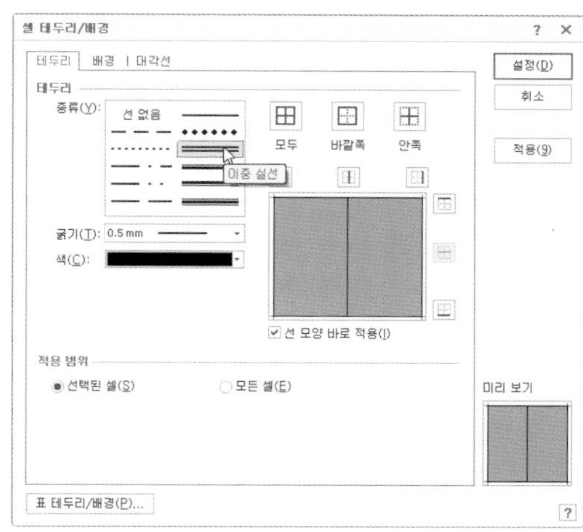

▲ [셀 테두리/배경] 대화상자–[테두리] 탭

클래스 업

- 표에서 아래로 이루어진 것을 줄, 오른쪽으로 이루어진 것을 칸이라고 합니다.
- 표를 삽입할 때에는 글상자와 마찬가지로 '글자처럼 취급'을 설정하는 것이 좋으며, '마우스 끌기로 만들기' 항목의 설정을 해제해야 단의 너비에 딱 맞는 표가 삽입됩니다.

쪽 테두리 : 이중 실선(0.5mm), 머리말 포함

글상자 - 크기 : 너비(60mm), 높이(12mm), 테두리 : 이중 실선(1.00mm), 둥근 모양
채우기 :색상(RGB:227,220,193), 위치 : 글자처럼 취급, 가운데 정렬,
글자 모양 : 견고딕, 20pt, 가운데 정렬

머리말(중고딕, 9pt, 오른쪽 정렬)

DIAT

그림P 삽입(바탕화면-KAIT-제출파일폴더)
너비(35mm), 높이(30mm)
위치 : 어울림(가로-쪽의 왼쪽:0mm,
세로-쪽의 위:24mm)

캠핑의 이해

1. 캠핑

돋움, 12pt, 진하게

캠핑은 야영이라고도 하지만 본래 의미는 동지끼리 협동생활을 한다는 것으로 자연 속에서 서로의 인격에 접촉하는 소박한 생활을 함으로써 우호적인 인간관계를 맺고, 또 등산, 수영, 낚시, 기타 야외 활동을 통해 자연에서 배울 뿐만 아니라 신체를 단련하는데 의의를 찾을 수 있다. 캠핑①은 조직적 캠핑, 개인적 캠핑, 가정적 캠핑 등 세 가지로 나누어진다. 그리고 이용하는 시설(施設)에 따라 고정된 방갈로(bungalow), 코티지, 휘테 등을 이용하는 것, 바위굴 등 자연 지형물을 이용하는 것, 작은 텐트인 첼트자크(zeltsack)를 이용하는 것, 적설기에 설동(雪洞)이나 이글루를 이용하는 것, 숙박 설비를 이용하지 않은 야영 등이 있다.

각주

2. 캠핑의 역사

돋움, 12pt, 진하게

캠핑에 의의를 교육적 부여하고 일정한 프로그램 아래 집단생활을 실시하게 된 것은 19세기 후반이고, 미국에서는 남북전쟁(Civil War) 무렵 워싱턴의 거너리교 교장에 의해 교육 캠핑이 최초로 시작되었다고 한다. 개인적 캠프는 1876년 J.T.로드록에 의해 시작되었으며, YMCA 캠핑은 1885년 S.F.두들이에 의해 시작되었다. 1901년에 최초(最初) 캠핑클럽이 창설(establishment)되었으며, 1933년 최초의 국제 캠핑회의가 소집되었다. 유럽에서는 1896년 베를린에서 일어난 반더포겔 운동, 1910년에 시작된 유스호스텔 운동이 캠핑을 성행(成行)시켰다. 제2차 세계대전 이후는 자전거, 자동차에 텐트를 싣고 캠핑장(campground)을 돌아다니는 오토캠핑도 유럽에서 성행하였다. 이후 근대 산업의 발달과 함께 도시생활(都市生活)이 기계화하여 사람들이 여가 활동을 야생에서 하려는 경향과 일치되어 급속히 발전하였다.

외

궁서, 12pt, 진하게, 가운데 정렬

캠핑 관련 검색 키워드

키워드	검색 횟수
캠핑장비	142
캠핑요리	136
감성캠핑	91
꼬치구이	63
매트	50

위쪽 제목 셀 : 색상(RGB:105,155,55), 진하게
제목 셀 아래선 : 이중 실선(0.5mm)
글자 모양 : 굴림, 10pt, 가운데 정렬

바탕, 12pt, 진하게

돋움, 9pt, 기울임

차트 : 너비(80mm), 높이(90mm)

① 텐트 또는 임시로 지은 초막 등에서 일시적인 야외 생활을 하는 여가 활동을 의미한다.

중고딕, 9pt

- II -

쪽 번호 매기기, Ⅰ,Ⅱ,Ⅲ 순으로, 왼쪽 아래

1 표 작성하기

1 [표 만들기] 대화상자 열기

• 메뉴 : [입력]-[표]-[표 만들기] • 단축키 : Ctrl+N, T • 탭 메뉴 : [입력] 탭-[표(▦)]

2 표 만들기

❶ [줄/칸] 수를 입력하고 [크기 지정] 항목의 [너비]가 '단에 맞춤' 인지 확인

❷ '글자처럼 취급'은 체크, '마우스 끌기로 만들기'는 해제 후 [만들기] 단추 클릭

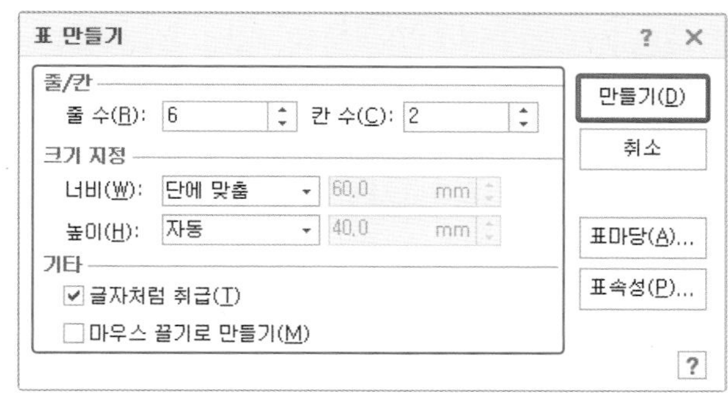

3 데이터 입력

표가 삽입되면 문제지에 제시된 데이터 입력

연도별	공연횟수
2017년	2,685
2018년	2,569
2019년	2,792
2020년	2,221
2021년	2,584

4 표 크기 및 글꼴 서식 지정

❶ 표 전체를 블록으로 지정한 후 Ctrl+↓ 키를 이용해 표 크기 변경

❷ 조건에 해당하는 글꼴 서식 지정(예 : 굴림, 11pt, 가운데 정렬)

Tip

시험에서는 제목 셀 부분의 글꼴 서식을 '진하게' 처리하도록 조건이 주어집니다.

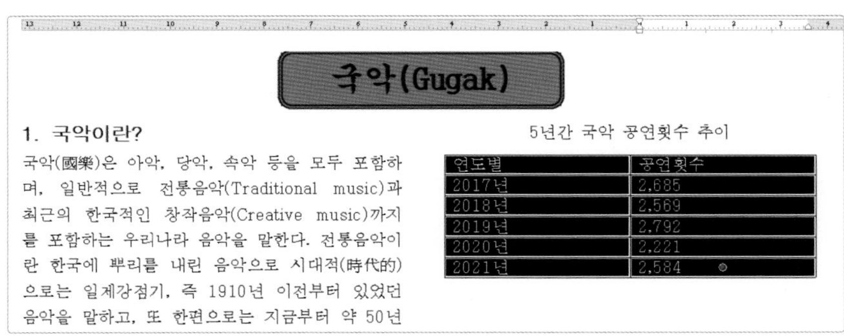

국악(Gugak)

1. 국악이란?

국악(國樂)은 아악, 당악, 속악 등을 모두 포함하며, 일반적으로 전통음악(Traditional music)과 최근의 한국적인 창작음악(Creative music)까지를 포함하는 우리나라 음악을 말한다. 전통음악이란 한국에 뿌리를 내린 음악으로 시대적(時代的)으로는 일제강점기, 즉 1910년 이전부터 있었던 음악을 말하고, 또 한편으로는 지금부터 약 50년

5년간 국악 공연횟수 추이

연도별	공연횟수
2017년	2,685
2018년	2,569
2019년	2,792
2020년	2,221
2021년	2,584

알고가기

표 상단의 글자

표 상단의 글자는 <캡션 넣기>를 이용하라는 별도의 조건이 없으므로 일반적인 문서로 작성한 후 조건에 따라 글꼴 서식을 적용하면 됩니다.

5년간 국악 공연횟수 추이

연도별	공연횟수
2017년	2,685
2018년	2,569

셀 블록(F5) 상태에서 셀 크기 조절

• Ctrl+방향키 : 표 전체의 크기가 변동되면서 셀의 너비/높이 조절
• Alt+방향키 : 표 전체 크기는 변동없이 셀의 너비/높이 조절
• Shift+방향키 : 표 전체 크기는 변동없이 특정 셀의 너비/높이 조절

글맵시 – 휴먼옛체, 채우기 : 색상(RGB:53,135,145)
크기 : 너비(110mm), 높이(20mm), 위치 : 글자처럼 취급, 가운데 정렬

DIAT
머리말(중고딕, 9pt, 오른쪽 정렬)

국제스포츠레저산업전

국제스포츠레저산업전은 국내 최대 규모이자 아시아 TOP 3 스포츠 레저산업 종합전시회입니다. 헬스, 피트니스, 스포츠용품, 운동장 체육시설, 뷰티 뉴트리션, 다이어트, 카라반, 캠핑, 아웃도어, 자전거, 수중/수상 스포츠, 어린이 스포츠, 부상 방지 및 재활산업까지 스포츠 및 레저 전 산업을 대표하는 아시아 대표 전시회로서 성장하고 있습니다. 이러한 시기일수록 체계적인 문화로 진화하고 지속적인 트랜드 유지를 위한 노력이 필요합니다. <u>*특정 마니아층만이 선호한다는 인식의 틀을 깨고 남녀노소 누구나*</u> 즐길 수 있는 산업을 만드는데 기여하고자 합니다. 많은 관심과 성원 부탁드립니다.

기울임, 밑줄

문자표 → ◎ **행사안내** ◎

궁서, 가운데 정렬

1. 행사일시 : 07. 07(목) ~ 07. 17(일), 10:00~18:00
2. 행사장소 : 서울 코엑스 A, B & C홀
3. 전시품목 : ***헬스, 피트니스, 캠핑카, 캠핑, 아웃도어, 자전거, 익스트림, 수중/수상스포츠 등***
4. 부대행사 : 해외 바이어 초청 수출상담회, 수중 영상 사진전 등
5. 행사주관 : 국민체육진흥공단, 한국무역협회, 방송통신위원회

진하게, 기울임

문자표

※ 기타사항

- 사전등록 : 07. 07(목), 온라인(http://www.ihd.or.kr) 신청
- 현장등록 : 입장료 5,000원(사전 등록자 및 초청장 소지자 무료)
- 사전등록을 마치신 분들은 행사장 입구에 설치된 부스에 방문하셔서 확인 절차를 마치고, 명찰과 소정의 사은품을 수령한 후 지정된 행사장에 입장하시면 됩니다.

왼쪽여백 : 15pt
내어쓰기 : 12pt

2022. 06. 21. ← 13pt, 가운데 정렬

국민체육진흥공단 ← 굴림, 23pt, 가운데 정렬

- I - ← 쪽 번호 매기기, I,II,III 순으로, 왼쪽 아래

문제1은 1구역, 문제2는 2구역으로 나누어 답안 작성

② 표 편집하기

1 블록 설정하기

배경 또는 테두리를 지정할 셀 범위를 블록으로 설정

연도별	공연횟수
2017년	2,685
2018년	2,569
2019년	2,792
2020년	2,221
2021년	2,584

2 [셀 테두리/배경]–[배경] 탭

키보드의 C를 눌러 [셀 테두리/배경]–[배경] 탭에서 조건에 해당하는 '면 색' 지정(RGB 값 입력)

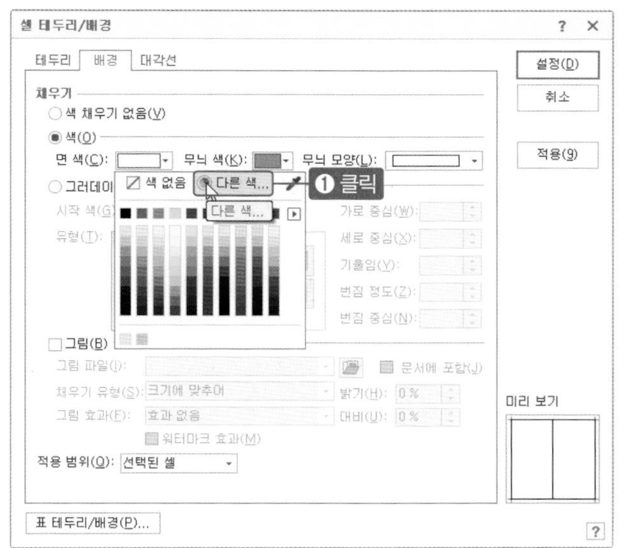

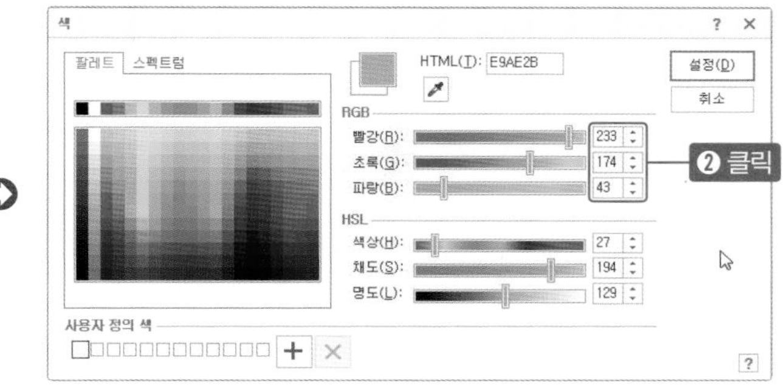

3 [셀 테두리/배경]–[테두리] 탭

[셀 테두리/배경]–[테두리] 탭에서 조건에 해당하는 테두리 지정

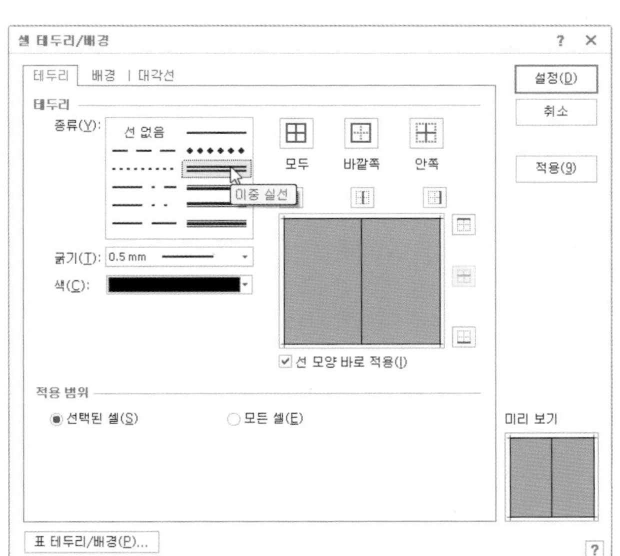

Tip 표의 〈제목 셀〉 채우기

[색상 테마]–[기본]의 첫 줄에 있는 면 색을 선택하여 표의 〈제목 셀〉을 지정하는 방법도 알아두도록 합니다.

【문제】 첨부된 문제를 다음의 조건을 적용하여 문서를 작성하시오.

① 문서는 A4(210mm×297mm) 크기, 세로 용지방향으로 작성한다.

② 페이지 여백은 아래와 같이 설정한다.

왼쪽	오른쪽	위쪽	아래쪽	머리말	꼬리말	제본
20mm	20mm	20mm	20mm	10mm	10mm	0mm

③ 한글 NEO 버전은 아래와 같이 "자동 글머리 기호 넣기"와 "자동 번호 매기기" 기능을 해제한다.

도구 → 빠른 교정 → 빠른 교정 내용 → 입력 자동 서식 ⇒	자동 글머리 기호 넣기(해제) 자동 번호 매기기(해제)

※ 만약 입력자동서식 메뉴가 없는 경우에는, "자동 글머리 기호 넣기"와 "자동 번호 매기기" 기능이 설정되어 있지 않은 것이므로 별도의 기능 해제 없이 그대로 시험에 응시하시면 됩니다.

④ 글자는 별도의 지시사항이 없는 한 바탕, 10pt, 양쪽정렬, 줄간격 160%로 작성한다.

⑤ 영문, 숫자 등은 별도의 지시가 없는 한 반각(1byte) 문자를 사용한다.

⑥ 특수문자는 문자표(전각 기호)를 이용하여 작성한다.

⑦ 교정부호 및 화살표로 기재된 지시사항대로 처리하되, ( )→은 지시사항이므로 작성하지 않는다.

⑧ 1페이지에 [문제1]을 작성하고, 구역나누기를 하여 2페이지에 [문제2]를 작성한다.

※ 해당 페이지에 작성하지 않거나 의도적으로 텍스트 작성을 하지 않은 경우 0점 처리

⑨ [문제2]는 문제지와 같이 2단으로 다단을 나누어 작성한다.

⑩ '그림 삽입' 시에는 반드시 "KAIT 수검프로그램"을 통해 다운로드 한 그림 파일을 사용한다.

⑪ 차트의 범례는 기본값으로 작성한다.(선 모양 없음)

⑫ 총점 : 200점

[공통사항1(기본설정, 용지설정)] : 8점, [공통사항2(오탈자)] : 40점

[문제1] : 46점, [문제2] : 106점

⑬ 기타 특별히 지시되어 있지 않은 사항은 문제지에 준하여 작성한다.

10 빵빵한 예제로 기본다지기

1 조건을 이용하여 다음과 같은 표를 작성해 보세요.

완성파일 : 기본10-01.hwp

작성조건 ▶ 맑은 고딕, 10pt, 가운데 정렬

산업분야	수요(%)	전년대비 증가량(%)
금융	37.2	20.5
서비스	27.8	35.5
제조업	14.5	8.7
기타	20.2	35.3

2 조건을 이용하여 다음과 같은 표를 작성해 보세요.

완성파일 : 기본10-01.hwp

작성조건 ▶ 돋움체, 10pt, 가운데 정렬

종 분류	1급	2급
포유류	16	19
조류	17	69
어류	9	29
육상식물	9	78

Tip 셀의 너비 조절

① 마우스를 이용하는 경우 : 마우스 포인터를 해당 선에 위치시킨 후 드래그

② Alt를 이용하는 경우 : 해당 셀을 블록(F5)으로 지정 후 Alt+[방향키]

3 조건을 이용하여 다음과 같은 표를 작성해 보세요.

완성파일 : 기본10-01.hwp

작성조건 ▶ 궁서체, 10pt, 가운데 정렬

연도	청소년부	일반부
2021	14	20
2020	13	19
2019	13	20
2018	10	18

Tip 셀 높이를 같게/셀 너비를 같게

너비를 동일하게 만들기 위해 해당 셀을 블록으로 지정한 후 [표]-[셀 높이를 같게] 또는 [셀 너비를 같게] 메뉴를 이용합니다.

제 16 회 실전모의고사

한글 NEO 버전용

- 시험과목 : 워드프로세서(한글)
- 시험일자 : 20XX. XX. XX(X)
- 응시자 기재사항 및 감독위원 확인

수 검 번 호	DIW – XXXX –	감독위원 확인
성 명		

응시자 유의사항

1. 응시자는 반드시 신분증을 지참하여야 시험에 응시할 수 있으며, 시험이 종료될 때까지 신분증을 제시하지 못 할 경우 해당 시험은 0점 처리됩니다.
2. 시스템(PC작동여부, 네트워크 상태 등)의 이상여부를 반드시 확인하여야 하며, 시스템 이상이 있을 경우 감독위원에게 조치를 받으셔야 합니다.
3. 시험 중 부주의 또는 고의로 시스템을 파손한 경우는 수검자 부담으로 합니다.
4. 답안 전송 프로그램을 통해 다운로드 받은 파일을 이용하여 답안파일을 작성하시기 바랍니다.
5. 작성한 답안 파일은 답안 전송 프로그램을 통하여 전송됩니다. 감독관의 지시에 따라 주시기 바랍니다.
6. 다음사항의 경우 실격(0점) 혹은 부정행위 처리됩니다.
   1) 답안파일을 저장하지 않았거나, 저장한 파일이 손상되었을 경우
   2) 답안파일을 지정된 폴더(바탕화면 – "KAIT" 폴더)에 저장하지 않았을 경우
      ※ 답안 전송 프로그램 로그인 시 바탕화면에 자동 생성됨
   3) 답안파일을 다른 보조 기억장치(USB) 혹은 네트워크(메신저, 게시판 등)로 전송할 경우
   4) 휴대용 전화기 등 통신기기를 사용할 경우
7. 시험지에 제시된 글꼴이 응시 프로그램에 없는 경우, 반드시 감독위원에게 해당 내용을 통보한 뒤 조치를 받아야 합니다.
8. 시험의 완료는 작성이 완료된 답안을 저장하고, 답안 전송이 완료된 상태를 확인한 것으로 합니다. 답안 전송 확인 후 문제지는 감독관에게 제출한 후 퇴실하여야 합니다.
9. 답안전송이 완료된 경우에는 수정 또는 정정이 불가능합니다.
10. 시험시행 후 결과는 홈페이지(www.ihd.or.kr)에서 확인하시기 바랍니다.
    1) 문제 및 모범답안 공개 : 20XX. XX. XX(X)
    2) 합격자 발표 : 20XX. XX. XX(X)

식별CODE

Korea Association for ICT promotion
한국정보통신진흥협회 KAIT

4 조건을 이용하여 다음과 같은 표를 작성해 보세요.

완성파일 : 기본10-02.hwp

작성조건

- ▶ 위쪽 제목 셀 : 색상(RGB:105,155,55)
- ▶ 제목 셀 아래선 : 이중 실선(0.5mm)
- ▶ 글자 모양 : 휴먼고딕, 10pt, 가운데 정렬

항목	만족도(7점 만점)
창의적 해결능력	5.1
문제 해결능력	6.7
실무 처리능력	4.3
협업 능력	3.9

Tip

셀 배경 : 배경을 지정할 셀 범위 블록 지정 → C

5 조건을 이용하여 다음과 같은 표를 작성해 보세요.

완성파일 : 기본10-02.hwp

작성조건

- ▶ 왼쪽 제목 셀 : 색상(RGB:202,86,167)
- ▶ 제목 셀 아래선 : 이중 실선(0.5mm)
- ▶ 글자 모양 : 굴림체, 11pt, 가운데 정렬

항목	총계(건)
의료	398
IT접목용품	425
액세서리	460
의류/디자인	634
음식/간식	110

6 조건을 이용하여 다음과 같은 표를 작성해 보세요.

완성파일 : 기본10-02.hwp

작성조건

- ▶ 위쪽 제목 셀 : 색상(RGB:233,174,43)
- ▶ 제목 셀 아래선 : 이중 실선(0.5mm)
- ▶ 글자 모양 : 돋움, 10pt, 가운데 정렬

회사	평균가
A사	31,000
B사	47,500
C사	29,970
D사	33,930

쪽 테두리 : 이중 실선(0.5mm), 머리말 포함

글상자 – 크기 : 너비(50mm), 높이(12mm), 테두리 : 이중 실선(1.00mm), 반원
채우기 : 색상(RGB:199,82,82), 위치 : 글자처럼 취급, 가운데 정렬,
글자 모양 : 궁서체, 18pt, 가운데 정렬

머리말(돋움, 9pt, 오른쪽 정렬)

DIAT

그림O 삽입(바탕화면–KAIT–제출파일폴더)
너비(40mm), 높이(35mm)
위치 : 어울림(가로–쪽의 왼쪽:0mm,
세로–쪽의 위:24mm)

멸종위기생물

중고딕, 12pt, 진하게, 가운데 정렬

1. 멸종위기생물이란?

궁서, 12pt, 진하게

멸종위기생물이란 멸종위기에 처했거나 머지않은 장래(將來)에 멸종위기에 처할 우려(concern)가 있는 생물을 말한다. 우리나라에서는 호랑이, 황새, 미호종개 등 총 246종이 생물이 멸종위기생물로 지정되어 있다. 멸종위기 야생생물은 1급과 2급으로 나뉘어 지정된다. 한편 희귀생물이란 특수한 지역(area)에 서식하거나 관상적으로 특이한 동식물을 칭하는 용어로, 반드시 희귀생물이 멸종위기생물인 것은 아니다. 희귀생물과는 다르게 멸종위기생물을 개인적(個人的)으로 사육할 목적으로 포획, 유통(distribution)하면 법령에 따라 강력하게 처벌을 받을 수 있으므로 각별히 주의해야 한다.

의

2. 멸종위기생물의 관리방법

궁서, 12pt, 진하게

우리나라는 정부 산하의 환경부에서 멸종위기생물을 지정, 감독(監督)한다. 멸종위기 야생생물 1급은 자연적 또는 인위적 위협요인으로 개체수가 현저하게 감소(減少)되어 멸종위기에 처한 야생생물을 말한다. 또한 멸종위기 야생생물 2급은 자연적 또는 인위적 위협요인으로 개체수가 현저하게 감소되고 있어 현재의 위협요인이 제거되거나 완화되지 아니할 경우 장래에 가까운 멸종위기에 처할 우려가 있는 야생생물을 일컫는다. 지정된 동식물은 불법포획, 채취, 유통 및 보관(storage) 등의 행위가 엄격히 금지되며, 3년 주기로 '멸종위기 야생생물 전국 분포조사'를 실시하는 등 정부의 관리(supervision)를 받게 된다. 역사적(歷史的)으로 멸종위기 야생생물은 1989년부터 2017년까지 총 일곱 차례에 걸쳐 지정되었으며, 2022년에 새롭게 개정될 예정이다. 국가기관의 철저한 관리감독에도 불구하고 지구온난화㉠ 등으로 인해 멸종위기 야생생물은 설 곳을 잃어가고 있다.

각주

㉠ 이산화탄소 등 온실기체로 인해 지구의 평균 기온이 상승하는 현상

굴림, 8pt

중고딕, 12pt, 진하게, 가운데 정렬

멸종위기 야생생물 지정 현황

생물군	식물	조류	포유류
2002년	57	55	21
2007년	64	61	22
2012년	77	61	20
2017년	88	63	20

위쪽 제목 셀 : 색상(RGB:53,135,145), 진하게
제목 셀 아래선 : 이중 실선(0.5mm)
글자 모양 : 돋움체, 10pt, 가운데 정렬

궁서체, 13pt, 진하게

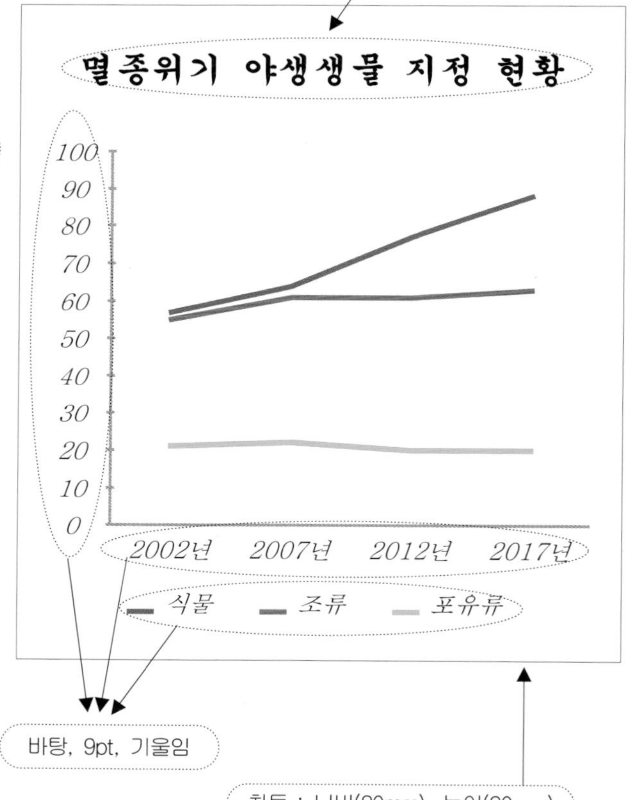

바탕, 9pt, 기울임

차트 : 너비(80mm), 높이(90mm)

쪽 번호 매기기, i, ii, iii 순으로, 가운데 아래

7 조건을 이용하여 다음과 같은 표를 작성해 보세요.

완성파일 : 기본10-03.hwp

작성조건
- ▶ 위쪽 제목 셀 : 색상(RGB:199,82,82), 진하게
- ▶ 제목 셀 아래선 : 이중 실선(0.5mm)
- ▶ 글자 모양 : 바탕체, 11pt, 가운데 정렬

부문	예선	본선
초등부	139	25
중등부	261	33
고등부	187	28

8 조건을 이용하여 다음과 같은 표를 작성해 보세요.

완성파일 : 기본10-03.hwp

작성조건
- ▶ 위쪽 제목 셀 : 색상(RGB:202,86,167), 진하게
- ▶ 제목 셀 아래선 : 이중 실선(0.5mm)
- ▶ 글자 모양 : 궁서, 11pt, 가운데 정렬

지역별	대여점 수(개소)
서울 중구	87
서울 종로구	171
전주 완산구	205
경북 영주시	102

9 조건을 이용하여 다음과 같은 표를 작성해 보세요.

완성파일 : 기본10-03.hwp

작성조건
- ▶ 왼쪽 제목 셀 : 색상(RGB:105,155,55), 진하게
- ▶ 제목 셀 아래선 : 이중 실선(0.5mm)
- ▶ 글자 모양 : 견고딕, 10pt, 가운데 정렬

구분	1일 소요량	혈액보유량
O형	148	564
A형	184	884
B형	139	833
AB형	62	371

글맵시 – 궁서체, 채우기 : 색상(RGB:105,155,55)
크기 : 너비(120mm), 높이(20mm), 위치 : 글자처럼 취급, 가운데 정렬

DIAT
머리말(돋움, 9pt, 오른쪽 정렬)

각양각색 반려동물의 세계로 여러분을 초대합니다!

기울임, 밑줄

<u>지난해 농촌경제연구원에서 발표한 우리나라 반려동물 보유 가구 조사 현황에 따르면</u> 현대사회에 접어들고 1인 가구가 많아지면서 점차 반려동물을 키우는 가구가 많아지고 있다고 합니다. 여러분은 어떤 반려동물을 키우고 계십니까? 오늘날은 강아지나 고양이뿐만 아니라 도마뱀, 거미, 앵무새 등 일상에서 자주 접할 수 없는 반려동물을 키우고자 발품을 팔며 정보를 구하는 사람들이 많아지고 있습니다. 이처럼 색다른 반려동물에 관심을 가지며 정보를 구하는 여러분께 제5회 희귀 반려동물 박람회를 소개합니다. 이곳에서 각양각색의 반려동물을 접하며 새로운 경험을 해 보십시오.

문자표 → ◇ 행사 일정 ◇ ← 굴림, 가운데 정렬

1. 박람회명 : 제5회 희귀 반려동물 박람회
2. 일　　시 : 2022. 3. 2.(수) 09:00 ~ 2022. 3. 4.(금) 18:00
3. 장　　소 : 한국대학교 대운동장
4. 대　　상 : ***각양각색의 반려동물에 관심이 있는 분 누구나*** ← 진하게, 기울임
5. 참여기관 : 서울동물원, 서울반려동물전문학교, 한국대학교 동물사육과

문자표

※ 기타사항

- 참여를 원하는 경우, 홈페이지 내 박람회 신청 양식을 작성 후 표기된 이메일로 접수 바랍니다.
- 박람회 당일의 세부일정 및 실습 내용은 홈페이지(http://www.ihd.or.kr)의 공지사항을 통해 확인하실 수 있습니다.
- 기타 궁금하신 사항은 서울동물원 희귀 반려동물 박람회 홍보처(02-123-4567)로 문의 바랍니다.

왼쪽여백 : 10pt
내어쓰기 : 12pt

2022. 02. 15. ← 12pt, 가운데 정렬

서울 동물원 ← 돋움, 24pt, 가운데 정렬

문제1은 1구역, 문제2는 2구역으로 나누어 답안 작성

- i - ← 쪽 번호 매기기, ⅰ,ⅱ,ⅲ 순으로, 가운데 아래

Chapter 11

차트 만들기

>>> **핵심만 쏙쏙** ❶ 차트 작성하기 ❷ 차트 편집하기 ❸ 차트 너비/높이

작성한 표의 데이터를 이용하여 차트를 삽입해야 하며, 차트 마법사를 이용해 조건에 해당하는 차트를 완성해야 합니다.

핵심 짚어보기

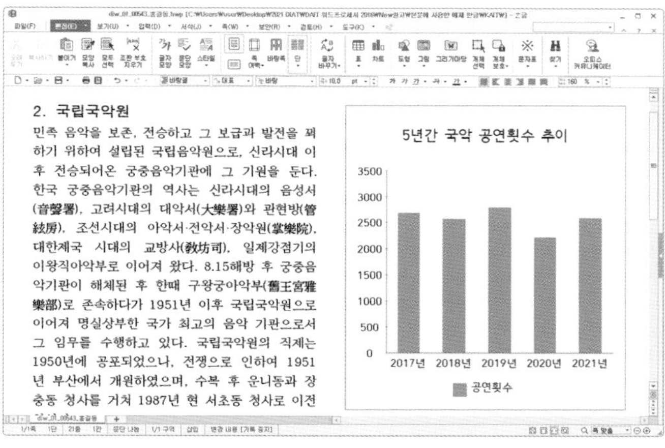

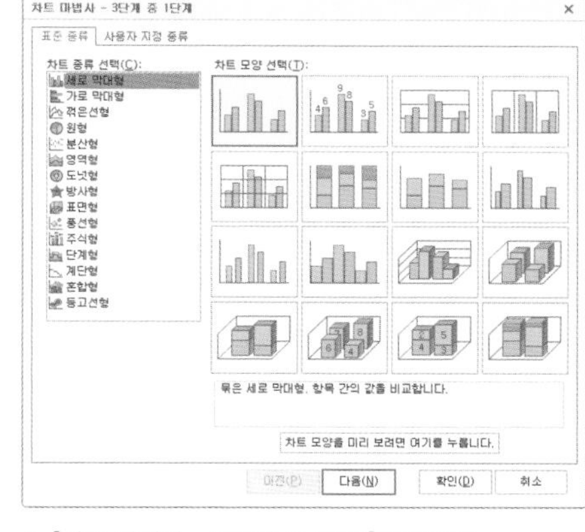

▲ [차트 마법사 – 3단계 중 1단계] 대화상자

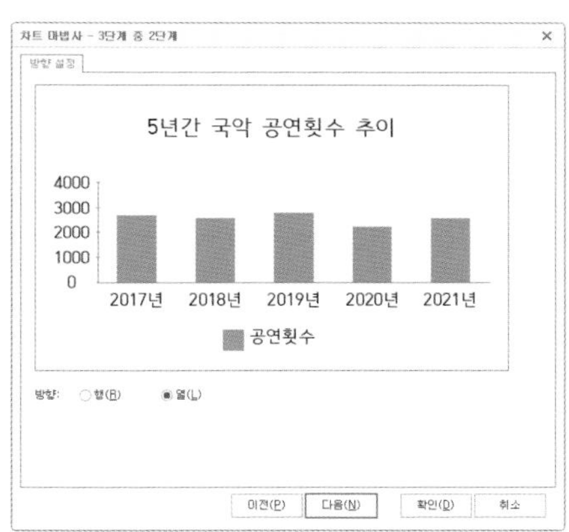

▲ [차트 마법사 – 3단계 중 2단계] 대화상자

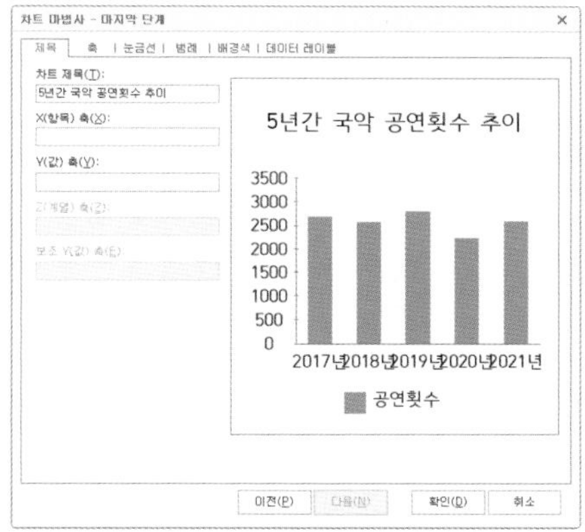

▲ [차트 마법사 – 마지막 단계] 대화상자

클래스 업

- 작성된 표를 이용하여 차트를 삽입해야 하며, 차트의 종류는 문제지를 보고 판단하여 수험자가 직접 선택해야 합니다.
- 한글 NEO 버전은 범례의 선 모양에 대한 기본값이 '없음'입니다. 별도의 조건이 없는 경우 기본값 그대로 차트를 작성하면 됩니다.

【문제】 첨부된 문제를 다음의 조건을 적용하여 문서를 작성하시오.

① 문서는 A4(210mm×297mm) 크기, 세로 용지방향으로 작성한다.

② 페이지 여백은 아래와 같이 설정한다.

왼쪽	오른쪽	위쪽	아래쪽	머리말	꼬리말	제본
20mm	20mm	20mm	20mm	10mm	10mm	0mm

③ 한글 NEO 버전은 아래와 같이 "자동 글머리 기호 넣기"와 "자동 번호 매기기" 기능을 해제한다.

도구 → 빠른 교정 → 빠른 교정 내용 → 입력 자동 서식 ⇒	자동 글머리 기호 넣기(해제) 자동 번호 매기기(해제)

※ 만약 입력자동서식 메뉴가 없는 경우에는, "자동 글머리 기호 넣기"와 "자동 번호 매기기" 기능이 설정되어 있지 않은 것이므로 별도의 기능 해제 없이 그대로 시험에 응시하시면 됩니다.

④ 글자는 별도의 지시사항이 없는 한 바탕, 10pt, 양쪽정렬, 줄간격 160%로 작성한다.

⑤ 영문, 숫자 등은 별도의 지시가 없는 한 반각(1byte) 문자를 사용한다.

⑥ 특수문자는 문자표(전각 기호)를 이용하여 작성한다.

⑦ 교정부호 및 화살표로 기재된 지시사항대로 처리하되, ( )→은 지시사항이므로 작성하지 않는다.

⑧ 1페이지에 [문제1]을 작성하고, 구역나누기를 하여 2페이지에 [문제2]를 작성한다.

※ 해당 페이지에 작성하지 않거나 의도적으로 텍스트 작성을 하지 않은 경우 0점 처리

⑨ [문제2]는 문제지와 같이 2단으로 다단을 나누어 작성한다.

⑩ '그림 삽입' 시에는 반드시 "KAIT 수검프로그램"을 통해 다운로드 한 그림 파일을 사용한다.

⑪ 차트의 범례는 기본값으로 작성한다.(선 모양 없음)

⑫ 총점 : 200점

[공통사항1(기본설정, 용지설정)] : 8점, [공통사항2(오탈자)] : 40점

[문제1] : 46점, [문제2] : 106점

⑬ 기타 특별히 지시되어 있지 않은 사항은 문제지에 준하여 작성한다.

1 차트 작성하기

1 차트 만들기

❶ 작성한 표에서 차트로 사용할 내용을 블록으로 설정
❷ [표]-[차트 만들기] 메뉴 또는 [표] 탭-[차트( )] 클릭

연도별	공연횟수
2017	2,685
2018	2,569
2019	2,792
2020	2,221
2021	2,584

2 차트 마법사 열기

❶ 작성된 차트를 더블클릭하여 차트 편집 모드 실행
❷ 마우스 오른쪽 단추를 누른 후 [차트 마법사] 클릭

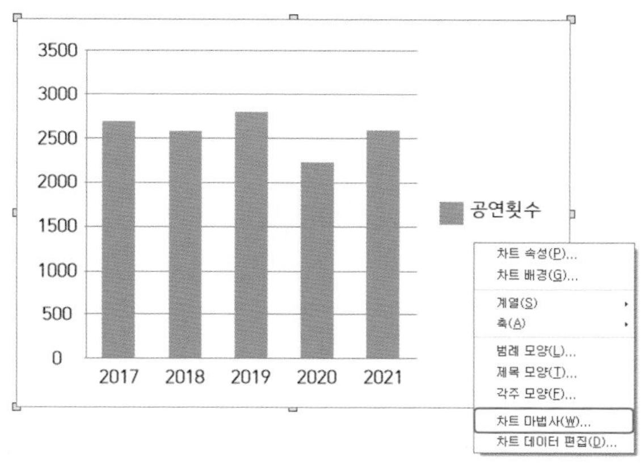

3 차트 마법사 – 3단계 중 1단계

문제지를 보고 판단하여 차트 종류와 차트 모양을 선택하고 [다음] 단추 클릭

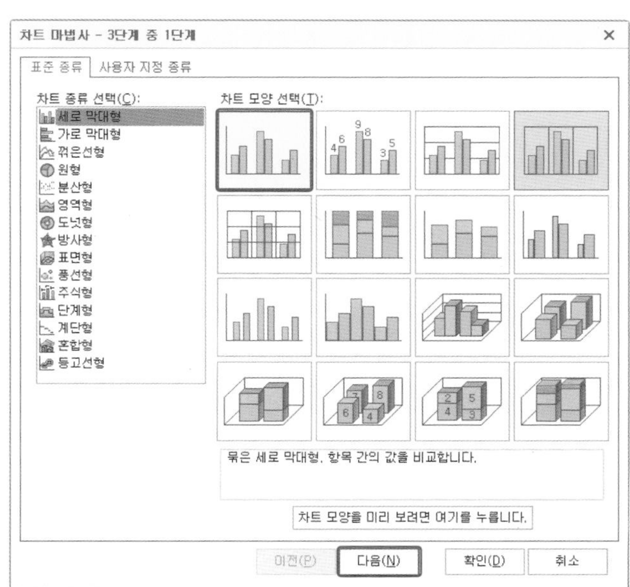

Tip

차트 모양은 문제지에 제시된 차트의 〈출력형태〉를 보고 판단하여 정확히 적용해야 합니다.

제 15 회

실전모의고사

한글 NEO 버전용

- 시험과목 : 워드프로세서(한글)
- 시험일자 : 20XX. XX. XX(X)
- 응시자 기재사항 및 감독위원 확인

수 검 번 호	DIW – XXXX –	감독위원 확인
성 명		

응시자 유의사항

1. 응시자는 반드시 신분증을 지참하여야 시험에 응시할 수 있으며, 시험이 종료될 때까지 신분증을 제시하지 못 할 경우 해당 시험은 0점 처리됩니다.
2. 시스템(PC작동여부, 네트워크 상태 등)의 이상여부를 반드시 확인하여야 하며, 시스템 이상이 있을 경우 감독위원에게 조치를 받으셔야 합니다.
3. 시험 중 부주의 또는 고의로 시스템을 파손한 경우는 수검자 부담으로 합니다.
4. 답안 전송 프로그램을 통해 다운로드 받은 파일을 이용하여 답안파일을 작성하시기 바랍니다.
5. 작성한 답안 파일은 답안 전송 프로그램을 통하여 전송됩니다. 감독관의 지시에 따라 주시기 바랍니다.
6. 다음사항의 경우 실격(0점) 혹은 부정행위 처리됩니다.
   1) 답안파일을 저장하지 않았거나, 저장한 파일이 손상되었을 경우
   2) 답안파일을 지정된 폴더(바탕화면 – "KAIT" 폴더)에 저장하지 않았을 경우
      ※ 답안 전송 프로그램 로그인 시 바탕화면에 자동 생성됨
   3) 답안파일을 다른 보조 기억장치(USB) 혹은 네트워크(메신저, 게시판 등)로 전송할 경우
   4) 휴대용 전화기 등 통신기기를 사용할 경우
7. 시험지에 제시된 글꼴이 응시 프로그램에 없는 경우, 반드시 감독위원에게 해당 내용을 통보한 뒤 조치를 받아야 합니다.
8. 시험의 완료는 작성이 완료된 답안을 저장하고, 답안 전송이 완료된 상태를 확인한 것으로 합니다. 답안 전송 확인 후 문제지는 감독관에게 제출한 후 퇴실하여야 합니다.
9. 답안전송이 완료된 경우에는 수정 또는 정정이 불가능합니다.
10. 시험시행 후 결과는 홈페이지(www.ihd.or.kr)에서 확인하시기 바랍니다.
    1) 문제 및 모범답안 공개 : 20XX. XX. XX(X)
    2) 합격자 발표 : 20XX. XX. XX(X)

4 차트 마법사 – 3단계 중 2단계

문제지를 보고 판단하여 차트의 방향(행 또는 열)을 설정한 후 [다음] 단추 클릭

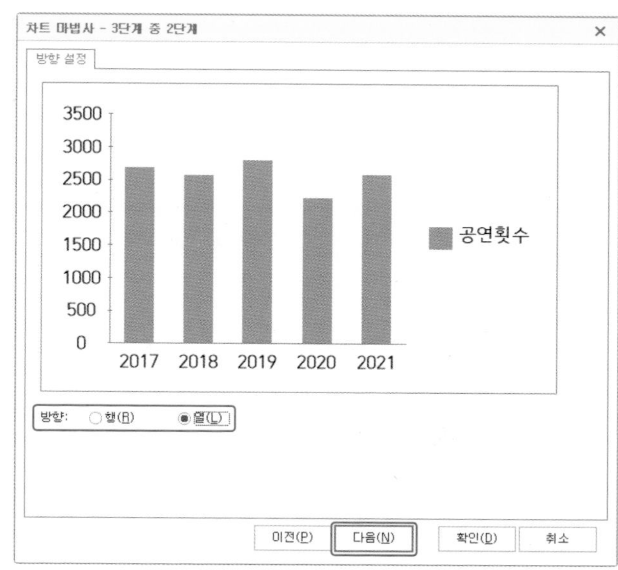

5 차트 마법사 – 마지막 단계

❶ [제목] 탭 : 문제지를 보고 판단하여 차트 제목 입력("5년간 국악 공연횟수 추이")

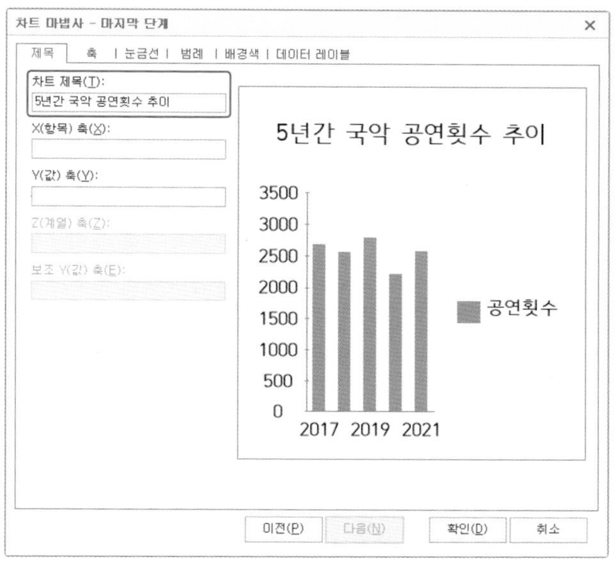

❷ [범례] 탭 : 문제지를 보고 판단하여 범례 배치 지정('아래쪽')

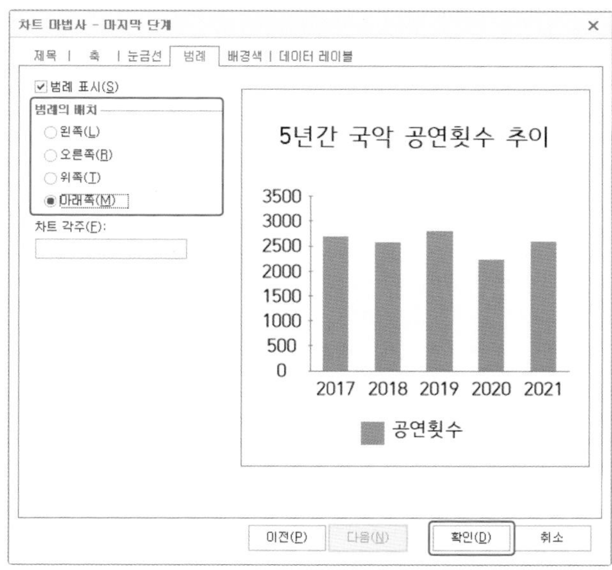

Tip

차트 방향, 차트 제목, 차트 범례는 문제지에 제시된 차트의 〈출력형태〉를 보고 판단하여 정확히 지정해야 합니다.

쪽 테두리 : 이중 실선(0.5mm), 머리말 포함

글상자 – 크기 : 너비(70mm), 높이(12mm), 테두리 : 이중 실선(1.00mm), 반원
채우기 : 색상(RGB:227,220,193), 위치 : 글자처럼 취급, 가운데 정렬,
글자 모양 : 견고딕, 15pt, 가운데 정렬

머리말(궁서, 9pt, 오른쪽 정렬)

DIAT

그림N 삽입(바탕화면-KAIT-제출파일폴더)
너비(30mm), 높이(30mm)
위치 : 어울림(가로-쪽의 왼쪽:0mm,
세로-쪽의 위:24mm)

가상현실과 증강현실

1. 가상현실

돋움체, 12pt, 진하게

가상현실(Virtual Reality)은 인간의 상상에 따른 공간과 사물을 컴퓨터에 가상으로 만들어, 시각, 청각(聽覺), 촉각을 비롯한 인간 오감을 활용한 작용으로 현실(現實) 세계에서는 직접 경험하지 못하는 상황을 간접으로 체험할 수 있도록 하는 기술을 말한다. 이런 가상현실 기술을 가장 유용하고 활발하게 이용할 수 있는 분야 종 하나는 엔터테인먼트(entertainment) 산업으로서, 인간의 오감을 자극하면서 사실같은 게임을 즐길 수 있기 때문이다. 놀이공원에서는 어린이들이 시뮬레이션 놀이기구에 타고서 실감(實感) 있는 시각효과 및 음향효과, 그리고 거기에 일치하는 의자의 흔들림과 진동 등을 느끼면서 현실에 가까운 가상현실을 체험할 수 있다. 지금은 게임형 시스템뿐만 아니라 항공기나 지하철 운행훈련 등 다양한 분야에서 가상현실 기법을 활용하고 있다.

중

2. 증강현실

돋움체, 12pt, 진하게

각주

오감Ⓐ을 통해 실제와 유사한 체험을 제공하는 기술인 가상현실이 실제 환경을 볼 수 없는 반면 실제 환경에 가상 정보를 섞는 증강현실은 더욱 심화된 현실감과 부가정보를 제공하는 기술이다. 컴퓨터 게임으로 예를 들면, 가상현실 격투게임은 '나를 대신하는 캐릭터'가 '가상의 공간'에서 '가상의 적'과 대결하지만 증강현실 격투게임은 '현실의 내'가 '현실의 공간'에서 '가상의 적'과 대결을 벌이는 형태가 된다. 최근(最近) 공개된 '식스센스(Six-sense)'라는 기기는 스마트폰 정도의 크기에 빔프로젝터 기능이 있어 영상을 공간에 투사하거나, 주변의 사진(寫眞) 또는 영상을 받아 들여 그에 해당하는 상세 정보를 보여준다. 이후 양손가락으로 화면을 제어할 수 있어 허공에서 마치 터치스크린을 조작하듯 움직임이 가능한 고도의 증강현실(Augmented Reality) 기술이 발표되었다.

굴림체, 12pt, 진하게, 가운데 정렬

공룡엑스포 관람자

횟수	학생(만명)	일반인(만명)
1회	47	50
2회	78	90
3회	70	75
4회	54	42

위쪽 제목 셀 : 색상(RGB:233,174,43), 진하게
제목 셀 아래선 : 이중 실선(0.5mm)
글자 모양 : 굴림, 10pt, 가운데 정렬

굴림체, 12pt, 진하게

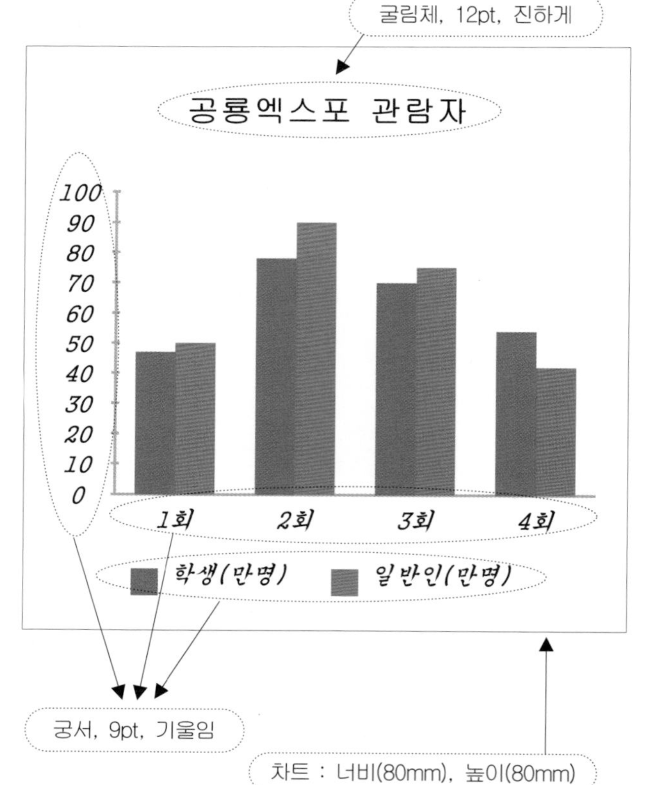

궁서, 9pt, 기울임

차트 : 너비(80mm), 높이(80mm)

Ⓐ 시각, 청각, 후각, 미각, 촉각의 다섯 감각을 말함

굴림, 9pt

- B -

쪽 번호 매기기, A,B,C 순으로, 가운데 아래

2 차트 편집하기

1 차트 제목 서식

차트 편집 모드에서 〈차트 제목〉을 더블클릭한 후 [제목 모양] 대화상자–[글자] 탭을 이용해 서식 변경

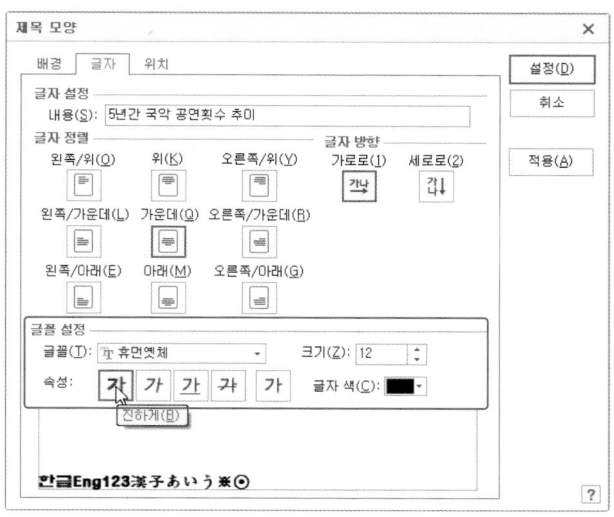

Tip

- **차트 선택** : 차트를 선택할 경우에는 차트를 한 번 클릭
- **차트 편집 모드** : 차트를 편집할 경우에는 차트를 더블클릭

2 X 축, Y 축 서식

차트 편집 모드에서 〈X 축〉 또는 〈Y 축〉을 더블클릭 한 후 [축 이름표 모양] 대화상자–[글자] 탭을 이용해 서식 변경

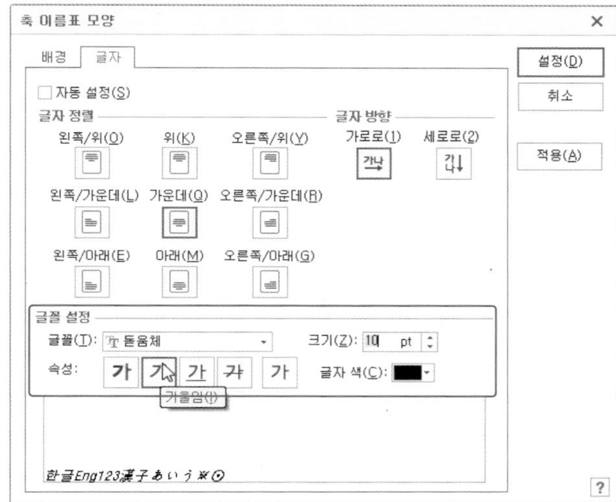

3 범례 서식

❶ 차트 편집 모드에서 〈범례〉를 더블클릭한 후 [범례 모양] 대화상자–[글자] 탭을 이용해 서식 변경

❷ 차트를 모두 편집한 후 차트 이외의 공간을 클릭하여 차트 편집 모드 종료

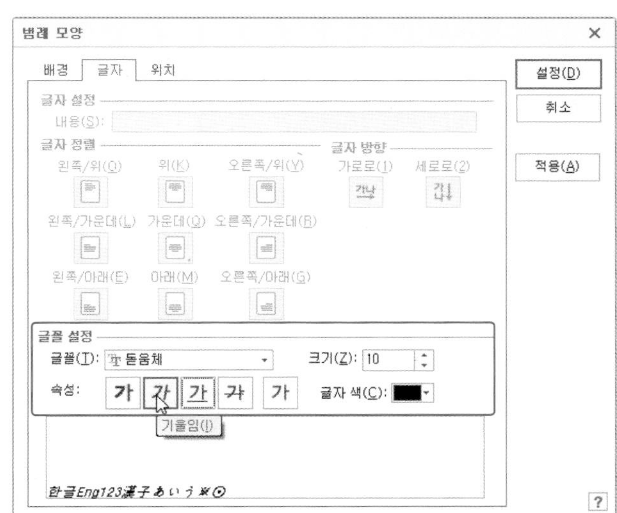

Tip

시험에서는 삽입된 차트에서 차트 제목, 축, 범례 등의 서식을 지정하는 형태로 출제되고 있습니다.

글맵시 – 휴먼옛체, 채우기 : 색상(RGB:53,135,145)
크기 : 너비(90mm), 높이(20mm), 위치 : 글자처럼 취급, 가운데 정렬

DIAT

머리말(궁서, 9pt, 오른쪽 정렬)

고성공룡엑스포안내

진하게, 기울임

올해 다섯 번째로 개최되는 고성공룡엑스포는 "사라진 공룡, 그들의 귀환"이라는 주제로 초등학교 교과서에 수록된 공룡, 지층과 화석, 식물 등의 내용을 ***최첨단 디지털 기술인 증강현실과 가상현실, 최신 디스플레이 기술을 통해 다양한 볼거리가 제공될 것***입니다. 특히, 공룡엑스포의 주전시관인 다이노토피아관에는 XR라이브파크, 사파리영상관, 4D영상관 등에서 '사라진 공룡, 그들의 귀환'에 걸맞게 사라진 공룡들을 부활시켜 살아있는 듯 생생한 공룡들을 만나보실 수 있습니다. 국내 최고의 자연사엑스포를 체험할 수 있는 고성공룡엑스포에 많은 학생과 학부모가 참여할 수 있도록 협조 부탁드립니다.

문자표 → ● 행사안내 ●

궁서, 가운데 정렬

1. 행사명 : 제5회 고성공룡엑스포
2. 주　제 : 사라진 공룡, 그들의 귀환
3. 기　간 : 4월 첫 주부터 2개월간(매주 금요일과 토요일은 야간 개장(22:00까지)
4. 장　소 : 당항포 일원 및 상족암군립공원
5. 예　매 : *<u>교육기관의 단체 입장권 예매는 누리집(http://www.ihd.or.kr)에서 신청</u>* ← 기울임, 밑줄

문자표

※ 기타사항

- 공룡스튜디오에서 체험자가 손이나 얼굴을 흔들면 공룡들이 다양하게 반응해 흥미로운 경험을 할 수 있으며 가족, 친구들과 함께 공룡사진을 찍어 실시간 모바일 사진 전송이 가능합니다.
- 공룡화석탐험대에서는 고품질의 그래픽으로 제작된 교육용 증강현실 콘텐츠로 학습할 수 있습니다.
- 공룡인사이드에서는 가상현실을 통해 티라노사우르스와 트리케라톱스에 대해 학습할 수 있습니다.

왼쪽여백 : 10pt
내어쓰기 : 12pt

2022. 12. 01. ← 11pt, 가운데 정렬

고성공룡엑스포조직위원회 ← 견고딕, 20pt, 가운데 정렬

문제1은 1구역, 문제2는 2구역으로 나누어 답안 작성

- A - ← 쪽 번호 매기기, A,B,C 순으로, 가운데 아래

3 차트 너비/높이

1 차트의 [개체 속성]

차트를 한 번만 클릭하여 선택하고 마우스 오른쪽 단추를 누른 후 바로 가기 메뉴에서 [개체 속성] 선택

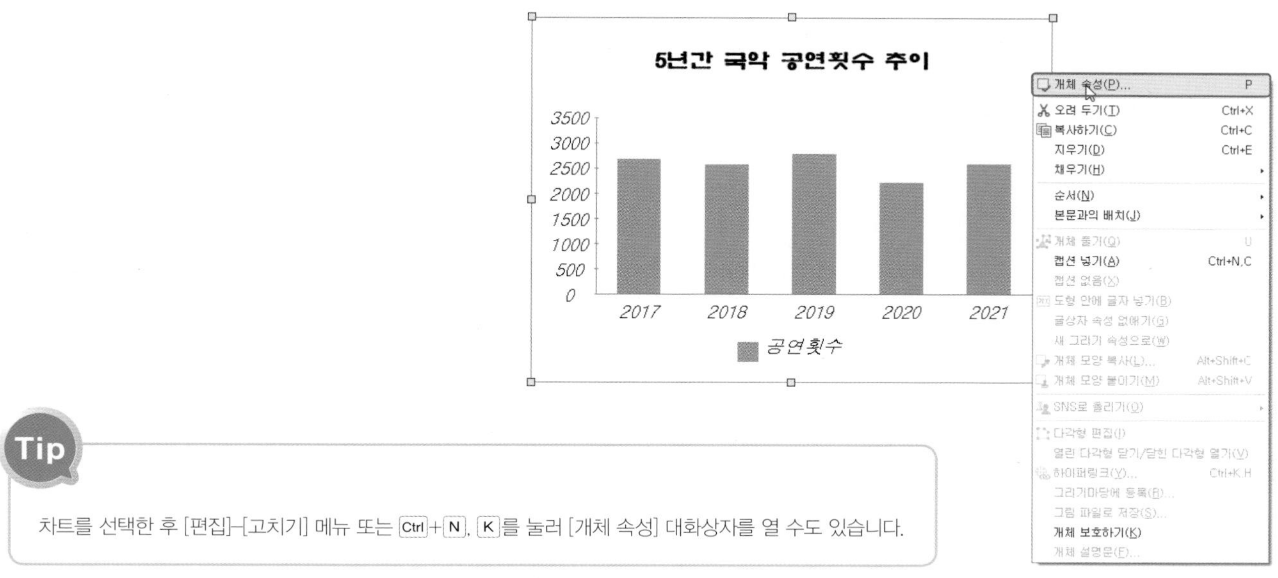

Tip

차트를 선택한 후 [편집]-[고치기] 메뉴 또는 Ctrl+N, K를 눌러 [개체 속성] 대화상자를 열 수도 있습니다.

2 차트의 크기 설정

[개체 속성] 대화상자-[기본] 탭에서 차트의 너비와 높이를 입력한 후 [설정] 단추 클릭

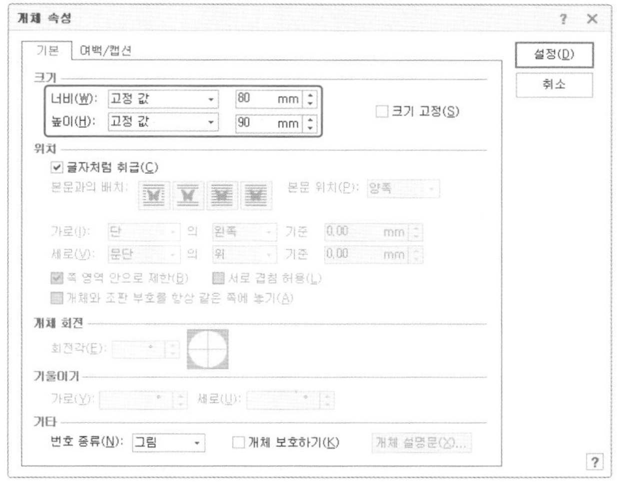

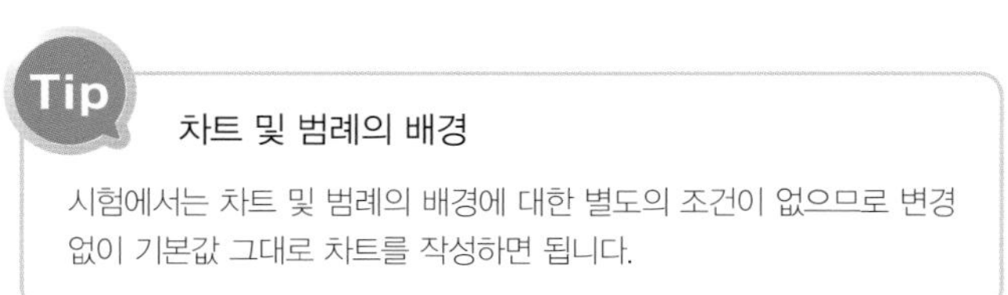

Tip 차트 및 범례의 배경

시험에서는 차트 및 범례의 배경에 대한 별도의 조건이 없으므로 변경 없이 기본값 그대로 차트를 작성하면 됩니다.

【문제】 첨부된 문제를 다음의 조건을 적용하여 문서를 작성하시오.

① 문서는 A4(210mm×297mm) 크기, 세로 용지방향으로 작성한다.

② 페이지 여백은 아래와 같이 설정한다.

왼쪽	오른쪽	위쪽	아래쪽	머리말	꼬리말	제본
20mm	20mm	20mm	20mm	10mm	10mm	0mm

③ 한글 NEO 버전은 아래와 같이 "자동 글머리 기호 넣기"와 "자동 번호 매기기" 기능을 해제한다.

도구 → 빠른 교정 → 빠른 교정 내용 → 입력 자동 서식 ⇒	자동 글머리 기호 넣기(해제) 자동 번호 매기기(해제)

※ 만약 입력자동서식 메뉴가 없는 경우에는, "자동 글머리 기호 넣기"와 "자동 번호 매기기" 기능이 설정되어 있지 않은 것이므로 별도의 기능 해제 없이 그대로 시험에 응시하시면 됩니다.

④ 글자는 별도의 지시사항이 없는 한 바탕, 10pt, 양쪽정렬, 줄간격 160%로 작성한다.

⑤ 영문, 숫자 등은 별도의 지시가 없는 한 반각(1byte) 문자를 사용한다.

⑥ 특수문자는 문자표(전각 기호)를 이용하여 작성한다.

⑦ 교정부호 및 화살표로 기재된 지시사항대로 처리하되, ( )→은 지시사항이므로 작성하지 않는다.

⑧ 1페이지에 [문제1]을 작성하고, 구역나누기를 하여 2페이지에 [문제2]를 작성한다.

※ 해당 페이지에 작성하지 않거나 의도적으로 텍스트 작성을 하지 않은 경우 0점 처리

⑨ [문제2]는 문제지와 같이 2단으로 다단을 나누어 작성한다.

⑩ '그림 삽입' 시에는 반드시 "KAIT 수검프로그램"을 통해 다운로드 한 그림 파일을 사용한다.

⑪ 차트의 범례는 기본값으로 작성한다.(선 모양 없음)

⑫ 총점 : 200점

[공통사항1(기본설정, 용지설정)] : 8점, [공통사항2(오탈자)] : 40점

[문제1] : 46점, [문제2] : 106점

⑬ 기타 특별히 지시되어 있지 않은 사항은 문제지에 준하여 작성한다.

1 표를 이용해 다음과 같은 차트를 작성해 보세요.

완성파일 : 기본11-01.hwp

에너지원	활용가능도	생성가능도
태양	70.0	97.5
바이오	57.0	89.0
풍력	91.5	100.0
해양	60.0	88.7

차트 : 너비(80mm), 높이(80mm)

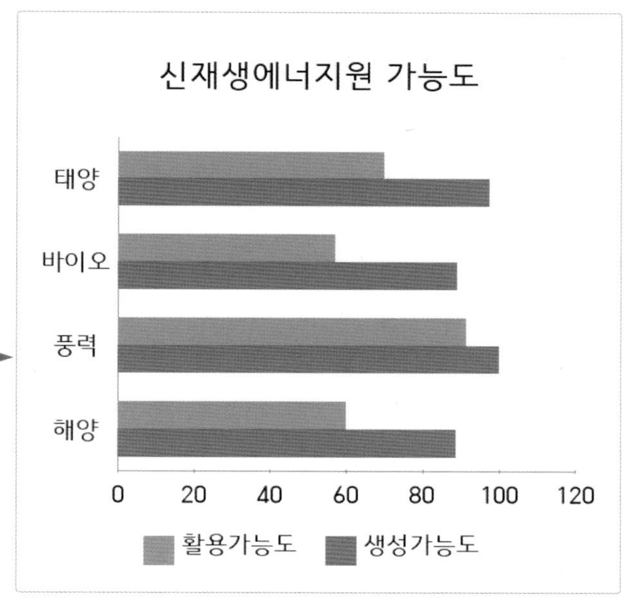

Tip

차트를 작성하면 초기 [주 격자선]이 표시되어 있으나 [차트 마법사]를 이용해 〈출력형태〉와 같은 [차트 모양]을 선택하면 [주 격자선]은 자동으로 삭제됩니다.

2 표를 이용해 다음과 같은 차트를 작성해 보세요.

완성파일 : 기본11-01.hwp

유형	2010년	2021년
공격	1,170	2,155
유출	3,199	5,678
파괴	1,530	3,560
변조	2,291	3,151
결함	1,106	2,188

차트 : 너비(80mm), 높이(90mm)

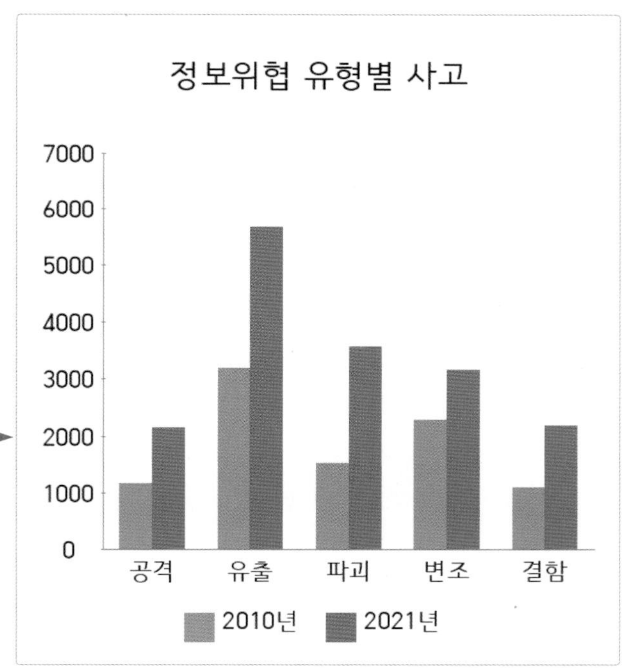

제 14 회

실전모의고사

한글 NEO 버전용

- 시험과목 : 워드프로세서(한글)
- 시험일자 : 20XX. XX. XX(X)
- 응시자 기재사항 및 감독위원 확인

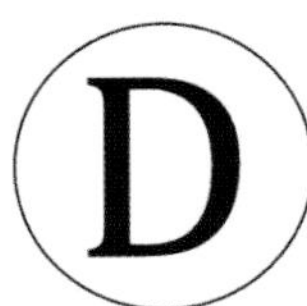

수 검 번 호	DIW – XXXX –	감독위원 확인
성 명		

응시자 유의사항

1. 응시자는 반드시 신분증을 지참하여야 시험에 응시할 수 있으며, 시험이 종료될 때까지 신분증을 제시하지 못 할 경우 해당 시험은 0점 처리됩니다.
2. 시스템(PC작동여부, 네트워크 상태 등)의 이상여부를 반드시 확인하여야 하며, 시스템 이상이 있을 경우 감독위원에게 조치를 받으셔야 합니다.
3. 시험 중 부주의 또는 고의로 시스템을 파손한 경우는 수검자 부담으로 합니다.
4. 답안 전송 프로그램을 통해 다운로드 받은 파일을 이용하여 답안파일을 작성하시기 바랍니다.
5. 작성한 답안 파일은 답안 전송 프로그램을 통하여 전송됩니다. 감독관의 지시에 따라 주시기 바랍니다.
6. 다음사항의 경우 실격(0점) 혹은 부정행위 처리됩니다.
   1) 답안파일을 저장하지 않았거나, 저장한 파일이 손상되었을 경우
   2) 답안파일을 지정된 폴더(바탕화면 – "KAIT" 폴더)에 저장하지 않았을 경우
      ※ 답안 전송 프로그램 로그인 시 바탕화면에 자동 생성됨
   3) 답안파일을 다른 보조 기억장치(USB) 혹은 네트워크(메신저, 게시판 등)로 전송할 경우
   4) 휴대용 전화기 등 통신기기를 사용할 경우
7. 시험지에 제시된 글꼴이 응시 프로그램에 없는 경우, 반드시 감독위원에게 해당 내용을 통보한 뒤 조치를 받아야 합니다.
8. 시험의 완료는 작성이 완료된 답안을 저장하고, 답안 전송이 완료된 상태를 확인한 것으로 합니다. 답안 전송 확인 후 문제지는 감독관에게 제출한 후 퇴실하여야 합니다.
9. 답안전송이 완료된 경우에는 수정 또는 정정이 불가능합니다.
10. 시험시행 후 결과는 홈페이지(www.ihd.or.kr)에서 확인하시기 바랍니다.
    1) 문제 및 모범답안 공개 : 20XX. XX. XX(X)
    2) 합격자 발표 : 20XX. XX. XX(X)

3 표를 이용해 다음과 같은 차트를 작성해 보세요.

완성파일 : 기본11-02.hwp

분야	2020년	2021년
교육	350	520
건설	212	629
의료	371	402
정보통신	413	520
영업판매	133	372

왼쪽 제목 셀 : 색상(RGB:233,174,43), 진하게
제목 셀 오른쪽선 : 이중 실선(0.5mm)
글자 모양 : 돋움, 10pt, 가운데 정렬

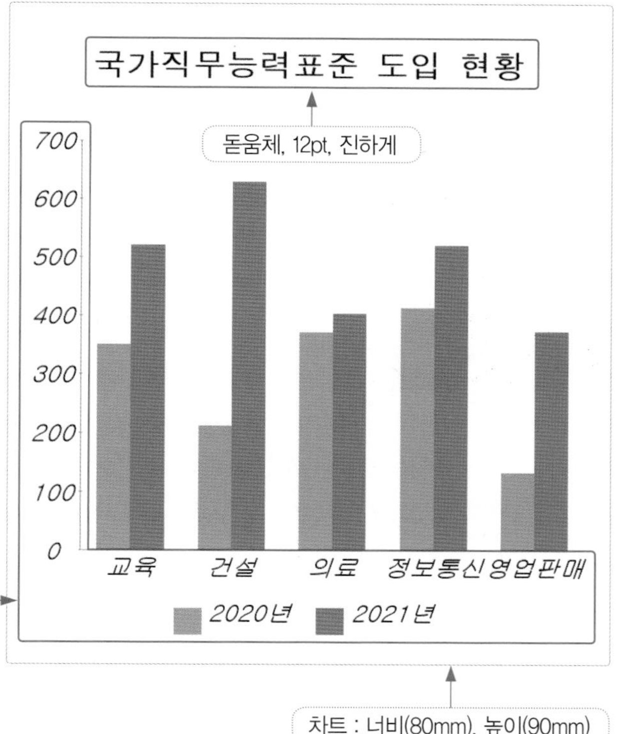

굴림, 9pt, 기울임

차트 : 너비(80mm), 높이(90mm)

4 표를 이용해 다음과 같은 차트를 작성해 보세요.

완성파일 : 기본11-02.hwp

연도	인터넷	모바일
2021	365	18
2020	330	17
2019	316	17
2018	309	16

왼쪽 제목 셀 : 색상(RGB:202,86,167), 진하게
제목 셀 오른쪽선 : 실선(0.5mm)
글자 모양 : 휴먼고딕, 11pt, 가운데 정렬

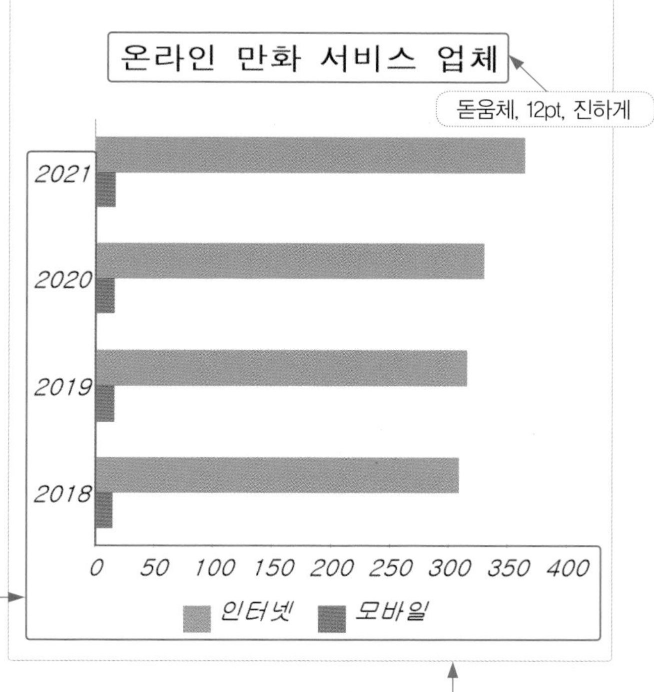

굴림, 9pt, 기울임

차트 : 너비(80mm), 높이(90mm)

쪽 테두리 : 이중 실선(0.5mm), 머리말 포함

글상자 - 크기 : 너비(70mm), 높이(12mm), 테두리 : 이중 실선(1.00mm), 반원
채우기 : 색상(RGB:233,174,43), 위치 : 글자처럼 취급, 가운데 정렬,
글자 모양 : 견고딕, 15pt, 가운데 정렬

머리말(굴림, 9pt, 오른쪽 정렬)

DIAT

그림M 삽입(바탕화면-KAIT-제출파일폴더)
너비(30mm), 높이(30mm)
위치 : 어울림(가로-쪽의 왼쪽:0mm,
세로-쪽의 위:24mm)

조선 산업과 플랜트 산업

굴림체, 12pt, 진하게, 가운데 정렬

1. 조선 산업

돋움체, 12pt, 진하게

조선 산업은 쉽게 말하여 배를 만드는 산업으로 해운업, 수산업, 군수산업 등에 사용되는 각종 선박을 건조하는 종합 조립 산업으로 철강(鐵鋼), 기계, 전기, 전자, 화학(化學) 등 관련 산업에 대한 파급효과가 크다. 또한 선박의 건조 공정이 매우 복잡하고 자동화에도 한계가 있기 때문에 적정한 규모의 기능 인력의 확보가 불가피한 노동집약적 산업이면서 고도의 생산기술을 필요로 하는 기술집약적 산업이다. 그리고 드라이 독(Dry Dock)Ⓐ, 크레인(Crane) 등의 대형 설비가 필수적이므로 막대한 시설자금과 장기간의 신박건조에 소요되는 운영자금이 있어야하는 자본집약적 산업이기도 하다. 특히, 조선 산업은 세계가 단일시장이기 때문에 생산성과 국제 기술경쟁력만 확보된다면 우리나라와 같이 자원이 부족한 나라에서는 수출전략산업으로 적합한 산업이다.

각주

선

주요 수출산업 비교

구분	2018년(억$)	2019년(억$)
자동차	489	352
반도체	328	314
철강	289	231
플랜트	362	463

위쪽 제목 셀 : 색상(RGB:105,155,55), 진하게
제목 셀 아래선 : 이중 실선(0.5mm)
글자 모양 : 굴림, 10pt, 가운데 정렬

굴림체, 13pt, 진하게

주요 수출산업 비교

600
500
400
300
200
100
0

자동차 반도체 철강 플랜트

2018년(억$) 2019년(억$)

돋움, 9pt, 기울임

차트 : 너비(80mm), 높이(80mm)

2. 플랜트 산업

돋움체, 12pt, 진하게

물질의 에너지를 얻기 위해 원료나 에너지를 공급하여 물리적이고 화학적 작용을 하는 장치나 공장, 혹은 생산시설(生産施設)을 일컬어 플랜트(Plant)라고 한다. 플랜트는 인류가 현대(現代) 사회를 살아가는 데 필요한 대부분의 에너지를 만들어 내는 기반산업으로 공업화와 세계적인 자원개발에 맞물려 급속히 발전해 왔다. 플랜트 산업은 고도의 제작기술뿐만 아니라 엔지니어링, 컨설팅(Consulting), 파이낸싱(Financing) 등 지식 서비스를 필요로 하는 기술집약적 산업으로서 제품을 제조하기 위한 기계(機械), 장비 등의 하드웨어와 하드웨어의 설치에 필요한 설계 및 엔지니어링 등의 소프트웨어(Software) 그리고 건설시공, 유지보수가 포함된 종합산업이다. 따라서 플랜트 산업은 종합적인 시스템 산업으로 산업연관효과가 매우 높은 차세대 성장 주력산업이다.

Ⓐ 배를 건조, 수리하기 위해 조선소 등에 건설한 설비

굴림, 9pt

- 을 -

쪽 번호 매기기, 갑,을,병 순으로, 가운데 아래

5 표를 이용해 다음과 같은 차트를 작성해 보세요.

완성파일 : 기본11-03.hwp

분야	참여자(명)
업무지원	38
홍보부스	27
캠페인	46
통역	14

위쪽 제목 셀 : 색상(RGB:53,135,145), 진하게
제목 셀 아래선 : 이중 실선(0.5mm)
글자 모양 : 굴림, 11pt, 가운데 정렬

유니세프 자원봉사 참여현황

돋움체, 12pt, 진하게

50
45
40
35
30
25
20
15
10
5
0
업무지원 홍보부스 캠페인 통역
참여자(명)

굴림체, 9pt, 기울임

차트 : 너비(80mm), 높이(90mm)

6 표를 이용해 다음과 같은 차트를 작성해 보세요.

완성파일 : 기본11-03.hwp

연도	공연	동아리자랑	플래시몹
2019	239	128	82
2020	261	141	99
2021	287	155	113

위쪽 제목 셀 : 색상(RGB:105,155,55), 진하게
제목 셀 아래선 : 이중 실선(0.5mm)
글자 모양 : 굴림, 10pt, 가운데 정렬

경연대회 예선 참가 현황(팀)

굴림체, 13pt, 기울임

350
300
250
200
150
100
50
0
2019 2020 2021
공연 동아리자랑 플래시몹

돋움, 9pt, 진하게

차트 : 너비(80mm), 높이(90mm)

글맵시 – 휴먼옛체, 채우기 : 색상(RGB:49,95,151)
크기 : 너비(110mm), 높이(20mm), 위치 : 글자처럼 취급, 가운데 정렬

DIAT
머리말(굴림, 9pt, 오른쪽 정렬)

과학한국특별전시회안내

진하게, 기울임

우리나라가 전쟁의 폐허 속, 천연자원이 부족함에도 ***반세기 만에 고속성장을 이룰 수 있었던 저력은 바로 과학기술***이었습니다. 1960년부터 1970년대에는 과학기술은 배고픔을 해결하고 풍요로운 삶을 일궈나갔고, 1980년부터 1990년대까지는 기술자립과 고도성장을 이루는 동력을 축적해 왔습니다. 2000년부터는 첨단 기술 분야에 박차를 가하여 마침내 조선 산업, 철강 산업, 플랜트 산업뿐 아니라 통신 및 반도체, 디스플레이 등 첨단산업에서도 세계의 선도자가 되었습니다. 이에 미래 과학한국에 대한 비전을 심어주기 위해 특별전을 다음과 같이 개최하오니 학생들에게 안내하여 주시기 바랍니다.

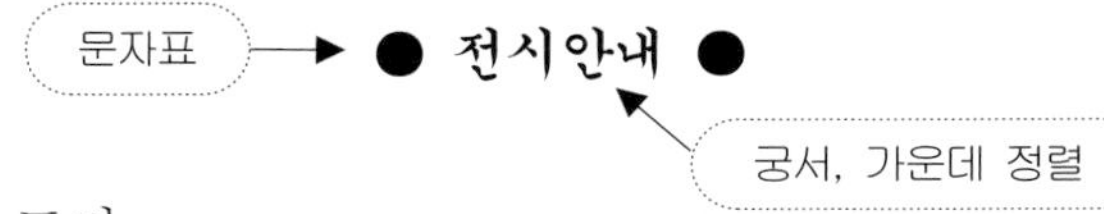

1. 전시명 : 과학한국, 끝없는 도전
2. 기 간 : 1월 1주부터 8주간(단, 매주 월요일과 설날은 휴관)
3. 장 소 : *<u>국립중앙과학관 미래기술관 3층 특별전시실</u>* ← 기울임, 밑줄
4. 주 최 : 과학기술정보통신부
5. 주 관 : 국립중앙과학관

문자표

※ 기타사항

- 과학 한국, 끝없는 도전 특별전에서는 선배 과학자들이 직면했던 도전 과제, 이를 극복해냈던 응전의 발자취, 무에서 유를 창조해 낸 성공의 기록을 보여주고 있습니다.
- 제3전시장에는 '한국에서 가장 정확한 시계 KRISS-1을 찾아 봐요'라는 미션이 있습니다.
- 제5전시장에는 '삶을 혁신하다'라는 주제로 알파엔진부터 자율주행차까지 전시되어 있습니다.

왼쪽여백 : 10pt
내어쓰기 : 12pt

2022. 09. 26. ← 13pt, 가운데 정렬

국립중앙과학관장 ← 견고딕, 25pt, 가운데 정렬

문제1은 1구역, 문제2는 2구역으로 나누어 답안 작성

- 갑 - ← 쪽 번호 매기기, 갑,을,병 순으로, 가운데 아래

Chapter 12

그림 삽입하기

>>> 핵심만 쏙쏙 ❶ 그림 넣기 ❷ 그림 편집하기

그림 넣기는 미리 준비된 그림 파일을 문서의 해당 위치에 삽입하는 기능입니다. 시험에서는 [바탕화면₩KAIT₩제출파일] 폴더에 있는 그림을 이용해 삽입해야 합니다.

핵심 짚어보기

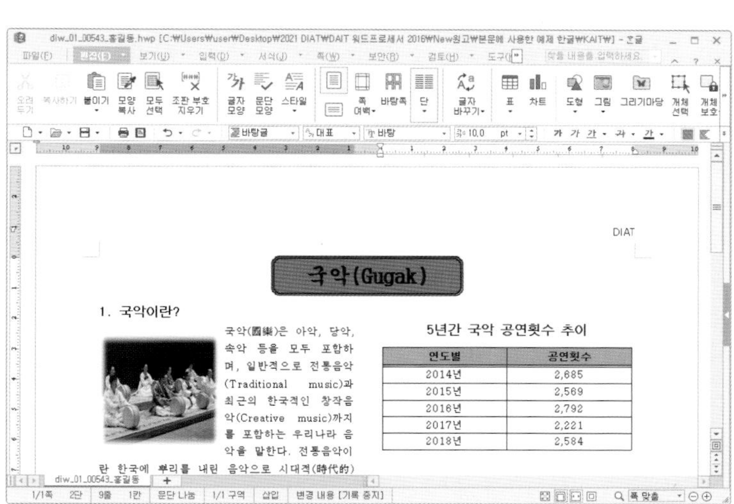

▲ [그림 넣기] 대화상자

▲ 그림의 [개체 속성] 대화상자

클래스 업

- [그림 넣기] 대화상자에서 해당 그림을 선택한 다음 '문서에 포함'은 체크하고, '마우스로 크기 지정'은 체크 해제하도록 합니다.
- 시험에서는 [바탕화면₩KAIT₩제출파일] 폴더에 있는 그림을 찾아 삽입해야 합니다.

【문제】 첨부된 문제를 다음의 조건을 적용하여 문서를 작성하시오.

① 문서는 A4(210mm×297mm) 크기, 세로 용지방향으로 작성한다.

② 페이지 여백은 아래와 같이 설정한다.

왼쪽	오른쪽	위쪽	아래쪽	머리말	꼬리말	제본
20mm	20mm	20mm	20mm	10mm	10mm	0mm

③ 한글 NEO 버전은 아래와 같이 "자동 글머리 기호 넣기"와 "자동 번호 매기기" 기능을 해제한다.

도구 → 빠른 교정 → 빠른 교정 내용 → 입력 자동 서식 ⇒	자동 글머리 기호 넣기(해제) 자동 번호 매기기(해제)

※ 만약 입력자동서식 메뉴가 없는 경우에는, "자동 글머리 기호 넣기"와 "자동 번호 매기기" 기능이 설정되어 있지 않은 것이므로 별도의 기능 해제 없이 그대로 시험에 응시하시면 됩니다.

④ 글자는 별도의 지시사항이 없는 한 바탕, 10pt, 양쪽정렬, 줄간격 160%로 작성한다.

⑤ 영문, 숫자 등은 별도의 지시가 없는 한 반각(1byte) 문자를 사용한다.

⑥ 특수문자는 문자표(전각 기호)를 이용하여 작성한다.

⑦ 교정부호 및 화살표로 기재된 지시사항대로 처리하되, ( )→은 지시사항이므로 작성하지 않는다.

⑧ 1페이지에 [문제1]을 작성하고, 구역나누기를 하여 2페이지에 [문제2]를 작성한다.

※ 해당 페이지에 작성하지 않거나 의도적으로 텍스트 작성을 하지 않은 경우 0점 처리

⑨ [문제2]는 문제지와 같이 2단으로 다단을 나누어 작성한다.

⑩ '그림 삽입' 시에는 반드시 "KAIT 수검프로그램"을 통해 다운로드 한 그림 파일을 사용한다.

⑪ 차트의 범례는 기본값으로 작성한다.(선 모양 없음)

⑫ 총점 : 200점

[공통사항1(기본설정, 용지설정)] : 8점, [공통사항2(오탈자)] : 40점

[문제1] : 46점, [문제2] : 106점

⑬ 기타 특별히 지시되어 있지 않은 사항은 문제지에 준하여 작성한다.

1 그림 넣기

1 [그림 넣기] 대화상자 열기

그림을 삽입할 곳에 커서를 위치시킨 후 [입력]–[그림]–[그림] 메뉴 선택

- 단축키 : Ctrl+N, I
- 탭 메뉴 : [입력] 탭–[개체] 항목–[그림( )]

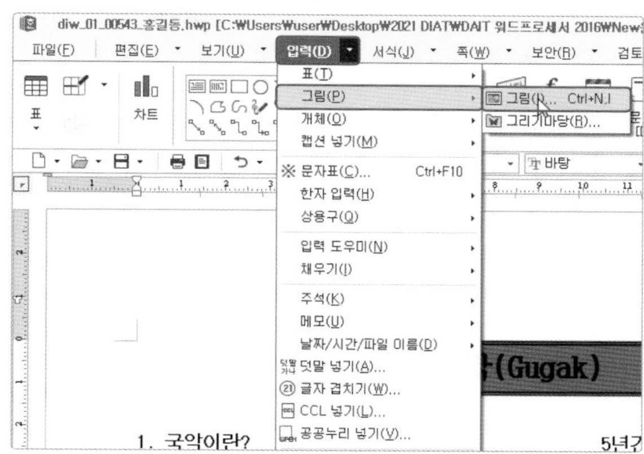

2 문서에 포함하여 그림 넣기

❶ [그림 넣기] 대화상자에서 해당하는 그림을 찾아 선택
❷ '문서에 포함' 항목만 체크하고 [넣기] 단추 클릭

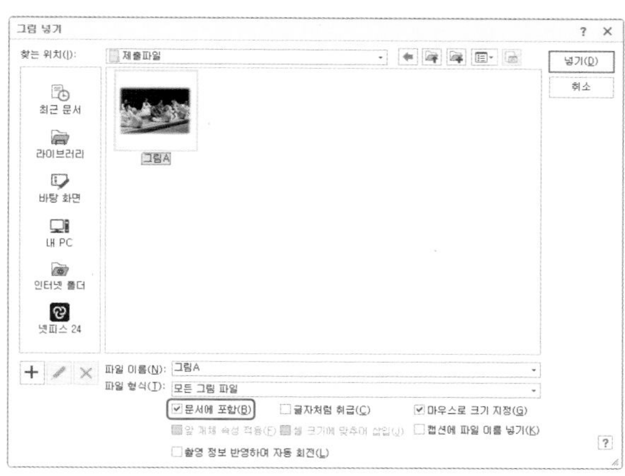

Tip

- 시험에서는 [바탕화면₩KAIT₩제출파일] 폴더에 있는 그림을 찾아 삽입해야 합니다.
- '마우스로 크기 지정' 항목의 체크는 해제합니다.

2 그림 편집하기

1 그림 크기/위치 설정하기

❶ 삽입한 그림을 더블클릭
❷ [개체 속성] 대화상자–[기본] 탭에서 크기와 위치 설정 (예 : 너비(40mm), 높이(40mm), 위치 : 어울림(가로–쪽의 왼쪽 : 0.0mm, 세로–쪽의 위 : 24mm))

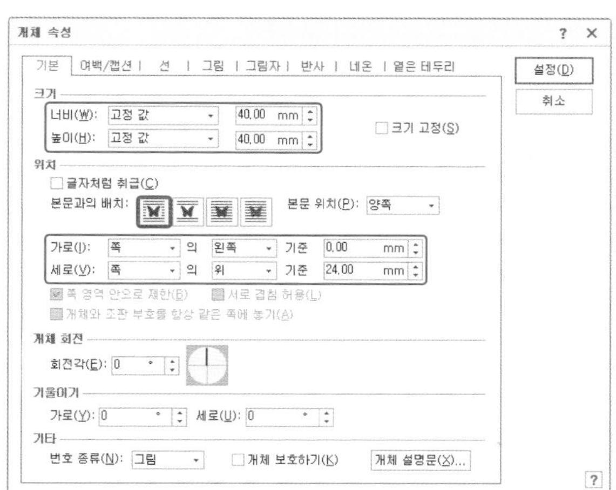

제 13 회

실전모의고사

한글 NEO 버전용

- 시험과목 : 워드프로세서(한글)
- 시험일자 : 20XX. XX. XX(X)
- 응시자 기재사항 및 감독위원 확인

수 검 번 호	DIW – XXXX –	감독위원 확인
성 명		

응시자 유의사항

1. 응시자는 반드시 신분증을 지참하여야 시험에 응시할 수 있으며, 시험이 종료될 때까지 신분증을 제시하지 못 할 경우 해당 시험은 0점 처리됩니다.
2. 시스템(PC작동여부, 네트워크 상태 등)의 이상여부를 반드시 확인하여야 하며, 시스템 이상이 있을 경우 감독위원에게 조치를 받으셔야 합니다.
3. 시험 중 부주의 또는 고의로 시스템을 파손한 경우는 수검자 부담으로 합니다.
4. 답안 전송 프로그램을 통해 다운로드 받은 파일을 이용하여 답안파일을 작성하시기 바랍니다.
5. 작성한 답안 파일은 답안 전송 프로그램을 통하여 전송됩니다. 감독관의 지시에 따라 주시기 바랍니다.
6. 다음사항의 경우 실격(0점) 혹은 부정행위 처리됩니다.
   1) 답안파일을 저장하지 않았거나, 저장한 파일이 손상되었을 경우
   2) 답안파일을 지정된 폴더(바탕화면 – "KAIT" 폴더)에 저장하지 않았을 경우
      ※ 답안 전송 프로그램 로그인 시 바탕화면에 자동 생성됨
   3) 답안파일을 다른 보조 기억장치(USB) 혹은 네트워크(메신저, 게시판 등)로 전송할 경우
   4) 휴대용 전화기 등 통신기기를 사용할 경우
7. 시험지에 제시된 글꼴이 응시 프로그램에 없는 경우, 반드시 감독위원에게 해당 내용을 통보한 뒤 조치를 받아야 합니다.
8. 시험의 완료는 작성이 완료된 답안을 저장하고, 답안 전송이 완료된 상태를 확인한 것으로 합니다. 답안 전송 확인 후 문제지는 감독관에게 제출한 후 퇴실하여야 합니다.
9. 답안전송이 완료된 경우에는 수정 또는 정정이 불가능합니다.
10. 시험시행 후 결과는 홈페이지(www.ihd.or.kr)에서 확인하시기 바랍니다.
    1) 문제 및 모범답안 공개 : 20XX. XX. XX(X)
    2) 합격자 발표 : 20XX. XX. XX(X)

식별CODE

1 조건을 이용하여 다음과 같은 문서를 작성해 보세요.

완성파일 : 기본12-01.hwp

작성조건

▶ 그림 삽입('그림1.jpg')
- 너비(45mm), 높이(35mm)
- 위치 : 어울림(가로-쪽의 왼쪽 : 0.0mm, 세로-쪽의 위 : 24mm)

2 조건을 이용하여 다음과 같은 문서를 작성해 보세요.

완성파일 : 기본12-02.hwp

작성조건

▶ 그림 삽입('그림2.jpg')
- 너비(40mm), 높이(30mm)
- 위치 : 어울림(가로-쪽의 왼쪽 : 0.0mm, 세로-쪽의 위 : 23.0mm)

3 조건을 이용하여 다음과 같은 문서를 작성해 보세요.

완성파일 : 기본12-03.hwp

작성조건

▶ 그림 삽입('그림3.jpg')
- 너비(50mm), 높이(35mm)
- 위치 : 어울림(가로-쪽의 왼쪽 : 0.0mm, 세로-쪽의 위 : 25.0mm)

쪽 테두리 : 이중 실선(0.5mm), 머리말 포함

글상자 – 크기 : 너비(70mm), 높이(12mm), 테두리 : 이중 실선(1.00mm), 둥근 모양
채우기 :색상(RGB:227,220,193), 위치 : 글자처럼 취급, 가운데 정렬,
글자 모양 : 휴먼옛체, 20pt, 가운데 정렬

머리말(굴림, 9pt, 오른쪽 정렬)

DIAT

그림L 삽입(바탕화면-KAIT-제출파일폴더)
너비(35mm), 높이(30mm)
위치 : 어울림(가로-쪽의 왼쪽:0mm,
세로-쪽의 위:24mm)

프랜차이즈

중고딕, 12pt, 진하게, 가운데 정렬

1. 프랜차이즈

중고딕, 12pt, 진하게

프랜차이즈 본사가 가맹점에 자기의 상표, 상호, 서비스표㉠, 휘장(徽章) 등을 사용하여 자기와 동일한 이미지로 상품 판매, 용역 제공 등 일정한 영업 활동을 하도록 한다. 그에 따른 각종 영업의 지원 및 통제를 하며, 본사가 가맹사업자로부터 부여받은 권리 및 영업상 지원의 대가로 일정한 경제적 이익을 지급받는 계속적인 거래 관계를 말한다. 프랜차이즈 체인 사업(가맹사업)이란 일반적으로 체인점을 일컫는다. 프랜차이즈(franchise)는 본사와 가맹점이 협력(cooperation)하는 형태를 가지므로 계약조건 안에서만 간섭이 성립된다. 프랜차이즈는 대자본이 투입되는 사업이 아니라 소규모 자본(capital)만으로 운영할 사업을 수 있는 오늘날 각광(脚光)을 받는 첨단마케팅의 하나이다.

각주

2. 가맹거래사

중고딕, 12pt, 진하게

가맹사업거래 공정화에 관한 법률에 근거하며 가맹사업을 희망하는 사람들에게 가맹사업과 관련된 전반적 안내 및 법률 서비스를 제공하기 위해 도입되었다. 공정거래위원회가 주관하는 시험에 합격한 후 일정 기간의 실무연수를 마치고 공정거래위원회에 등록한 후 활동할 수 있고, 공정거래위원회 산하(傘下) 사단법인(corporation)인 대한가맹거래사협회를 중심으로 활동한다. 주요 업무는 가맹사업의 사업성 검토, 가맹사업당사자에 대한 교육 및 훈련, 정보공개서와 가맹계약서의 작성 및 수정에 관한 상담이나 자문, 분쟁조정신청대행, 정보공개서 등록신청대행 등 가맹사업 정반에 대한 경영 및 법률 서비스를 제공한다. 그리고 특허(特許) 및 상표 등 지식재산권과 계약법, 부동산, 마케팅, 세무, 노무(勞務) 등 여러 분야의 전문성(expertise)을 요구한다.

전

가맹거래사 합격 통계(단위:명)

연도	응시자	합격자
2014년	279	126
2015년	295	102
2016년	318	97
2017년	300	105
2018년	299	106

위쪽 제목 셀 : 색상(RGB:105,155,55), 진하게
제목 셀 아래선 : 이중 실선(0.5mm)
글자 모양 : 굴림, 10pt, 가운데 정렬

굴림, 13pt, 진하게

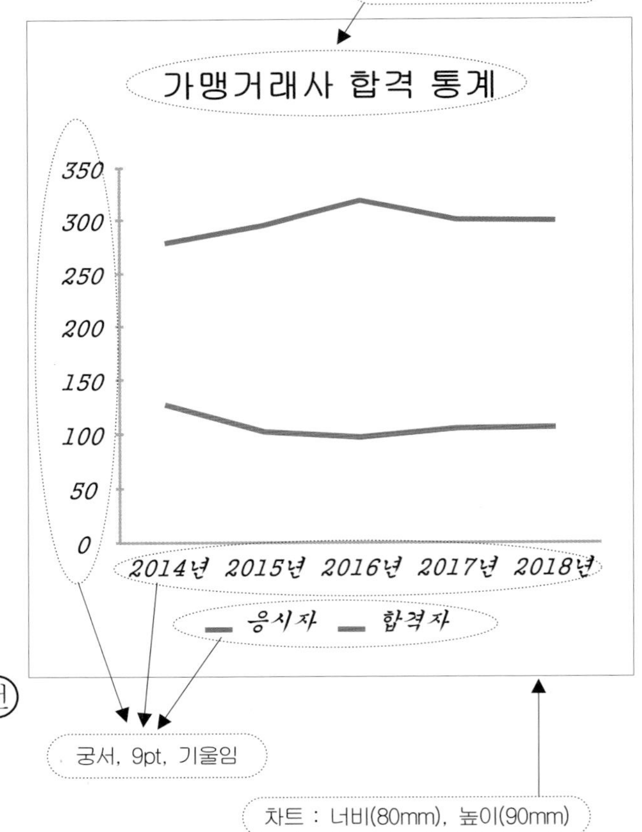

궁서, 9pt, 기울임

차트 : 너비(80mm), 높이(90mm)

㉠ 금융, 통신, 운송, 요식, 의료 같은 서비스업(용역)의 특징을 대변해주는 식별표지를 의미한다.

돋움, 9pt

- B -

쪽 번호 매기기, A,B,C 순으로, 가운데 아래

4 지시사항에 따라 다음과 같은 문서를 완성해 보세요.

완성파일 : 기본12-04.hwp

작성조건 ▶ 용지 여백 : 왼쪽 · 오른쪽 · 위쪽 · 아래쪽 20mm, 머리말 · 꼬리말 10mm

그림B 삽입('그림B.jpg')
너비(30mm), 높이(30mm)
위치 : 어울림(가로–쪽의 왼쪽 : 0.0mm, 세로–쪽의 위 : 9.2mm)

1. 한복에 대하여 ◀ 궁서, 12pt, 진하게

한복을 포함한 우리 전통의 옷은 꼭 들어맞게 만드는 법이 없다. 언제나 체형보다 여유를 두고 지었기 때문에, 속옷고름이나 허리띠만 조이면 성장에 구애받지 않고 장기간 입을 수 있는 장점이 있다. 또한, 여러 사람이 한 벌의 옷을 입게 하여, 경제성과 공동체(共同體) 의식(Consciousness)이 담겨져 있는 여유를 가진 문화를 엿볼 수 있다. 저고리 밑단이나 소매 끝동, 저고리 여밈은 정면에서 여미게 되어 있어서, 다른 옷에 비해 열린 문화(Culture)의 특색을 보여주고 있다. 몸의 기(氣)를 더하고 방충(防蟲) 등의 효과를 가진 약초들을 이용하여 옷감을 염색하는 노력으로 현재까지 인간 중심의 옷 문화와 정신이 이어져 올 수 있었다.

5 지시사항에 따라 다음과 같은 문서를 완성해 보세요.

완성파일 : 기본12-05.hwp

작성조건 ▶ 용지 여백 : 왼쪽 · 오른쪽 · 위쪽 · 아래쪽 20mm, 머리말 · 꼬리말 10mm

그림C 삽입('그림C.jpg')
너비(35mm), 높이(33mm)
위치 : 어울림(가로–쪽의 왼쪽 : 0.0mm, 세로–쪽의 위 : 17.0mm)

1. 헌혈 ◀ 돋움, 11pt, 진하게

헌혈(獻血)이란 혈액의 성분(ingredient) 중 한 가지 이상이 부족하여 건강과 생명을 위협받는 다른 사람을 위해 건강한 사람이 자유의사(自由意思)에 따라 아무 대가 없이 자신의 혈액을 기증하는 사랑의 실천이자, 생명을 나누는 고귀한 행동입니다. 헌혈(blood donation)은 수혈이 필요한 환자의 생명을 구하는 유일한 수단이고, 혈액은 아직 인공적으로 만들 수 있거나 대체할 물질이 존재하지 않습니다. 우리는 언제 수혈(transfuse)을 받을 상황에 처할지 모르기 때문에 건강할 때 헌혈하는 것은 자신과 사랑하는 가족을 위하여, 더 나아가 모두를 위한 사랑의 실천입니다.

글맵시 – 휴먼옛체, 채우기 : 색상(RGB:53,135,145)
크기 : 너비(120mm), 높이(20mm), 위치 : 글자처럼 취급, 가운데 정렬

DIAT
머리말(굴림, 9pt, 오른쪽 정렬)

프랜차이즈창업박람회

진하게, 밑줄

창업에도 답은 있다! 창업한다고 해서 100% 성공하는 업종이나 브랜드는 없기 때문에 사전에 꼼꼼한 시장조사를 통해 업종을 선택하는 자세가 필요합니다. 전문가와 실질적인 상담을 통해 자신에게 맞는 업종 및 브랜드를 선택해야 하는데, 그 해답은 국내 프랜차이즈 업계와 같이 성장해 온 프랜차이즈 창업 박람회입니다. 원하는 프랜차이즈 본사와 실질적인 상담은 물론 최신 트렌드를 직접 눈으로 보고 느끼며 비교 분석할 수 있는 현장에서 여러분의 해답을 찾아보세요. 국내 최신 유망 프랜차이즈가 총집합된 이번 행사에서 즐겁고 유익하게 즐길 수 있는 자리가 되기를 기원합니다.

문자표 → ★ 행사안내 ★ ← 궁서, 가운데 정렬

1. 행 사 명 : 프랜차이즈 창업 박람회
2. 행사일시 : 2022.08.10(수)~2020.08.14(일), 10:00~18:00
3. 행사장소 : 코엑스 컨퍼런스센터 3층
4. 사전등록 : 2022.08.09(화) 18:00까지 ***온라인 사전 등록(http://www.ihd.or.kr)*** ← 진하게, 기울임
5. 행사주관 : 소상공인진흥원, 공정거래위원회, 중소벤처기업부, 중소기업진흥공단

문자표

※ 기타사항

- 세미나 : 가맹점주 보호를 위한 가맹사업법, 롱런하는 창업 아이템 찾기, 나만의 브랜딩 전략 등
- 입장료 : 10,000원(온라인 사전 등록자 및 초청장 소지자는 무료)
- 사전등록하신 관람객 중에서 선착순으로 스마트폰 링홀더를 증정하며, 입장번호를 추첨하여 다양한 상품(블루투스 이어폰, 보조 배터리, 충전 케이블 등)을 증정합니다.

왼쪽여백 : 10pt
내어쓰기 : 12pt

2022. 07. 25. ← 13pt, 가운데 정렬

소상공인진흥원 ← 견고딕, 25pt, 가운데 정렬

문제1은 1구역, 문제2는 2구역으로 나누어 답안 작성

- A - ← 쪽 번호 매기기, A,B,C 순으로, 가운데 아래

Chapter 13

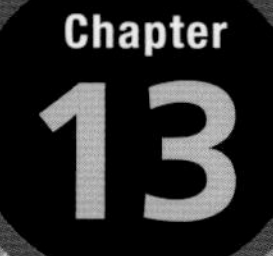

각주 삽입하기

>>> **핵심만 쏙쏙** ❶ 각주 삽입 ❷ 각주 설정(번호 모양, 글꼴 서식)

각주는 본문 내용에 대한 보충 자료를 구체적으로 제시하거나 인용한 자료의 출처 등을 밝히는데 쓰이는 기능으로, 해당 페이지 아래에 내용이 표시됩니다.

핵심 짚어보기

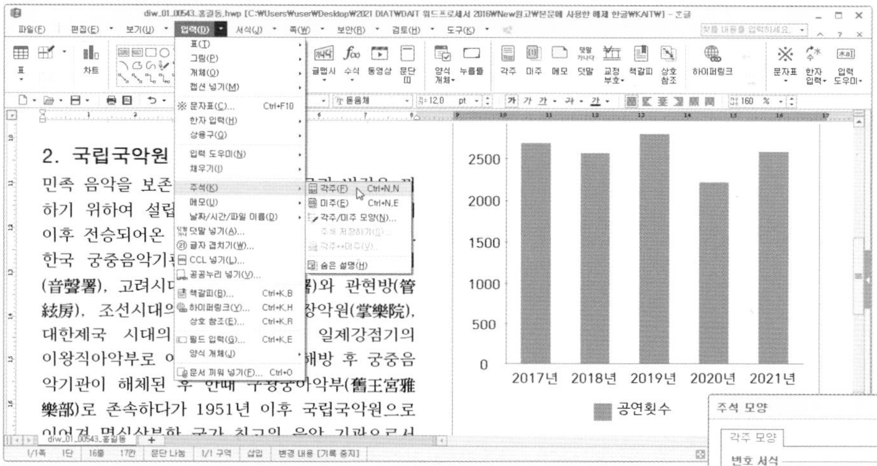

▲ [각주] 메뉴 선택

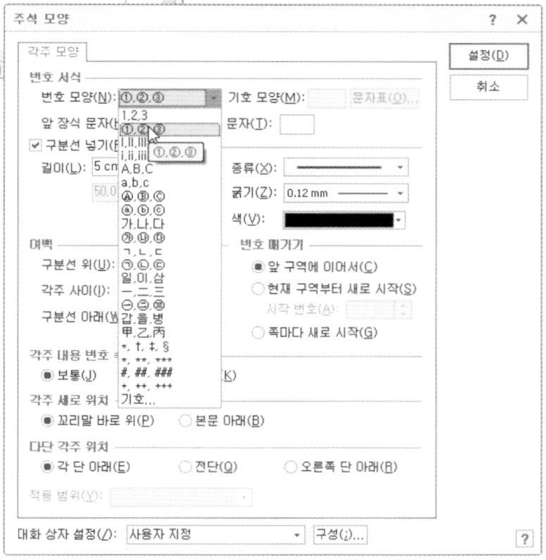

▲ [주석 모양] 대화상자

클래스 업

- **각주 삽입** : 본문에서 각주 번호가 있는 위치에 커서를 위치시키고 각주를 삽입합니다.
- **각주 번호 모양** : [주석] 탭–[주석] 항목–[각주/미주 모양 고치기]를 선택 후 [주석 모양] 대화상자에서 [번호 모양]을 지정합니다.

【문제】 첨부된 문제를 다음의 조건을 적용하여 문서를 작성하시오.

① 문서는 A4(210mm×297mm) 크기, 세로 용지방향으로 작성한다.

② 페이지 여백은 아래와 같이 설정한다.

왼쪽	오른쪽	위쪽	아래쪽	머리말	꼬리말	제본
20mm	20mm	20mm	20mm	10mm	10mm	0mm

③ 한글 NEO 버전은 아래와 같이 "자동 글머리 기호 넣기"와 "자동 번호 매기기" 기능을 해제한다.

도구 → 빠른 교정 → 빠른 교정 내용 → 입력 자동 서식 ⇒	자동 글머리 기호 넣기(해제) 자동 번호 매기기(해제)

※ 만약 입력자동서식 메뉴가 없는 경우에는, "자동 글머리 기호 넣기"와 "자동 번호 매기기" 기능이 설정되어 있지 않은 것이므로 별도의 기능 해제 없이 그대로 시험에 응시하시면 됩니다.

④ 글자는 별도의 지시사항이 없는 한 바탕, 10pt, 양쪽정렬, 줄간격 160%로 작성한다.

⑤ 영문, 숫자 등은 별도의 지시가 없는 한 반각(1byte) 문자를 사용한다.

⑥ 특수문자는 문자표(전각 기호)를 이용하여 작성한다.

⑦ 교정부호 및 화살표로 기재된 지시사항대로 처리하되, ( )→은 지시사항이므로 작성하지 않는다.

⑧ 1페이지에 [문제1]을 작성하고, 구역나누기를 하여 2페이지에 [문제2]를 작성한다.

※ 해당 페이지에 작성하지 않거나 의도적으로 텍스트 작성을 하지 않은 경우 0점 처리

⑨ [문제2]는 문제지와 같이 2단으로 다단을 나누어 작성한다.

⑩ '그림 삽입' 시에는 반드시 "KAIT 수검프로그램"을 통해 다운로드 한 그림 파일을 사용한다.

⑪ 차트의 범례는 기본값으로 작성한다.(선 모양 없음)

⑫ 총점 : 200점

[공통사항1(기본설정, 용지설정)] : 8점, [공통사항2(오탈자)] : 40점

[문제1] : 46점, [문제2] : 106점

⑬ 기타 특별히 지시되어 있지 않은 사항은 문제지에 준하여 작성한다.

1 각주 삽입

1 각주 삽입하기

각주가 삽입될 위치에 커서를 위치시킨 후 [입력]-[주석]-[각주] 메뉴 선택

- 단축키 : Ctrl+N, N
- 탭 메뉴 : [입력] 탭-[참조] 항목-[각주(▤)]

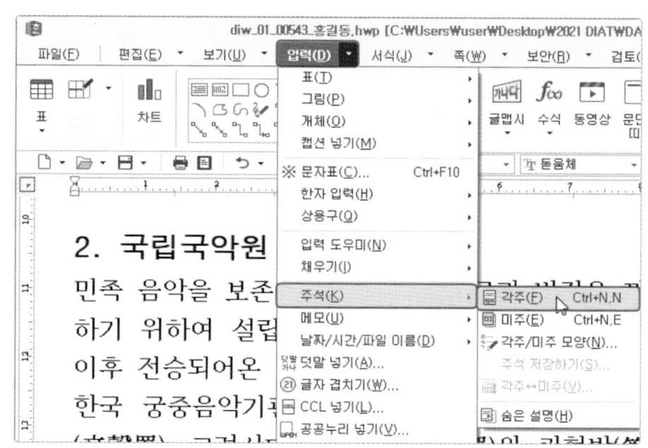

2 각주 설정(번호 모양, 글꼴 서식)

1 번호 모양 설정

❶ [주석] 탭-[주석] 항목-[각주/미주 모양 고치기]를 선택

❷ [주석 모양] 대화상자에서 [번호 모양] 지정

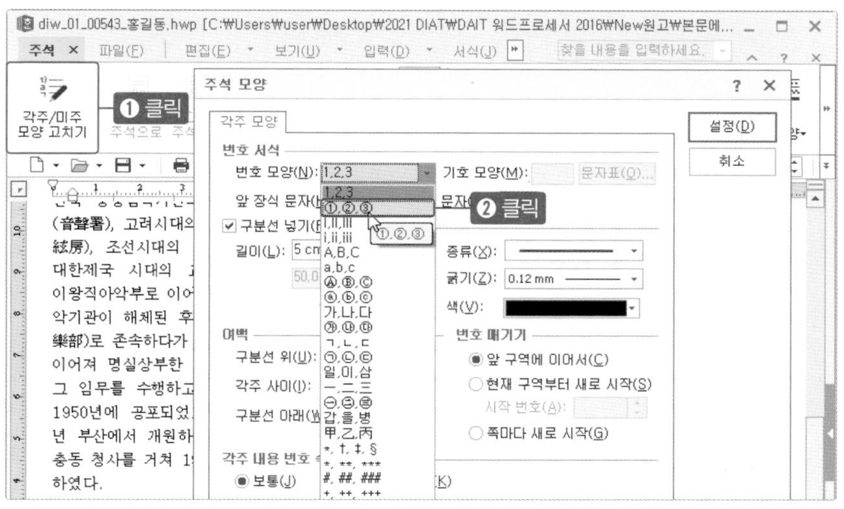

2 각주 내용 입력/글꼴 서식 지정

❶ 각주 영역에서 문제지에 제시된 각주 내용을 정확히 입력

❷ 서식 도구 상자를 이용해 문제지에 제시된 글꼴 서식 설정(예 : 돋움, 9pt)

그 임무를 수행하고 있다. 국립국악원의 직제는 1950년에 공포되었으나, 전쟁으로 인하여 1951년 부산에서 개원하였으며, 수복 후 운니동과 장충동 청사를 거쳐 1987년 현 서초동 청사로 이전하였다.

① 1991년 12월 17일 국립민속국악원 직제(대통령령 제13520호)를 공포하고, 1992년 3월 20일 개원하였다.

제 12 회 실전모의고사

한글 NEO 버전용

- 시험과목 : 워드프로세서(한글)
- 시험일자 : 20XX. XX. XX(X)
- 응시자 기재사항 및 감독위원 확인

수 검 번 호	DIW – XXXX –	감독위원 확인
성 명		

응시자 유의사항

1. 응시자는 반드시 신분증을 지참하여야 시험에 응시할 수 있으며, 시험이 종료될 때까지 신분증을 제시하지 못 할 경우 해당 시험은 0점 처리됩니다.
2. 시스템(PC작동여부, 네트워크 상태 등)의 이상여부를 반드시 확인하여야 하며, 시스템 이상이 있을 경우 감독위원에게 조치를 받으셔야 합니다.
3. 시험 중 부주의 또는 고의로 시스템을 파손한 경우는 수검자 부담으로 합니다.
4. 답안 전송 프로그램을 통해 다운로드 받은 파일을 이용하여 답안파일을 작성하시기 바랍니다.
5. 작성한 답안 파일은 답안 전송 프로그램을 통하여 전송됩니다. 감독관의 지시에 따라 주시기 바랍니다.
6. 다음사항의 경우 실격(0점) 혹은 부정행위 처리됩니다.
   1) 답안파일을 저장하지 않았거나, 저장한 파일이 손상되었을 경우
   2) 답안파일을 지정된 폴더(바탕화면 – "KAIT" 폴더)에 저장하지 않았을 경우
      ※ 답안 전송 프로그램 로그인 시 바탕화면에 자동 생성됨
   3) 답안파일을 다른 보조 기억장치(USB) 혹은 네트워크(메신저, 게시판 등)로 전송할 경우
   4) 휴대용 전화기 등 통신기기를 사용할 경우
7. 시험지에 제시된 글꼴이 응시 프로그램에 없는 경우, 반드시 감독위원에게 해당 내용을 통보한 뒤 조치를 받아야 합니다.
8. 시험의 완료는 작성이 완료된 답안을 저장하고, 답안 전송이 완료된 상태를 확인한 것으로 합니다. 답안 전송 확인 후 문제지는 감독관에게 제출한 후 퇴실하여야 합니다.
9. 답안전송이 완료된 경우에는 수정 또는 정정이 불가능합니다.
10. 시험시행 후 결과는 홈페이지(www.ihd.or.kr)에서 확인하시기 바랍니다.
    1) 문제 및 모범답안 공개 : 20XX. XX. XX(X)
    2) 합격자 발표 : 20XX. XX. XX(X)

1 지시사항에 따라 다음과 같은 문서를 작성해 보세요.

완성파일 : 기본13-01.hwp

각주

신재생에너지원으로 대표적인 것은 태양열(Solar Thermal), 태양광(Photovoltaic), 바이오, 풍력, 해양 등이 있다. 바이오 에너지는 바이오 매스1)를 화학적, 물리적 변환과정을 통해 액체, 가스, 고체연료나 전기 등의 에너지 형태로 이용하는 기술이다. 바람의 힘을 전환시켜 회전력으로 발생되는 풍력은 설치가 용이하며, 가격이 저렴한 것이 특징이다.

1) 식물체, 균체, 동물체를 포함하는 생물유기를 말함. ← 궁서, 9pt

2 지시사항에 따라 다음과 같은 문서를 작성해 보세요.

완성파일 : 기본13-02.hwp

각주

세계적인 IT기술 연구 기관 가트너(Gartner)가 선정한 2017년 10대 전략기술을 살펴보면 머신러닝을 대두로 아키텍처㉠의 변화를 살펴볼 수 있다. 그 중 하나인 능동형 보안 기술에 주목할 필요가 있다. 현재 지능형 사물 기술이 확대되고 있는 이 시점에서, 보안에 대한 우려(憂慮)가 더욱 커지고 있다.

㉠ 시스템 개발과정에서 도출된 개념으로 시스템에 대한 구조의 집합을 의미한다. ← 궁서체, 9pt

3 지시사항에 따라 다음과 같은 문서를 작성해 보세요.

완성파일 : 기본13-03.hwp

각주

근초고왕은 왕권(Sovereign Power)을 강화하고 지방통치조직으로 담로제①를 실시하였으며, 대외적으로는 활발한 정복활동을 벌였다. 마한의 나머지 세력을 병합하여 영산강 유역까지 지배영역을 확장(擴張)하고, 낙동강 유역의 가야 지역까지 영향권 안에 포함시키는가 하면, 일본(Japan)의 규슈 지방과 중국(China)의 요서와 산둥반도까지 진출하여 중국 내에 백제의 거점을 확보하였다.

① 백제 시대 지방 행정구역으로 이곳에는 왕자나 왕족을 보내어 다스렸다. ← 바탕, 9pt

쪽 테두리 : 이중 실선(0.5mm), 머리말 포함

글상자 – 크기 : 너비(65mm), 높이(12mm), 테두리 : 이중 실선(1.00mm), 둥근 모양
채우기 : 색상(RGB:202,86,167), 위치 : 글자처럼 취급, 가운데 정렬,
글자 모양 : 궁서체, 22pt, 가운데 정렬

머리말(돋움, 9pt, 오른쪽 정렬)

DIAT

그림K 삽입(바탕화면–KAIT–제출파일폴더)
너비(35mm), 높이(30mm)
위치 : 어울림(가로–쪽의 왼쪽:0mm,
세로–쪽의 위:24mm)

변화하는 결혼관

1. 혼인 건수의 감소

굴림, 12pt, 진하게

요즘 '결혼 적령기(適齡期)'로 꼽히는 이들에게 결혼은 필수(essential)가 아니다. 결혼(結婚)에 대한 인식(認識)이 변화하면서 혼인 건수도 나날이 감소세를 보이고 있는 것이다. 혼인 건수는 1997년 통계가 작성된 이래 증가와 감소를 반복하다가 2012년부터는 역곧 내림세를 보이고 있다. 올해 혼인 건수도 역대(of all time) 최저(最低) 수준을 기록(記錄)할 것으로 보인다. 1~10월 누적 혼인 건수는 19만3772건으로 지난해 같은 기간(20만8003건)보다 7.3% 줄어들었다. 20년 전인 1999년 1~10월 혼인 건수(28만847건)와 비교하면 44.9%나 줄어든 셈이다. 혼인 건수는 줄어든 반면 처음 결혼하는 나이는 높아지는 추세다. 남녀 초혼연령은 관련 통계를 작성한 1990년 이래 매년 증가해왔는데, 지난해 남성의 초혼연령은 33.15세, 여성은 30.4세를 기록했다.

줄

2. 변화하는 결혼 인식

굴림, 12pt, 진하게

과거에 비해 결혼 절차에 대한 인식도 빠르게 달라지고 있다. 통계청이 지난해 13세 이상 가구원①을 대상으로 한국의 결혼 비용이나 관련 의식과 절차 등 결혼식 문화(culture)에 대해 조사한 결과, 70.6%는 '과도한 편'이라고 생각했다. 전문가들은 젊은 세대들이 경제적·관계적 갈등을 최소화하기 위해 감정과 에너지를 적게 소모하는 방향으로 결혼식을 치르자는 쪽으로 인식이 변화하고 있다고 분석했다. 경제적 어려움, 가족 부양 등이 부담스럽게 결혼을 만드는 경향이 있어, 에너지 소모를 덜 하는 방향으로 결혼에 대한 인식이 변화하는 것으로 보인다는 설명이다. '남녀가 결혼하지 않더라도 함께 살 수 있다'고 생각하는 사람의 비중도 지난해 처음 절반을 넘었다.

각주

맑은 고딕, 12pt, 진하게, 가운데 정렬

결혼식에 대한 인식 변화

구분	2009년	2019년
매우 과도함	12.3	15.4
과도한 편	66.7	70.6
적절함	14.5	10.5
간소함	5.3	2.5
매우 간소함	1.2	1

위쪽 제목 셀 : 색상(RGB:233,174,43), 진하게
제목 셀 아래선 : 이중 실선(0.5mm)
글자 모양 : 돋움, 10pt, 가운데 정렬

맑은 고딕, 12pt, 진하게

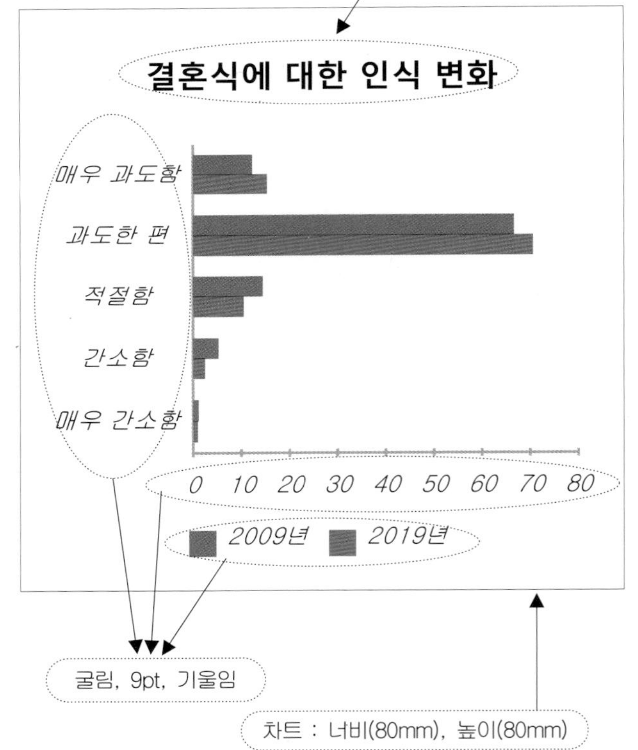

굴림, 9pt, 기울임

차트 : 너비(80mm), 높이(80mm)

① 먼 친척, 친구, 가사도우미, 종업원 등 가족이 아닌 사람도 함께 살면 가구원에 포함한다.

궁서, 9pt

- 나 -

쪽 번호 매기기, 가,나,다 순으로, 가운데 아래

Chapter 14

쪽 테두리 설정

>>> 핵심만 쏙쏙 ❶ 쪽 테두리 실행 ❷ 쪽 테두리 지정

쪽 테두리란 문서의 쪽이나 구역에 테두리를 넣는 기능입니다. 시험에서는 쪽 테두리로 〈이중 실선〉을 설정하는 문제가 주로 출제되고 있습니다.

핵심 짚어보기

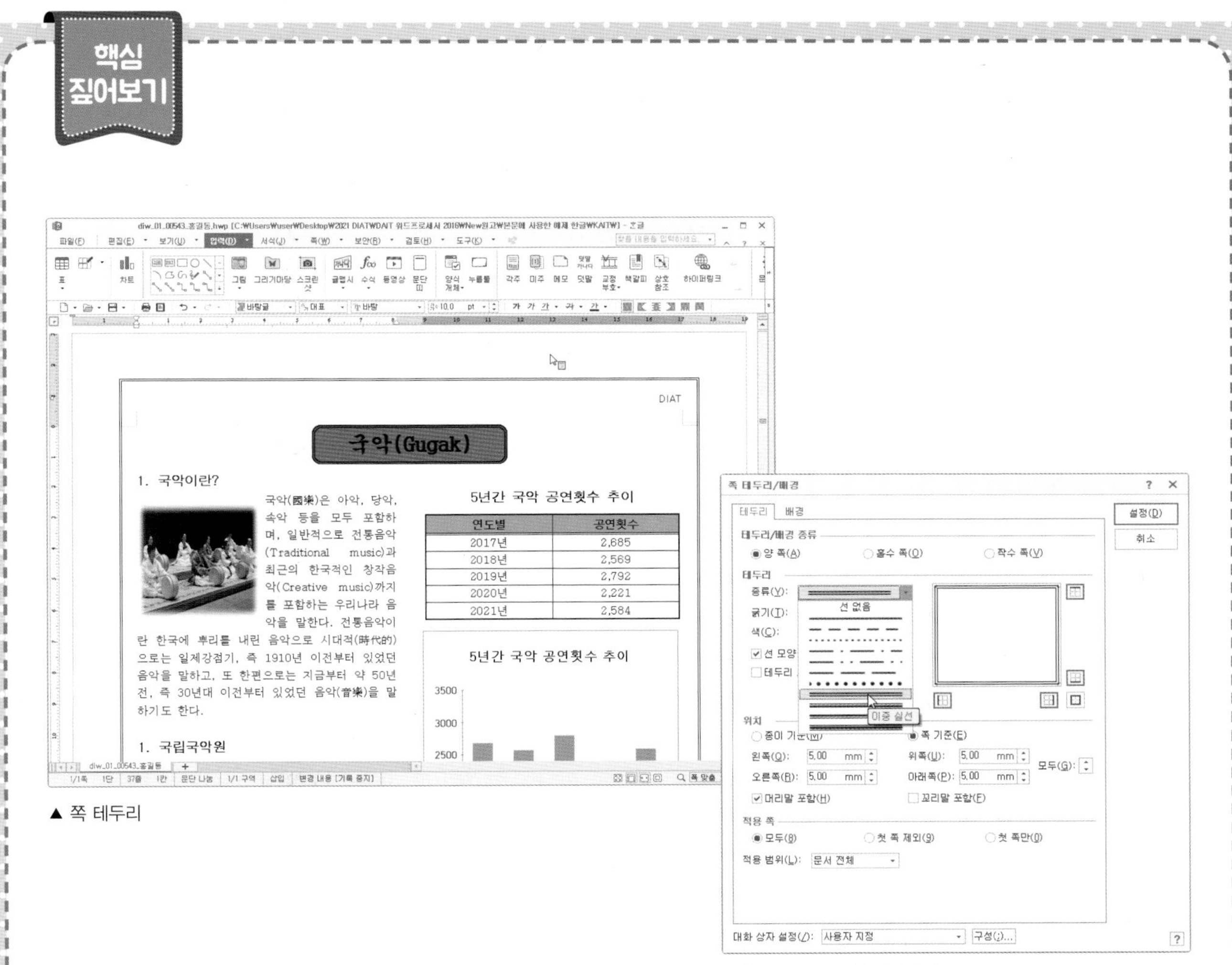

▲ 쪽 테두리

▲ [쪽 테두리/배경] 대화상자

클래스 업

- 쪽 테두리를 지정하기 전에 반드시 1페이지와 2페이지가 구역 나누기로 설정되어 있어야 합니다.
- [문제2]에서만 쪽 테두리를 삽입해야 하므로 커서를 2구역에 위치시킨 후 쪽 테두리를 설정합니다.
- [쪽 테두리/배경] 대화상자 : 적용 범위가 '현재 구역'인지 확인한 후 '머리말 포함'을 체크합니다.

글맵시 - 견고딕, 채우기 : 색상(RGB:199,82,82)
크기 : 너비(110mm), 높이(20mm), 위치 : 글자처럼 취급, 가운데 정렬

DIAT
머리말(돋움, 9pt, 오른쪽 정렬)

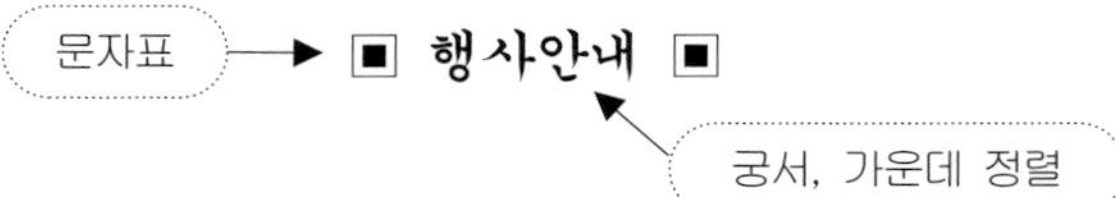

진하게, 기울임

2022년 제22회 서울 웨딩 박람회가 개최됩니다. 최근 어려운 경제 상황 때문에 결혼식을 생략하거나 가까운 친지들만 초대하여 진행하는 '스몰웨딩'을 선택하는 사람들이 늘어나고 있습니다. 이번 박람회에서는 예비부부들에게 다양해진 결혼 형식과 결혼 상품에 대한 다양한 정보와 혜택들을 제공합니다. 합리적인 가격으로 고품질의 웨딩상품을 선택하고자 하는 예비부부들에게 본 박람회는 좋은 기회가 될 것입니다. 이번 서울 웨딩박람회는 사전 신청을 하여 모바일 초대장을 받은 예비부부에 한해서 입장이 가능합니다. 본 박람회에 대한 자세한 내용 및 혜택에 관한 정보는 홈페이지를 참고하시기 바랍니다.

문자표 → ▣ **행사안내** ▣ ← 궁서, 가운데 정렬

1. 행사일시 : 2022년 06월 11일(토) 10:00 ~ 20:00
2. 행사장소 : 고양시 KINTEX A동 이벤트 홀
3. 참가대상 : 예비 부부
4. 사전등록 : *<u>서울 웨딩 박람회 홈페이지 공지사항 참조</u>* ← 기울임, 밑줄
5. 세부행사 : 경품 추첨 행사 이벤트(500만원 상당의 선물), 참가자 전원에게 웨딩다이어리 증정

문자표

※ 기타사항

- 사전등록 시 참가비는 무료이며 당일 현장등록 시에는 1인당 1만원입니다.
- 웨딩다이어리는 조기 품절 시 지급되지 않을 수 있습니다.
- 자세한 사항은 서울 웨딩 박람회 홈페이지(http://www.ihd.or.kr) 또는 대표번호(02-1234-5678)로 문의하시기 바랍니다.

왼쪽여백 : 10pt
내어쓰기 : 13pt

2022. 05. 10. ← 12pt, 가운데 정렬

서울웨딩박람회 ← 견고딕, 25pt, 가운데 정렬

문제1은 1구역, 문제2는 2구역으로 나누어 답안 작성

- 가 - ← 쪽 번호 매기기, 가,나,다 순으로, 가운데 아래

1 쪽 테두리 설정

1 [쪽 테두리/배경] 대화상자 열기

쪽 테두리를 삽입할 페이지에 커서를 위치시킨 후 [쪽]–[쪽 테두리/배경] 메뉴 선택

- 탭 메뉴 : [쪽] 탭–[쪽 모양] 항목–[쪽 테두리/배경(▣)]

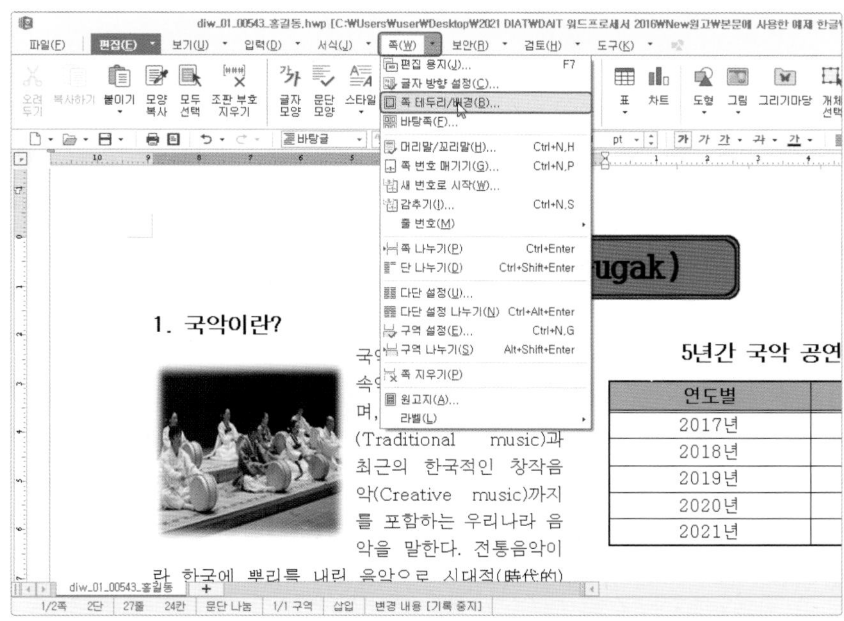

2 [쪽 테두리/배경] 대화상자–[테두리] 탭

❶ 조건에 해당하는 테두리를 설정한 후 '모두(▣)' 아이콘 클릭

❷ 적용 범위가 '현재 구역'인지 확인한 후 '머리말 포함' 항목 체크

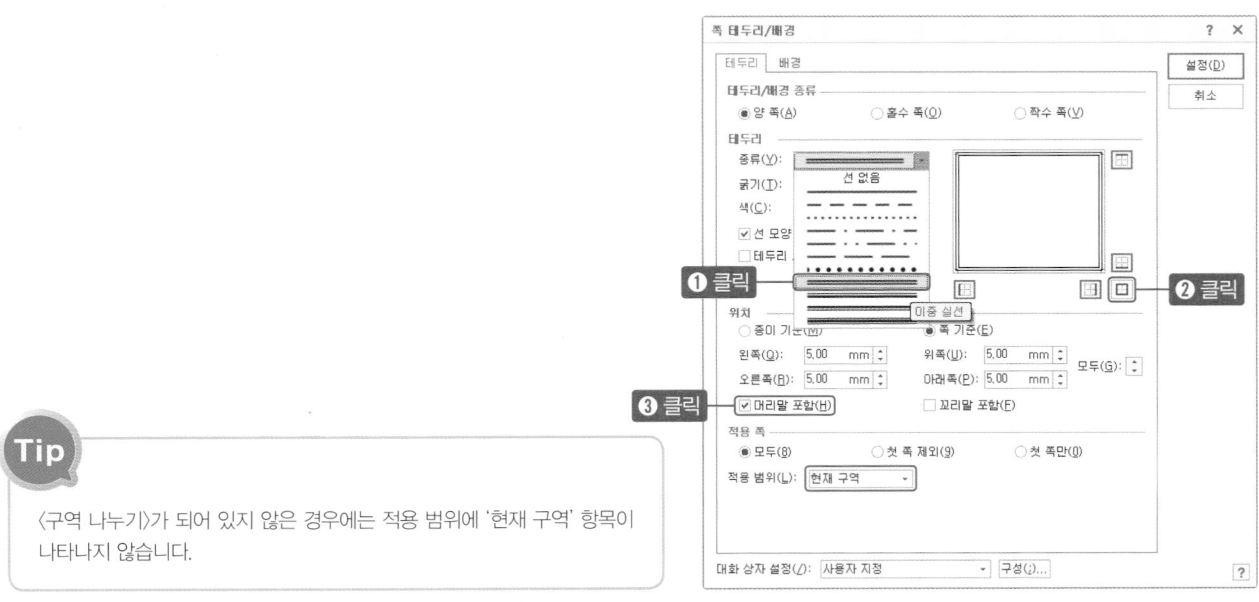

Tip

〈구역 나누기〉가 되어 있지 않은 경우에는 적용 범위에 '현재 구역' 항목이 나타나지 않습니다.

【문제】 첨부된 문제를 다음의 조건을 적용하여 문서를 작성하시오.

① 문서는 A4(210mm×297mm) 크기, 세로 용지방향으로 작성한다.

② 페이지 여백은 아래와 같이 설정한다.

왼쪽	오른쪽	위쪽	아래쪽	머리말	꼬리말	제본
20mm	20mm	20mm	20mm	10mm	10mm	0mm

③ 한글 NEO 버전은 아래와 같이 "자동 글머리 기호 넣기"와 "자동 번호 매기기" 기능을 해제한다.

도구 → 빠른 교정 → 빠른 교정 내용 → 입력 자동 서식 ⇒	자동 글머리 기호 넣기(해제) 자동 번호 매기기(해제)

※ 만약 입력자동서식 메뉴가 없는 경우에는, "자동 글머리 기호 넣기"와 "자동 번호 매기기" 기능이 설정되어 있지 않은 것이므로 별도의 기능 해제 없이 그대로 시험에 응시하시면 됩니다.

④ 글자는 별도의 지시사항이 없는 한 바탕, 10pt, 양쪽정렬, 줄간격 160%로 작성한다.

⑤ 영문, 숫자 등은 별도의 지시가 없는 한 반각(1byte) 문자를 사용한다.

⑥ 특수문자는 문자표(전각 기호)를 이용하여 작성한다.

⑦ 교정부호 및 화살표로 기재된 지시사항대로 처리하되, ( )→은 지시사항이므로 작성하지 않는다.

⑧ 1페이지에 [문제1]을 작성하고, 구역나누기를 하여 2페이지에 [문제2]를 작성한다.

※ 해당 페이지에 작성하지 않거나 의도적으로 텍스트 작성을 하지 않은 경우 0점 처리

⑨ [문제2]는 문제지와 같이 2단으로 다단을 나누어 작성한다.

⑩ '그림 삽입' 시에는 반드시 "KAIT 수검프로그램"을 통해 다운로드 한 그림 파일을 사용한다.

⑪ 차트의 범례는 기본값으로 작성한다.(선 모양 없음)

⑫ 총점 : 200점

[공통사항1(기본설정, 용지설정)] : 8점, [공통사항2(오탈자)] : 40점

[문제1] : 46점, [문제2] : 106점

⑬ 기타 특별히 지시되어 있지 않은 사항은 문제지에 준하여 작성한다.

빵빵한 예제로 기본다지기

1 조건을 이용하여 다음과 같은 쪽 테두리를 설정해 보세요.

완성파일 : 기본14-01.hwp

작성조건

▶ 쪽 테두리 : 이중 실선, 머리말 포함

▶ 구역 나누기를 설정한 후 2페이지에 쪽 테두리를 지정할 것

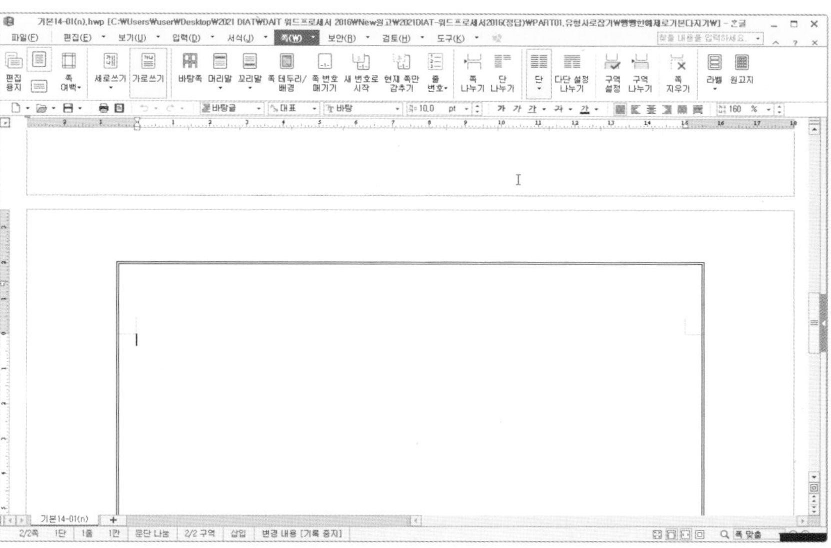

Tip

① 1페이지 : Alt+Shift+Enter

② 2페이지 : 커서를 위치시킨 후 [쪽]-[쪽 테두리/배경] 메뉴 클릭

③ [쪽 테두리/배경] 대화상자에서 '이중 실선', '머리말 포함' 적용

※ 적용 범위가 '현재 구역'인지 확인

2 조건을 이용하여 다음과 같은 쪽 테두리를 설정해 보세요.

완성파일 : 기본14-02.hwp

작성조건

▶ 쪽 테두리 : 점선, 머리말 포함

▶ 구역 나누기를 설정한 후 2페이지에 쪽 테두리를 지정할 것

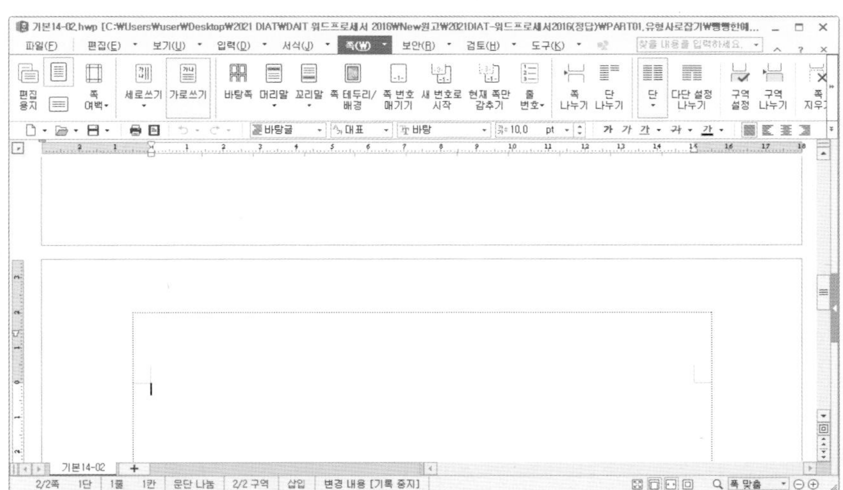

제 11 회

실전모의고사

한글 NEO 버전용

- 시험과목 : 워드프로세서(한글)
- 시험일자 : 20XX. XX. XX(X)
- 응시자 기재사항 및 감독위원 확인

수 검 번 호	DIW – XXXX –	감독위원 확인
성 명		

응시자 유의사항

1. 응시자는 반드시 신분증을 지참하여야 시험에 응시할 수 있으며, 시험이 종료될 때까지 신분증을 제시하지 못 할 경우 해당 시험은 0점 처리됩니다.
2. 시스템(PC작동여부, 네트워크 상태 등)의 이상여부를 반드시 확인하여야 하며, 시스템 이상이 있을 경우 감독위원에게 조치를 받으셔야 합니다.
3. 시험 중 부주의 또는 고의로 시스템을 파손한 경우는 수검자 부담으로 합니다.
4. 답안 전송 프로그램을 통해 다운로드 받은 파일을 이용하여 답안파일을 작성하시기 바랍니다.
5. 작성한 답안 파일은 답안 전송 프로그램을 통하여 전송됩니다. 감독관의 지시에 따라 주시기 바랍니다.
6. 다음사항의 경우 실격(0점) 혹은 부정행위 처리됩니다.
   1) 답안파일을 저장하지 않았거나, 저장한 파일이 손상되었을 경우
   2) 답안파일을 지정된 폴더(바탕화면 – "KAIT" 폴더)에 저장하지 않았을 경우
      ※ 답안 전송 프로그램 로그인 시 바탕화면에 자동 생성됨
   3) 답안파일을 다른 보조 기억장치(USB) 혹은 네트워크(메신저, 게시판 등)로 전송할 경우
   4) 휴대용 전화기 등 통신기기를 사용할 경우
7. 시험지에 제시된 글꼴이 응시 프로그램에 없는 경우, 반드시 감독위원에게 해당 내용을 통보한 뒤 조치를 받아야 합니다.
8. 시험의 완료는 작성이 완료된 답안을 저장하고, 답안 전송이 완료된 상태를 확인한 것으로 합니다. 답안 전송 확인 후 문제지는 감독관에게 제출한 후 퇴실하여야 합니다.
9. 답안전송이 완료된 경우에는 수정 또는 정정이 불가능합니다.
10. 시험시행 후 결과는 홈페이지(www.ihd.or.kr)에서 확인하시기 바랍니다.
    1) 문제 및 모범답안 공개 : 20XX. XX. XX(X)
    2) 합격자 발표 : 20XX. XX. XX(X)

1 지시사항에 따라 다음과 같은 문서를 완성해 보세요.

완성파일 : 실전02-01.hwp

작성조건

▶ 용지 여백 : 왼쪽 · 오른쪽 · 위쪽 · 아래쪽 20mm, 머리말 · 꼬리말 10mm

▶ 구역을 나누어 2페이지에 문서를 작성하고, 글상자 아랫줄부터 2단으로 다단을 나누어 작성한다.

그림A 삽입('그림A.jpg')
너비(40mm), 높이(40mm)
위치 : 어울림(가로-쪽의 왼쪽 : 0.0mm, 세로-쪽의 위 : 24.0mm)

쪽테두리 : 이중 실선, 머리말 포함

DIAT

머리말(궁서, 9pt, 오른쪽 정렬)

국악(Gugak)

글상자-크기 : 너비(60mm), 높이(12mm)
테두리 : 이중 실선(1.00mm), 둥근 모양
채우기 : 색상(RGB:202,86,167)
위치 : 글자처럼 취급, 가운데 정렬
글자모양 : 궁서체, 20pt, 진하게, 가운데 정렬

1. 국악이란? ← 돋움체, 12pt, 진하게

국악(國樂)은 아악, 당악, 속악 등을 모두 포함하며, 일반적으로 전통음악(Traditional music)과 최근의 한국적인 창작음악(Creative music)까지를 포함하는 우리나라 음악을 말한다. 전통음악이란 한국에 뿌리를 내린 음악으로 시대적(時代的)으로는 일제강점기, 즉 1910년 이전부터 있었던 음악을 말하고, 또 한편으로는 지금부터 약 50년 전, 즉 30년대 이전부터 있었던 음악(音樂)을 말하기도 한다. 국립국악원은 민족 음악을 보존, 전승하고 그 보급과 발전을 꾀하기 위하여 설립된 국립음악기관이다.

쪽 테두리 : 이중 실선(0.5mm), 머리말 포함

글상자 - 크기 : 너비(60mm), 높이(12mm), 테두리 : 이중 실선(1.00mm), 반원
채우기 : 색상(RGB:105,155,55), 위치 : 글자처럼 취급, 가운데 정렬,
글자 모양 : 휴먼옛체, 22pt, 가운데 정렬

머리말(궁서, 9pt, 오른쪽 정렬)

DIAT

자연사 박물관

그림J 삽입(바탕화면-KAIT-제출파일폴더)
너비(30mm), 높이(30mm)
위치 : 어울림(가로-쪽의 왼쪽:0mm,
세로-쪽의 위:24mm)

1. 자연사 박물관이란?

돋움, 12pt, 진하게

자연사 박물관이란 우주(宇宙)에 있는 모든 동식물을 포함한 자연물과 그 현상에 대하여 연구하고 전시 및 교육자료 등을 과학연구자와 일반 대중들에게 배포하여 알리는 역할을 하는 기관이다. 보편적으로 전시관과 체험관으로 이루어져 있어, 누구나 쉽게 접근(接近)할 수 있도록 자연에 대한 이해와 지식(知識)을 넓힐 수 있는 교육적 기능(Function)을 수행한다. 국내 최초의 자연사 박물관인 이화여자대학교 자연사 박물관은 1969년 11월 개관하여 약 57,000여 점의 공물과 총 1,200종의 광물, 암석, 화석, 식물 등의 표본(Specimen)을 소장하고 있다. 서대문 자연사 박물관에는 실제 백악기의 거대한 공룡인 아크로칸토사우루스의 골격이 중앙홀에 전시되어 있어 방문객의 이목(Attention)을 끈다. 또한 세계에서 두 점이 발굴되었다는 프레노케랍토스①가 전시된 목포 자연사 박물관, 부산 해양(海洋) 자연사 박물관 등이 있다.

유

각주

2. 세계의 자연사 박물관

돋움, 12pt, 진하게

세계에서 가장 오랜 역사(歷史)를 가지고 있는 파리의 프랑스 국립 자연사 박물관은 1793년에 설립되었는데, 루이 13세에 의해 설립된 왕립 약용 식물원이 그 기틀이 되었다. 진화관, 고생물관, 지질광물관 등의 전시실(Gallery)과 식물원, 동물원으로 구성되어 있다. 1881년 개관한 영국 자연사 박물관은 런던에 위치해 있으며 세계 최대의 자연사 박물관이다. 조류 표본은 전 세계 조류의 95% 이상을 차지할 정도로 생물 전시관과 무생물 전시관으로 구분하여 표본을 다종의 최다로 보유하고 있음을 자랑한다. 미국 자연사 박물관은 영화 촬영지로도 잘 알려진 명소로 31톤에 이르는 세계 최대 운석과 빅뱅과 지진 등을 가상 체험할 수 있는 시설도 별도로 준비해두었다.

궁서, 12pt, 진하게, 가운데 정렬

국내 박물관 표본 보유 현황

종류	보유량(점)
광물	5,700
동물	956
식물	3,190
암석/화석	1,998
기타	875

위쪽 제목 셀 : 색상(RGB:227,220,193), 진하게
제목 셀 아래선 : 이중 실선(0.5mm)
글자 모양 : 굴림, 10pt, 가운데 정렬

궁서, 12pt, 진하게

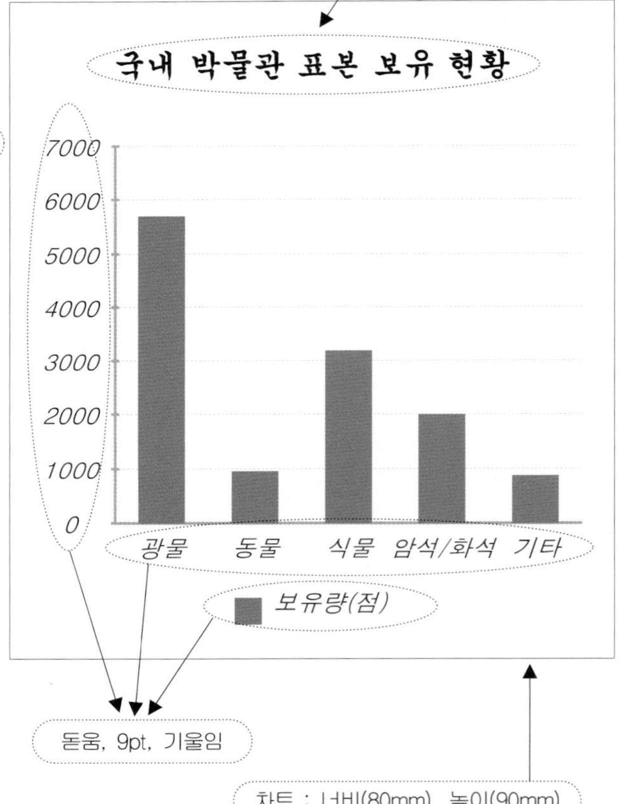

돋움, 9pt, 기울임

차트 : 너비(80mm), 높이(90mm)

① 2005년경 미국에서 경매를 통해 1억 2천만에 구입

굴림, 9pt

쪽 번호 매기기, 갑,을,병 순으로, 오른쪽 아래

- 을 -

PART

02

실전모의고사

CONTENTS

글맵시 - 견고딕, 채우기 : 색상(RGB:233,174,43)
크기 : 너비(110mm), 높이(20mm), 위치 : 글자처럼 취급, 가운데 정렬

DIAT
머리말(궁서, 9pt, 오른쪽 정렬)

2022년자연사박물관

진하게, 기울임

우리 박물관은 우리나라에서 가장 오래된 자연사 박물관으로 어린이부터 중고등학생을 대상으로 우리나라의 기후부터 동식물, 우주에 이르기까지 대자연의 역사를 배울 수 있는 프로그램을 매년 준비하고 있습니다. 자연사 박물관의 프로그램을 통해 지구에서 살아가는데 필요한 자연의 소중함을 알고, 미래에 인류와 자연이 공존할 수 있는 지혜를 찾을 수 있는 곳이기도 합니다. 전시 프로그램은 지구, 생명, 환경, 인간의 네 가지의 테마로 시간별 흐름에 따라 진행되며, 멀티미디어실에서는 VR체험관과 아트갤러리가 마련되어 생동감 있는 우주를 비롯해 화산, 공룡, 동식물 등을 만나볼 수 있습니다.

문자표 → ◎ 운영안내 ◎

굴림, 가운데 정렬

1. 운영일자 : 2022. 5. 1. ~ 2022. 12. 31.
2. 운영시간 : 10:00 ~ 17:00(월 1회 상시 휴무)
3. 장　　소 : 경기도 상도로 54 경기자연사박물관 미래환경관
4. 주　　관 : 한국대학교 자연과학대학, 누리환경연구회, 구리환경단체협회
5. 단체관람 : *3일 전까지 홈페이지를 통해 예약 후 확인 문자 발송* ← 기울임, 밑줄

문자표

※ 기타사항

- 당일 접수는 행사 시작 30분 전부터 가능하며, 사전 접수는 인터넷 접수로 받고 있습니다.
- 사전 접수한 개인 및 단체에게는 소정의 기념품이 제공됩니다.
- 프로그램에 대한 자세한 사항은 우리박물관 홈페이지(http://www.ihd.or.kr) 또는 우리 박물관 홍보팀(02-1234-5678)으로 문의하시기 바랍니다.

왼쪽여백 : 10pt
내어쓰기 : 13pt

2022. 04. 05. ← 12pt, 가운데 정렬

경기자연사박물관 ← 궁서, 24pt, 가운데 정렬

문제1은 1구역, 문제2는 2구역으로 나누어 답안 작성

쪽 번호 매기기, 갑,을,병 순으로, 오른쪽 아래 → - 갑 -

제 01 회

실전모의고사

한글 NEO 버전용

- 시험과목 : 워드프로세서(한글)
- 시험일자 : 20XX. XX. XX(X)
- 응시자 기재사항 및 감독위원 확인

수 검 번 호	DIW – XXXX –	감독위원 확인
성 명		

응시자 유의사항

1. 응시자는 반드시 신분증을 지참하여야 시험에 응시할 수 있으며, 시험이 종료될 때까지 신분증을 제시하지 못 할 경우 해당 시험은 0점 처리됩니다.
2. 시스템(PC작동여부, 네트워크 상태 등)의 이상여부를 반드시 확인하여야 하며, 시스템 이상이 있을 경우 감독위원에게 조치를 받으셔야 합니다.
3. 시험 중 부주의 또는 고의로 시스템을 파손한 경우는 수검자 부담으로 합니다.
4. 답안 전송 프로그램을 통해 다운로드 받은 파일을 이용하여 답안파일을 작성하시기 바랍니다.
5. 작성한 답안 파일은 답안 전송 프로그램을 통하여 전송됩니다. 감독관의 지시에 따라 주시기 바랍니다.
6. 다음사항의 경우 실격(0점) 혹은 부정행위 처리됩니다.
   1) 답안파일을 저장하지 않았거나, 저장한 파일이 손상되었을 경우
   2) 답안파일을 지정된 폴더(바탕화면 – "KAIT" 폴더)에 저장하지 않았을 경우
      ※ 답안 전송 프로그램 로그인 시 바탕화면에 자동 생성됨
   3) 답안파일을 다른 보조 기억장치(USB) 혹은 네트워크(메신저, 게시판 등)로 전송할 경우
   4) 휴대용 전화기 등 통신기기를 사용할 경우
7. 시험지에 제시된 글꼴이 응시 프로그램에 없는 경우, 반드시 감독위원에게 해당 내용을 통보한 뒤 조치를 받아야 합니다.
8. 시험의 완료는 작성이 완료된 답안을 저장하고, 답안 전송이 완료된 상태를 확인한 것으로 합니다. 답안 전송 확인 후 문제지는 감독관에게 제출한 후 퇴실하여야 합니다.
9. 답안전송이 완료된 경우에는 수정 또는 정정이 불가능합니다.
10. 시험시행 후 결과는 홈페이지(www.ihd.or.kr)에서 확인하시기 바랍니다.
    1) 문제 및 모범답안 공개 : 20XX. XX. XX(X)
    2) 합격자 발표 : 20XX. XX. XX(X)

식별CODE

Korea Association for ICT promotion
한국정보통신진흥협회 KAIT

【문제】 첨부된 문제를 다음의 조건을 적용하여 문서를 작성하시오.

① 문서는 A4(210mm×297mm) 크기, 세로 용지방향으로 작성한다.

② 페이지 여백은 아래와 같이 설정한다.

왼쪽	오른쪽	위쪽	아래쪽	머리말	꼬리말	제본
20mm	20mm	20mm	20mm	10mm	10mm	0mm

③ 한글 NEO 버전은 아래와 같이 "자동 글머리 기호 넣기"와 "자동 번호 매기기" 기능을 해제한다.

도구 → 빠른 교정 → 빠른 교정 내용 → 입력 자동 서식 ⇒	자동 글머리 기호 넣기(해제) 자동 번호 매기기(해제)

※ 만약 입력자동서식 메뉴가 없는 경우에는, "자동 글머리 기호 넣기"와 "자동 번호 매기기" 기능이 설정되어 있지 않은 것이므로 별도의 기능 해제 없이 그대로 시험에 응시하시면 됩니다.

④ 글자는 별도의 지시사항이 없는 한 바탕, 10pt, 양쪽정렬, 줄간격 160%로 작성한다.

⑤ 영문, 숫자 등은 별도의 지시가 없는 한 반각(1byte) 문자를 사용한다.

⑥ 특수문자는 문자표(전각 기호)를 이용하여 작성한다.

⑦ 교정부호 및 화살표로 기재된 지시사항대로 처리하되, ( )→은 지시사항이므로 작성하지 않는다.

⑧ 1페이지에 [문제1]을 작성하고, 구역나누기를 하여 2페이지에 [문제2]를 작성한다.

※ 해당 페이지에 작성하지 않거나 의도적으로 텍스트 작성을 하지 않은 경우 0점 처리

⑨ [문제2]는 문제지와 같이 2단으로 다단을 나누어 작성한다.

⑩ '그림 삽입' 시에는 반드시 "KAIT 수검프로그램"을 통해 다운로드 한 그림 파일을 사용한다.

⑪ 차트의 범례는 기본값으로 작성한다.(선 모양 없음)

⑫ 총점 : 200점

[공통사항1(기본설정, 용지설정)] : 8점, [공통사항2(오탈자)] : 40점

[문제1] : 46점, [문제2] : 106점

⑬ 기타 특별히 지시되어 있지 않은 사항은 문제지에 준하여 작성한다.

【문제】 첨부된 문제를 다음의 조건을 적용하여 문서를 작성하시오.

① 문서는 A4(210mm×297mm) 크기, 세로 용지방향으로 작성한다.

② 페이지 여백은 아래와 같이 설정한다.

왼쪽	오른쪽	위쪽	아래쪽	머리말	꼬리말	제본
20mm	20mm	20mm	20mm	10mm	10mm	0mm

③ 한글 NEO 버전은 아래와 같이 "자동 글머리 기호 넣기"와 "자동 번호 매기기" 기능을 해제한다.

도구 → 빠른 교정 → 빠른 교정 내용 → 입력 자동 서식 ⇒	자동 글머리 기호 넣기(해제) 자동 번호 매기기(해제)

※ 만약 입력자동서식 메뉴가 없는 경우에는, "자동 글머리 기호 넣기"와 "자동 번호 매기기" 기능이 설정되어 있지 않은 것이므로 별도의 기능 해제 없이 그대로 시험에 응시하시면 됩니다.

④ 글자는 별도의 지시사항이 없는 한 바탕, 10pt, 양쪽정렬, 줄간격 160%로 작성한다.

⑤ 영문, 숫자 등은 별도의 지시가 없는 한 반각(1byte) 문자를 사용한다.

⑥ 특수문자는 문자표(전각 기호)를 이용하여 작성한다.

⑦ 교정부호 및 화살표로 기재된 지시사항대로 처리하되, ( ) →은 지시사항이므로 작성하지 않는다.

⑧ 1페이지에 [문제1]을 작성하고, 구역나누기를 하여 2페이지에 [문제2]를 작성한다.

※ 해당 페이지에 작성하지 않거나 의도적으로 텍스트 작성을 하지 않은 경우 0점 처리

⑨ [문제2]는 문제지와 같이 2단으로 다단을 나누어 작성한다.

⑩ '그림 삽입' 시에는 반드시 "KAIT 수검프로그램"을 통해 다운로드 한 그림 파일을 사용한다.

⑪ 차트의 범례는 기본값으로 작성한다.(선 모양 없음)

⑫ 총점 : 200점

[공통사항1(기본설정, 용지설정)] : 8점, [공통사항2(오탈자)] : 40점

[문제1] : 46점, [문제2] : 106점

⑬ 기타 특별히 지시되어 있지 않은 사항은 문제지에 준하여 작성한다.

제 10 회

실전모의고사

한글 NEO 버전용

- 시험과목 : 워드프로세서(한글)
- 시험일자 : 20XX. XX. XX(X)
- 응시자 기재사항 및 감독위원 확인

수 검 번 호	DIW – XXXX –	감독위원 확인
성 명		

응시자 유의사항

1. 응시자는 반드시 신분증을 지참하여야 시험에 응시할 수 있으며, 시험이 종료될 때까지 신분증을 제시하지 못 할 경우 해당 시험은 0점 처리됩니다.
2. 시스템(PC작동여부, 네트워크 상태 등)의 이상여부를 반드시 확인하여야 하며, 시스템 이상이 있을 경우 감독위원에게 조치를 받으셔야 합니다.
3. 시험 중 부주의 또는 고의로 시스템을 파손한 경우는 수검자 부담으로 합니다.
4. 답안 전송 프로그램을 통해 다운로드 받은 파일을 이용하여 답안파일을 작성하시기 바랍니다.
5. 작성한 답안 파일은 답안 전송 프로그램을 통하여 전송됩니다. 감독관의 지시에 따라 주시기 바랍니다.
6. 다음사항의 경우 실격(0점) 혹은 부정행위 처리됩니다.
   1) 답안파일을 저장하지 않았거나, 저장한 파일이 손상되었을 경우
   2) 답안파일을 지정된 폴더(바탕화면 – "KAIT" 폴더)에 저장하지 않았을 경우
      ※ 답안 전송 프로그램 로그인 시 바탕화면에 자동 생성됨
   3) 답안파일을 다른 보조 기억장치(USB) 혹은 네트워크(메신저, 게시판 등)로 전송할 경우
   4) 휴대용 전화기 등 통신기기를 사용할 경우
7. 시험지에 제시된 글꼴이 응시 프로그램에 없는 경우, 반드시 감독위원에게 해당 내용을 통보한 뒤 조치를 받아야 합니다.
8. 시험의 완료는 작성이 완료된 답안을 저장하고, 답안 전송이 완료된 상태를 확인한 것으로 합니다. 답안 전송 확인 후 문제지는 감독관에게 제출한 후 퇴실하여야 합니다.
9. 답안전송이 완료된 경우에는 수정 또는 정정이 불가능합니다.
10. 시험시행 후 결과는 홈페이지(www.ihd.or.kr)에서 확인하시기 바랍니다.
    1) 문제 및 모범답안 공개 : 20XX. XX. XX(X)
    2) 합격자 발표 : 20XX. XX. XX(X)

식별CODE

글맵시 – 휴먼옛체, 채우기 : 색상(RGB:49,95,151)
크기 : 너비(100mm), 높이(20mm), 위치 : 글자처럼 취급, 가운데 정렬

DIAT
머리말(돋움, 9pt, 오른쪽 정렬)

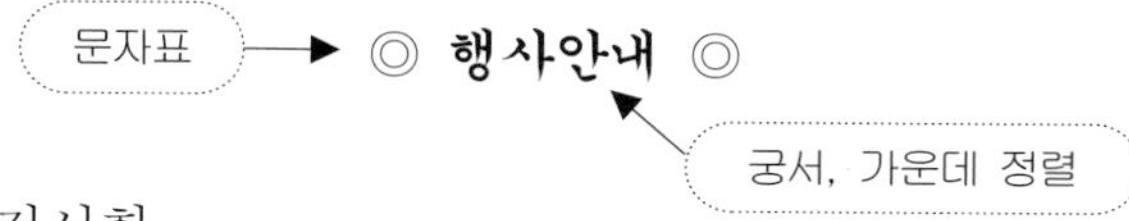

진하게, 기울임

한국방송기술인연합회와 한국이앤엑스가 공동주최하는 이번 전시회는 ***국내 방송문화의 향상과 미디어, 음향, 조명산업의 발전***을 위하여 1991년에 첫 회를 개최하여 30회를 맞이하게 되었습니다. 전시회는 여의도 한강공원 특설 스튜디오에서 진행되며, 차세대 방송 서비스와 미디어, 음향, 조명산업의 미래를 제시할 것입니다. 전시 기간에는 한국방송기술인연합회가 주관하는 80여 회 이상의 국제방송기술컨퍼런스와 한국음향예술인협회, 한국음향학회가 주관하는 음향 관련 전문기술세미나를 통해 방송, 음향 관련 전문정보를 습득할 기회를 제공합니다. 관심 있는 여러분들의 많은 참여와 격려를 부탁드립니다.

문자표 → ◎ **행사안내** ◎

궁서, 가운데 정렬

1. 행사주제 : 국제방송미디어전시회
2. 행사일시 : 2022년 08월 10일(수)부터 08월 14일(일)까지 11:00~21:00
3. 행사장소 : 여의도 한강공원 특설 스튜디오
4. 사전등록 : **2022년 08월 09일(화) 18:00까지 온라인으로 등록(http://www.ihd.or.kr)** ← 진하게, 밑줄
5. 행사후원 : 과학기술정보통신부, 방송통신위원회, 한국음향예술인협회, 한국음향학회

문자표

※ 기타사항

- 월드미디어포럼, 국제방송기술 컨퍼런스, 유튜브 기술시연회 및 세미나, 1인 미디어 쇼, 미디어 콘텐츠 제작 서비스 등 다양한 부대행사가 진행됩니다.
- 국제방송기술 컨퍼런스 유료등록을 하신 분은 전시회 참관이 무료이고, 촬영은 허용되지 않습니다.
- 행사 기간 중 오후 3시부터 포토존(페이스북, 인스타그램 판넬 등)에서 무료 촬영을 진행합니다.

왼쪽여백 : 10pt
내어쓰기 : 12pt

2022. 07. 25. ← 12pt, 가운데 정렬

한국방송기술인연합회

← 궁서체, 25pt, 가운데 정렬

문제1은 1구역, 문제2는 2구역으로 나누어 답안 작성

쪽 번호 매기기, Ⅰ,Ⅱ,Ⅲ 순으로, 오른쪽 아래 → - Ⅰ -

쪽 테두리 : 이중 실선(0.5mm), 머리말 포함

글상자 - 크기 : 너비(70mm), 높이(12mm), 테두리 : 이중 실선(1.00mm), 반원
채우기 : 색상(RGB:202,86,167), 위치 : 글자처럼 취급, 가운데 정렬,
글자 모양 : 견고딕, 20pt, 가운데 정렬

머리말(궁서, 9pt, 오른쪽 정렬)

DIAT

그림I 삽입(바탕화면-KAIT-제출파일폴더)
너비(30mm), 높이(30mm)
위치 : 어울림(가로-쪽의 왼쪽:0mm,
세로-쪽의 위:24mm)

반려동물 복지관리

1. 반려동물이란? ← 굴림, 12pt, 진하게

사회가 고도로 발전되면서 물질이 풍요로워지는 반면, 인간은 점차 자기중심적이고, 마음은 고갈(枯渴)되어 간다. 이에 비해 세계는 동물의 항상 천성 그대로이며 순수하다. 사람은 이런 동물과 접함으로써 상실되어가는 인간 본연의 성정(性情)을 되찾으려고 한다. 이것이 동물을 반려(companion)하는 일이며, 그 대상이 되는 동물을 반려동물㉠이라고 한다. 동물이 인간에게 주는 여러 혜택을 존중(尊重)하며 동물은 사람의 장난감이 아닌 더불어 살아가는 존재임을 의미한다. 반려동물에는 개, 고양이, 햄스터 등의 포유류(mammal)와 앵무새, 카나리아 등의 조류, 금붕어, 열대어 등의 어류, 이구아나, 카멜레온 등의 파충류(reptile) 등이 있다.

각주

2. 동물 등록제란? ← 굴림, 12pt, 진하게

등록대상 동물의 소유자는 동물의 보호와 유실, 유기 방지를 위하여 동물 등록대행기관, 관할 지자체에 등록대상 동물을 등록 신청하고, 관할 지자체는 동물 보호관리 시스템에 등록동물과 소유자의 정보를 등록하여 관리해야 한다. 동물보호법 시행령(施行令) 제3조에 따라 주택/준주택에서 기르거나, 그 외의 장소에서 반려의 목적으로 기르는 3개월령 이상인 개의 소유자가 해당 대상이다. 단, 등록대상 동물이 맹견이 아닌 경우 시도의 조례(ordinance)로 정하는 지역(동물보호법 제12조, 동 시행규칙 제7조)은 제외되며, 등록하지 않은 경우 100만 원 이하의 과태료가 부과된다. 그리고 동물등록에 사용되는 마이크로칩(RFID, radio frequency identification)은 체내 이물 반응이 없는 재질로 코팅된 쌀알 크기의 동물용 의료기기로 동물용 의료기기(醫療機器) 기준규격과 국제귀격에 적합한 제품만 사용하고 있다.

귀 → 규

㉠ 동물이 인간에게 주는 혜택을 존중하며, 사람의 장난감이 아닌 더불어 살아가는 의미가 담겨있다. ← 중고딕, 9pt

돋움, 12pt, 진하게, 가운데 정렬

동물 복지관리 실태

지역	동물등록수	구조/보호수
서울	24,839	8,631
경기	36,107	23,079
강원	3,143	4,764
충청	2,530	3,552

위쪽 제목 셀 : 색상(RGB:233,174,43), 진하게
제목 셀 아래선 : 이중 실선(0.5mm)
글자 모양 : 중고딕, 10pt, 가운데 정렬

굴림, 12pt, 진하게

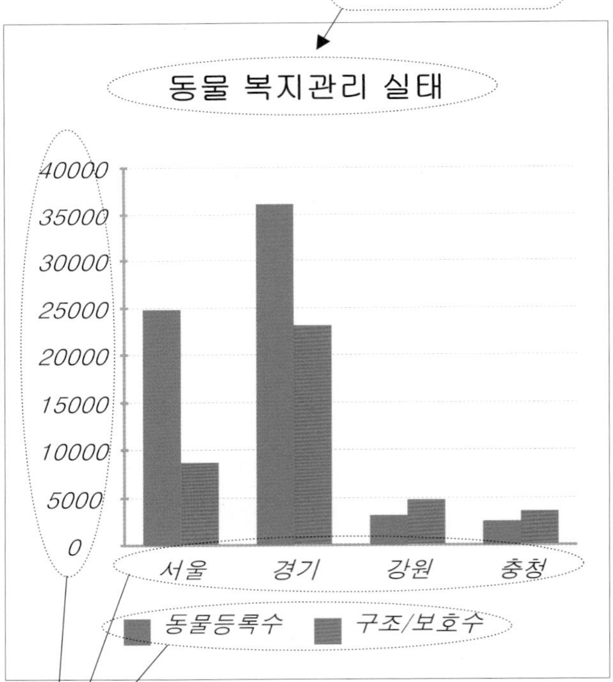

동물 복지관리 실태

40000
35000
30000
25000
20000
15000
10000
5000
0

서울 경기 강원 충청

동물등록수 구조/보호수

돋움, 9pt, 기울임

차트 : 너비(80mm), 높이(90mm)

쪽 번호 매기기, A,B,C 순으로, 오른쪽 아래 → - B -

쪽 테두리 : 이중 실선(0.5mm), 머리말 포함

글상자 - 크기 : 너비(70mm), 높이(12mm), 테두리 : 이중 실선(1.00mm), 반원
채우기 : 색상(RGB:53,135,145), 위치 : 글자처럼 취급, 가운데 정렬,
글자 모양 : 견고딕, 20pt, 가운데 정렬

머리말(돋움, 9pt, 오른쪽 정렬)

DIAT

그림A 삽입(바탕화면-KAIT-제출파일폴더)
너비(35mm), 높이(30mm)
위치 : 어울림(가로-쪽의 왼쪽:0mm,
세로-쪽의 위:24mm)

미디어 리터러시

중고딕, 12pt, 진하게, 가운데 정렬

1. 미디어의 정의

굴림, 12pt, 진하게

미디어란 인간 사회에서 자신의 의사(intention), 감정 또는 객관적 정보를 서로 주고받을 수 있도록 마련된 수단을 의미한다. 그러나 뉴미디어의 등장과 매스 미디어①의 보급으로 인해 현대사회의 미디어는 단순한 수단이 아니라 인간이 사는 사회 전체를 통괄하고 제어하는 기능까지도 떠맡게 되었다. 미디어의 개인적, 사회적 영향은 우리 하나하나의 확장(擴張), 바꾸어 말한다면 새로운 테크놀로지 하나하나가 우리에게 도입되는 새로운 척도(尺度)로서 측정(measurement)되어야 한다. 즉 현대사회에 있어 미디어는 인간의 상호 관계와 행동의 척도를 만들어내고 제어하는 것으로서, 인간에게 심리적, 사회적 영향을 미치는 것으로서 존재한다.

각주

2. 미디어 리터러시

굴림, 12pt, 진하게

요즘 미디어 리터러시(media literacy)라는 단어가 신문이나 뉴스, 그리고 이런저런 방송에서 종종 쓰이는 것을 볼 수 있다. 미디어가 급격하게 변화하고 있어서 그에 대한 정의나 담론(談論)들도 빠르고 (변화하고/다양하게) 있는데, 미디어 리터러시는 미디어에 의해 표현된 메시지 혹은 이미지가 어떤 맥락(context)에서 어떤 의도와 방법으로 구성되고 편집되는지를 비판적으로 읽고, 거기에서부터 새로운 커뮤니케이션을 창조(創造)해내는 능력이라고 할 수 있다. 그렇다면 왜 최근 들어 미디어 리터러시의 필요성이 대두(擡頭)되는 것일까? 미디어가 발달하고 정보(information)와 메시지가 넘쳐날수록 정보의 빠른 획득 못지않게 정보의 옳고 그름, 정보를 통해 전달하고자 하는 정보 전달자의 의도, 의도했든 의도하지 않았던 정보가 끼치게 될 영향 등을 제대로 파악해 내는 능력이 중요하게 되었다.

든

미디어 리터러시 추이(5점 기준)

년도	중학생	고등학생
2014	2.6	2.9
2015	3.1	3.3
2016	3.8	3.5
2017	4.3	4.3
2018	4.5	4.7

위쪽 제목 셀 : 색상(RGB:202,86,167), 진하게
제목 셀 아래선 : 이중 실선(0.5mm)
글자 모양 : 궁서, 10pt, 가운데 정렬

휴먼옛체, 13pt, 진하게

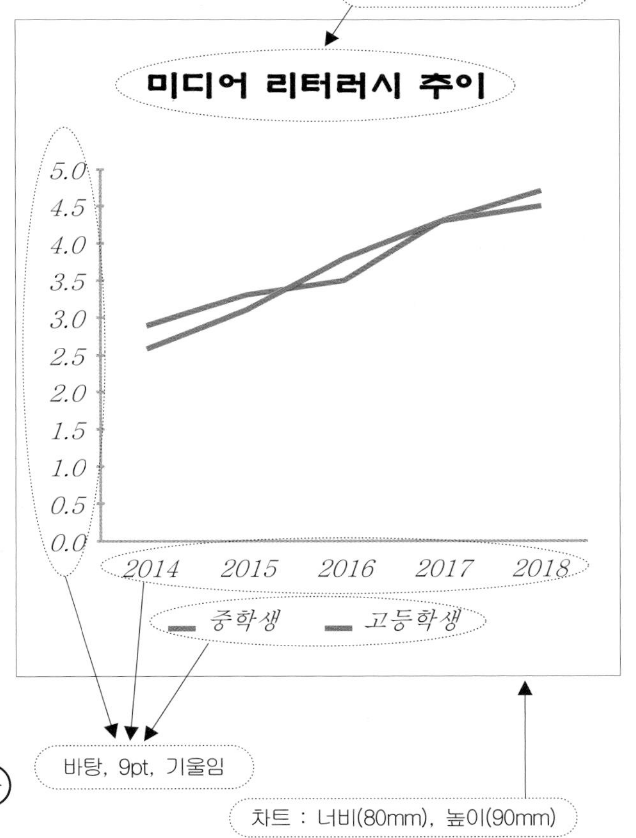

바탕, 9pt, 기울임

차트 : 너비(80mm), 높이(90mm)

① 신문, 잡지, 영화, 텔레비전 따위와 같이 많은 사람에게 대량으로 정보와 사상을 전달하는 매체

중고딕, 9pt

쪽 번호 매기기, Ⅰ,Ⅱ,Ⅲ 순으로, 오른쪽 아래

글맵시 - 견고딕, 채우기 : 색상(RGB:199,82,82)
크기 : 너비(110mm), 높이(20mm), 위치 : 글자처럼 취급, 가운데 정렬

DIAT
머리말(궁서, 9pt, 오른쪽 정렬)

반려동물헬스케어전시회

진하게, 밑줄

한국 수의사협회는 전국 어디서나 보호자와 반려동물이 **수의사에게 양질의 진료를 받을 수 있다는 사명** 하에 2018년 설립되었습니다. 2019년에는 사람뿐만 아니라 반려동물에서도 피해가 발생한 가습기 폐 손상 사례를 심포지엄에서 다루었고, 올해에는 반려동물병원과 연계 업체를 중심으로 임상 수의사들과 업체분들이 교류할 수 있는 전시회를 개최합니다. 국내외적으로 반려동물 경기가 밝지 않지만, 중지를 모아서 내부경쟁이 아닌 시장을 확대할 수 있도록 준비하였습니다. 국내 업체들의 해외 진출에 가교 역할을 할 수 있도록 최선을 다하겠습니다. 관련 업체 여러분의 많은 참여를 부탁드립니다.

문자표 → ● **행사안내** ● ← 궁서, 가운데 정렬

1. 행 사 명 : 반려동물 헬스케어 전시회
2. 행사일시 : 07. 08(금) ~ 07. 10(일), 13:00 ~ 18:00
3. 행사장소 : 서울 삼성동 코엑스 전시장 1층
4. 사전등록 : *2022. 06. 16(목) 18:00까지 온라인으로 등록* ← 기울임, 밑줄
5. 행사주관 : 한국 수의사협회, 중소기업진흥공단, 중소벤처경영학회

문자표

※ 기타사항

- 전시 프로그램 : 동물 의약품, 의료용품, 의료 소모품, 방사선 기기, 수술 장비, 재활의학 장비, 의료정보시스템, 피부미용 기기, 병원설비 장비, 의료 컨설팅 및 개원 정보, 기타
- 협회 사무국 홈페이지(http://www.ihd.or.kr)에서 사전등록 시스템을 운영합니다.
- 동물병원 개원 준비나 경영에 관련한 정보가 필요하시다면 개원 컨퍼런스에 등록바랍니다.

왼쪽여백 : 15pt
내어쓰기 : 12pt

2022. 06. 08. ← 13pt, 가운데 정렬

한국수의사협회 ← 궁서체, 26pt, 가운데 정렬

문제1은 1구역, 문제2는 2구역으로 나누어 답안 작성

쪽 번호 매기기, A,B,C 순으로, 오른쪽 아래 → - A -

제 02 회 실전모의고사

한글 NEO 버전용

- 시험과목 : 워드프로세서(한글)
- 시험일자 : 20XX. XX. XX(X)
- 응시자 기재사항 및 감독위원 확인

수 검 번 호	DIW – XXXX –	감독위원 확인
성 명		

응시자 유의사항

1. 응시자는 반드시 신분증을 지참하여야 시험에 응시할 수 있으며, 시험이 종료될 때까지 신분증을 제시하지 못 할 경우 해당 시험은 0점 처리됩니다.
2. 시스템(PC작동여부, 네트워크 상태 등)의 이상여부를 반드시 확인하여야 하며, 시스템 이상이 있을 경우 감독위원에게 조치를 받으셔야 합니다.
3. 시험 중 부주의 또는 고의로 시스템을 파손한 경우는 수검자 부담으로 합니다.
4. 답안 전송 프로그램을 통해 다운로드 받은 파일을 이용하여 답안파일을 작성하시기 바랍니다.
5. 작성한 답안 파일은 답안 전송 프로그램을 통하여 전송됩니다. 감독관의 지시에 따라 주시기 바랍니다.
6. 다음사항의 경우 실격(0점) 혹은 부정행위 처리됩니다.
   1) 답안파일을 저장하지 않았거나, 저장한 파일이 손상되었을 경우
   2) 답안파일을 지정된 폴더(바탕화면 – "KAIT" 폴더)에 저장하지 않았을 경우
      ※ 답안 전송 프로그램 로그인 시 바탕화면에 자동 생성됨
   3) 답안파일을 다른 보조 기억장치(USB) 혹은 네트워크(메신저, 게시판 등)로 전송할 경우
   4) 휴대용 전화기 등 통신기기를 사용할 경우
7. 시험지에 제시된 글꼴이 응시 프로그램에 없는 경우, 반드시 감독위원에게 해당 내용을 통보한 뒤 조치를 받아야 합니다.
8. 시험의 완료는 작성이 완료된 답안을 저장하고, 답안 전송이 완료된 상태를 확인한 것으로 합니다. 답안 전송 확인 후 문제지는 감독관에게 제출한 후 퇴실하여야 합니다.
9. 답안전송이 완료된 경우에는 수정 또는 정정이 불가능합니다.
10. 시험시행 후 결과는 홈페이지(www.ihd.or.kr)에서 확인하시기 바랍니다.
    1) 문제 및 모범답안 공개 : 20XX. XX. XX(X)
    2) 합격자 발표 : 20XX. XX. XX(X)

식별CODE

Korea Association for ICT promotion
한국정보통신진흥협회 KAIT

【문제】 첨부된 문제를 다음의 조건을 적용하여 문서를 작성하시오.

① 문서는 A4(210mm×297mm) 크기, 세로 용지방향으로 작성한다.

② 페이지 여백은 아래와 같이 설정한다.

왼쪽	오른쪽	위쪽	아래쪽	머리말	꼬리말	제본
20mm	20mm	20mm	20mm	10mm	10mm	0mm

③ 한글 NEO 버전은 아래와 같이 "자동 글머리 기호 넣기"와 "자동 번호 매기기" 기능을 해제한다.

도구 → 빠른 교정 → 빠른 교정 내용 → 입력 자동 서식 ⇒	자동 글머리 기호 넣기(해제) 자동 번호 매기기(해제)

※ 만약 입력자동서식 메뉴가 없는 경우에는, "자동 글머리 기호 넣기"와 "자동 번호 매기기" 기능이 설정되어 있지 않은 것이므로 별도의 기능 해제 없이 그대로 시험에 응시하시면 됩니다.

④ 글자는 별도의 지시사항이 없는 한 바탕, 10pt, 양쪽정렬, 줄간격 160%로 작성한다.

⑤ 영문, 숫자 등은 별도의 지시가 없는 한 반각(1byte) 문자를 사용한다.

⑥ 특수문자는 문자표(전각 기호)를 이용하여 작성한다.

⑦ 교정부호 및 화살표로 기재된 지시사항대로 처리하되, ⬭→은 지시사항이므로 작성하지 않는다.

⑧ 1페이지에 [문제1]을 작성하고, 구역나누기를 하여 2페이지에 [문제2]를 작성한다.

※ 해당 페이지에 작성하지 않거나 의도적으로 텍스트 작성을 하지 않은 경우 0점 처리

⑨ [문제2]는 문제지와 같이 2단으로 다단을 나누어 작성한다.

⑩ '그림 삽입' 시에는 반드시 "KAIT 수검프로그램"을 통해 다운로드 한 그림 파일을 사용한다.

⑪ 차트의 범례는 기본값으로 작성한다.(선 모양 없음)

⑫ 총점 : 200점

[공통사항1(기본설정, 용지설정)] : 8점, [공통사항2(오탈자)] : 40점

[문제1] : 46점, [문제2] : 106점

⑬ 기타 특별히 지시되어 있지 않은 사항은 문제지에 준하여 작성한다.

【문제】 첨부된 문제를 다음의 조건을 적용하여 문서를 작성하시오.

① 문서는 A4(210mm×297mm) 크기, 세로 용지방향으로 작성한다.

② 페이지 여백은 아래와 같이 설정한다.

왼쪽	오른쪽	위쪽	아래쪽	머리말	꼬리말	제본
20mm	20mm	20mm	20mm	10mm	10mm	0mm

③ 한글 NEO 버전은 아래와 같이 "자동 글머리 기호 넣기"와 "자동 번호 매기기" 기능을 해제한다.

도구 → 빠른 교정 → 빠른 교정 내용 → 입력 자동 서식 ⇒	자동 글머리 기호 넣기(해제) 자동 번호 매기기(해제)

※ 만약 입력자동서식 메뉴가 없는 경우에는, "자동 글머리 기호 넣기"와 "자동 번호 매기기" 기능이 설정되어 있지 않은 것이므로 별도의 기능 해제 없이 그대로 시험에 응시하시면 됩니다.

④ 글자는 별도의 지시사항이 없는 한 바탕, 10pt, 양쪽정렬, 줄간격 160%로 작성한다.

⑤ 영문, 숫자 등은 별도의 지시가 없는 한 반각(1byte) 문자를 사용한다.

⑥ 특수문자는 문자표(전각 기호)를 이용하여 작성한다.

⑦ 교정부호 및 화살표로 기재된 지시사항대로 처리하되, ⟶은 지시사항이므로 작성하지 않는다.

⑧ 1페이지에 [문제1]을 작성하고, 구역나누기를 하여 2페이지에 [문제2]를 작성한다.

※ 해당 페이지에 작성하지 않거나 의도적으로 텍스트 작성을 하지 않은 경우 0점 처리

⑨ [문제2]는 문제지와 같이 2단으로 다단을 나누어 작성한다.

⑩ '그림 삽입' 시에는 반드시 "KAIT 수검프로그램"을 통해 다운로드 한 그림 파일을 사용한다.

⑪ 차트의 범례는 기본값으로 작성한다.(선 모양 없음)

⑫ 총점 : 200점

[공통사항1(기본설정, 용지설정)] : 8점, [공통사항2(오탈자)] : 40점

[문제1] : 46점, [문제2] : 106점

⑬ 기타 특별히 지시되어 있지 않은 사항은 문제지에 준하여 작성한다.

제 09 회

실전모의고사

한글 NEO 버전용

- 시험과목 : 워드프로세서(한글)
- 시험일자 : 20XX. XX. XX(X)
- 응시자 기재사항 및 감독위원 확인

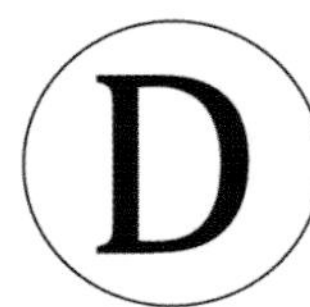

수 검 번 호	DIW – XXXX –	감독위원 확인
성 명		

응시자 유의사항

1. 응시자는 반드시 신분증을 지참하여야 시험에 응시할 수 있으며, 시험이 종료될 때까지 신분증을 제시하지 못 할 경우 해당 시험은 0점 처리됩니다.
2. 시스템(PC작동여부, 네트워크 상태 등)의 이상여부를 반드시 확인하여야 하며, 시스템 이상이 있을 경우 감독위원에게 조치를 받으셔야 합니다.
3. 시험 중 부주의 또는 고의로 시스템을 파손한 경우는 수검자 부담으로 합니다.
4. 답안 전송 프로그램을 통해 다운로드 받은 파일을 이용하여 답안파일을 작성하시기 바랍니다.
5. 작성한 답안 파일은 답안 전송 프로그램을 통하여 전송됩니다. 감독관의 지시에 따라 주시기 바랍니다.
6. 다음사항의 경우 실격(0점) 혹은 부정행위 처리됩니다.
   1) 답안파일을 저장하지 않았거나, 저장한 파일이 손상되었을 경우
   2) 답안파일을 지정된 폴더(바탕화면 – “KAIT” 폴더)에 저장하지 않았을 경우
      ※ 답안 전송 프로그램 로그인 시 바탕화면에 자동 생성됨
   3) 답안파일을 다른 보조 기억장치(USB) 혹은 네트워크(메신저, 게시판 등)로 전송할 경우
   4) 휴대용 전화기 등 통신기기를 사용할 경우
7. 시험지에 제시된 글꼴이 응시 프로그램에 없는 경우, 반드시 감독위원에게 해당 내용을 통보한 뒤 조치를 받아야 합니다.
8. 시험의 완료는 작성이 완료된 답안을 저장하고, 답안 전송이 완료된 상태를 확인한 것으로 합니다. 답안 전송 확인 후 문제지는 감독관에게 제출한 후 퇴실하여야 합니다.
9. 답안전송이 완료된 경우에는 수정 또는 정정이 불가능합니다.
10. 시험시행 후 결과는 홈페이지(www.ihd.or.kr)에서 확인하시기 바랍니다.
    1) 문제 및 모범답안 공개 : 20XX. XX. XX(X)
    2) 합격자 발표 : 20XX. XX. XX(X)

식별CODE

글맵시 - 휴먼옛체, 채우기 : 색상(RGB:53,135,145)
크기 : 너비(90mm), 높이(20mm), 위치 : 글자처럼 취급, 가운데 정렬

DIAT
머리말(굴림, 9pt, 오른쪽 정렬)

금강하구생태여행안내

진하게, 기울임

금강하구에는 국립생태원, 국립해양생물자원관, 조류생태전시관 등이 자리하고 있으며 갯벌 등 살아있는 생태관광자원을 보유하고 있습니다. 이에 국립생태원에서는 금강하구의 자연환경을 교과와 접목한 활동으로 창조적 사고 확장과 ***자연과 인류의 조화로운 공생 관계 이해를 통해 21세기 협력형 인재 개발***을 목표로 생태여행 프로그램을 개발하였습니다. 이 프로그램은 학생들을 대상으로 해양, 내륙 생태계와 갯벌과의 연관성을 과학적이고 문화적인 접근을 통해 살펴보는 프로그램입니다. 금강하구 생태학습 프로그램을 다음과 같이 운영하오니 관심 있는 학생들이 다수 참여할 수 있도록 안내하여 주시기 바랍니다.

문자표 → ■ 생태여행 ■ ← 굴림, 가운데 정렬

1. 기　　간 : 10월부터 12월까지(매주 토요일)
2. 장　　소 : *<u>국립해양생물자원관, 국립생태원, 조류생태전시관, 갯벌 등</u>* ← 기울임, 밑줄
3. 신청대상 : 전국 초중고등학생(회당 40명 이내)
4. 접수방법 : 참가 신청서를 작성하여 공문으로 접수
5. 기　　타 : 자세한 내용은 국립생태원 홈페이지(http://ihd.or.kr) 프로그램 안내문 참조

문자표

※ 기타사항

- 교육은 전문 자연환경해설사와 명예습지안내인이 실시합니다.
- 갯벌 생물 채집, 관찰, 분류 관련 현장 체험과 해양생물과 도요새 관계 이해 등 일부 갯벌과 관련된 프로그램의 경우 물때에 따라 사전 일정 조정이 필요합니다.
- 환경 동아리 지도, 수학여행 프로그램 및 찾아가는 환경교육 프로그램도 신청하실 수 있습니다.

왼쪽여백 : 10pt
내어쓰기 : 12pt

2022. 09. 26. ← 13pt, 가운데 정렬

국립생태원 ← 견고딕, 26pt, 가운데 정렬

문제1은 1구역, 문제2는 2구역으로 나누어 답안 작성

- A - ← 쪽 번호 매기기, A,B,C 순으로, 가운데 아래

쪽 테두리 : 이중 실선(0.5mm), 머리말 포함

글상자-크기 : 너비(65mm), 높이(12mm), 테두리 : 이중 실선(1.00mm), 둥근 모양
채우기 : 색상(RGB:199,82,82), 위치 : 글자처럼 취급, 가운데 정렬,
글자 모양 : 휴먼옛체, 20pt, 가운데 정렬

머리말(중고딕, 9pt, 오른쪽 정렬)

DIAT

그림H 삽입(바탕화면-KAIT-제출파일폴더)
너비(30mm), 높이(30mm)
위치 : 어울림(가로-쪽의 왼쪽:0mm,
세로-쪽의 위:24mm)

커피의 이해

돋움, 12pt, 진하게, 가운데 정렬

1. 커피 산지와 품종

굴림, 12pt, 진하게

세계적으로 커피ⓐ가 생산되는 곳은 열대, 아열대(亞熱帶) 지역으로 커피 벨트(coffee belt) 또는 커피 존이라고 한다. 중남미(브라질, 콜롬비아, 과테말라, 자메이카 등)에서 중급 이상의 아라비카 커피가 생산(生産)되고 중동/아프리카(에티오피아, 예멘, 탄자니아, 케냐 등)는 커피의 원산지로 유명하지만, 최근에는 다른 나라보다 커피산업이 뒤처지고 있다. 아시아, 태평양 지역과 인도네시아(인도, 베트남) 지역에서는 대부분 로부스타 커피(robusta coffee)가 생산되고 있는데, 소량의 아라비카 생산하여 커피를 최상급의 커피로 인정받는 품목(品目)도 있다. 세계 3대 커피는 자메이카의 블루 마운틴, 하와이의 코나, 예멘의 모카 커피이다.

각주

세계 커피 생산량(단위:만 톤)

국가	2017년	2018년
브라질	330	309
베트남	153	171
콜롬비아	88	84
멕시코	45	50
우간다	44	46

위쪽 제목 셀 : 색상(RGB:233,174,43), 진하게
제목 셀 아래선 : 이중 실선(0.5mm)
글자 모양 : 중고딕, 10pt, 가운데 정렬

바탕, 12pt, 진하게

세계 커피 생산량

400
350
300
250
200
150
100
50
0

브라질 베트남 콜롬비아 멕시코 우간다

2017년 2018년

돋움, 9pt, 기울임

차트 : 너비(80mm), 높이(80mm)

2. 커피 로스팅

굴림, 12pt, 진하게

생두(green bean)에 열을 가하여 볶는 것이다. 일반적으로 볶음 정도에 따라 맛과 향미의 변화를 9단계로 세분화(細分化)한다. 로스팅의 온도, 시간, 속도 등에 따라 커피 맛이 달라지는데, 보통 시나몬 로스팅(cinamon roasting)까지는 신맛이 강하다. 좀 더 로스팅이 진행되면 캐러멜화가 진행되면서 생두는 짙은 갈색을 띠게 된다. 풀시티 로스트에 이르면 옅은 신맛, 단맛이 감도는 풍부한 향미를 나타나게 된다. 프렌치 로스트 이후에는 신맛은 거의 없어지고 쓴맛을 느끼게 되며, 그 이상 로스팅을 하게 되면 탄맛, 탄향이 난다. 일반적으로 스트레이트 커피로 이용하는 고급 아라비카 커피(arabica coffee)는 시티 로스팅이나 풀시티 로스팅 단계에서 최고(最高)의 맛과 향을 내는 것으로 알려져 있다. 또한 로스터는 아직 카 가공되지 않은 커피콩 즉, 생두를 원두로 만들기 위해 거치는 과정 로스팅을 하는 사람을 의미한다.

ⓐ 커피나무에서 생두를 수확하여 가공공정을 거쳐 볶은 후 원두를 섞어 추출하여 음용하는 기호음료.

궁서, 9pt

쪽 번호 매기기, ⅰ,ⅱ,ⅲ 순으로, 오른쪽 아래

- ii -

글상자 - 크기 : 너비(70mm), 높이(12mm), 테두리 : 이중 실선(1.00mm), 반원
채우기 : 색상(RGB:233,174,43), 위치 : 글자처럼 취급, 가운데 정렬,
글자 모양 : 견고딕, 15pt, 가운데 정렬

머리말(굴림, 9pt, 오른쪽 정렬)

DIAT

그림B 삽입(바탕화면-KAIT-제출파일폴더)
너비(30mm), 높이(30mm)
위치 : 어울림(가로-쪽의 왼쪽:0mm,
세로-쪽의 위:24mm)

갯벌과 자연환경해설사

굴림체, 12pt, 진하게, 가운데 정렬

1. 갯벌(Mud Flat)

돋움체, 12pt, 진하게

해양생태계를 이루고 있는 것들 중에서 갯벌은 아주 중요한 역할을 하고 있다. 갯벌은 바닷가의 평편하고 물의 흐름이 완만한 곳에 물속의 흙 알갱이들이 내려앉아 만들어진다. 갯벌은 바다를 정화해주고 해양생태계에서 먹이 사슬을 유지해주는 식물(植物) 플랑크톤(plankton)을 만들어 주기 때문에 갯벌에 사는 생물들에게 먹이를 주고 생태계를 유지시켜 준다. 삼면이 바다인 우리나라의 갯벌에는 720여 종류에 이르는 더 양한 생물들이 살아가고 있다. 우리는 흔히 갯벌에 가면 바지락Ⓐ, 맛, 낙지(octopus), 해삼(海蔘), 게, 갯지렁이 등이 모두 한 곳에 모여 산다고 생각한다. 하지만 사람들도 입맛이 달라 저마다 좋아하는 음식이 다르듯이, 갯벌생물 또한 제각기 좋아하는 먹이가 달라 갯벌의 종류마다 살아가는 생물(生物)의 종류도 다르다.

다

각주

갯벌 면적의 변화

연도	2013년	2018년
인천	709.6	728.3
경기	165.9	167.7
충남	357.0	338.9
전북	118.2	110.5
전남	1,044.4	1,053.7

위쪽 제목 셀 : 색상(RGB:105,155,55), 진하게
제목 셀 아래선 : 이중 실선(0.5mm)
글자 모양 : 굴림, 10pt, 가운데 정렬

휴먼옛체, 13pt, 진하게

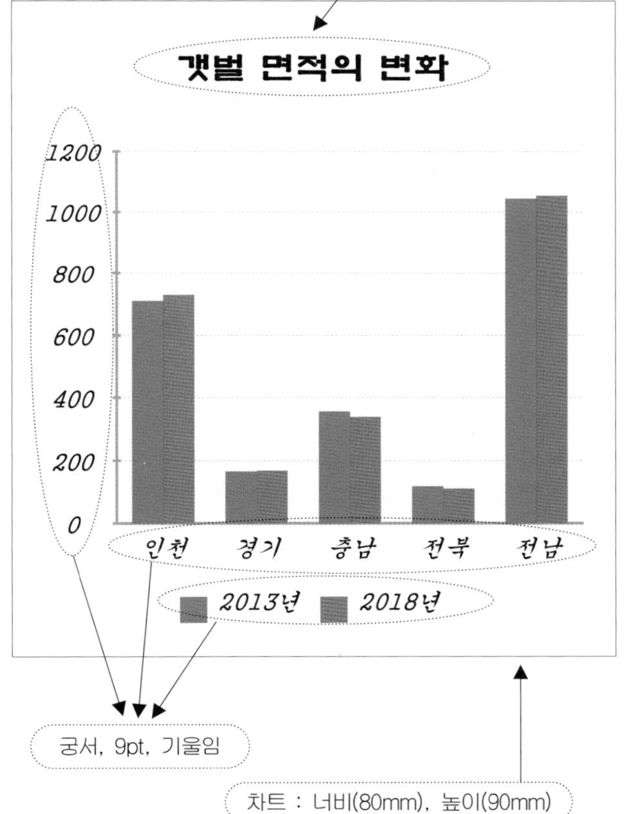

궁서, 9pt, 기울임

차트 : 너비(80mm), 높이(90mm)

2. 자연환경해설사

돋움체, 12pt, 진하게

자연환경해설사는 생태보전지역 및 경관보전지역, 또는 습지보호지역 등의 생태 우수지역을 찾는 탐방객(探訪客)을 대상으로 생태해설이나 교육, 생태탐방 안내를 하는 해설사를 말한다. 자연환경해설사의 전문성 강화와 양질의 해설사 양성을 위해 환경부는 2012년부터 자연환경해설사 제도를 도입하여 운영(運營) 중이다. 이 제도는 주5일 근무제 및 생활여건 개선 등으로 생태우수지역을 찾는 탐방객을 대상으로 생태해설 및 안내의 필요성이 크게 대두되어 만든 제도이다. 자연환경해설사가 되기 위해서는 환경부에서 지정한 양성기관에서 일정시간의 정해진 교육과정을 이수해야 한다. 자연환경해설사는 생태학적인 지식 뿐 아니라 지식을 제대로 전달하고 교육할 수 있는 전문 교육자로서의 소양과 프로그램(program)을 기획, 운영, 진행 할 수 있는 기획능력이 필요하다.

Ⓐ 연체동물 백합과에 속한 조개

돋움, 9pt

- B -

쪽 번호 매기기, A,B,C 순으로, 가운데 아래

글맵시 – 휴먼옛체, 채우기 : 색상(RGB:28,61,98)
크기 : 너비(130mm), 높이(20mm), 위치 : 글자처럼 취급, 가운데 정렬

DIAT
머리말(중고딕, 9pt, 오른쪽 정렬)

2022제천커피엑스포

제천 커피 엑스포는 지난 8년 동안 커피산업의 놀라운 성장에 발맞추어 세분화된 비즈니스 수요를 충족시키기 위한 커피 전문 전시회로 발돋움해 왔습니다. 2020 제천 커피 엑스포는 더욱 확장된 규모와 다채로워진 부대행사를 통해 비즈니스 플랫폼을 뛰어넘어 커피로부터 만들어진 모든 것을 선보일 예정입니다. 에스프레소 머신, 더치커피 기구, 핸드드립 용품 등 다양한 머신과 테이크아웃 컵, 진동벨, 테이블웨어 등 포장용품 등 다양한 품목을 전시합니다. 그리고 ***참관객의 빠르고 편리한 전시 관람***을 위하여 홈페이지 및 앱을 통해 관람객 사전등록을 받고 있으니 여러분들의 많은 참여와 격려를 부탁드립니다.

진하게, 기울임

문자표 → ◆ 행사안내 ◆

궁서, 가운데 정렬

1. 행 사 명 : 2022 제천 커피 엑스포
2. 행사일시 : 2022년 8월 10일(수) ~ 8월 14일(일), 5일간
3. 행사장소 : 국립 한국대학교 미디어센터 별관 2층
4. 사전등록 : *2022년 8월 9일(화) 18:00까지 온라인으로 등록(http://www.ihd.or.kr)* ← 기울임, 밑줄
5. 행사협찬 : (사)한국커피연합회, 한국바리스타협회, 큐그레이더연합회, 커피품질연구소

문자표

※ 기타사항

- 과도한 시음/시식으로 타인에게 불쾌감을 주거나, 과도한 판촉물 요구 및 수집행위 등 전시회 운영에 지장을 주는 행위 발견 시 부득이하게 전시장 퇴장을 요청드릴 수 있습니다.
- 참여하신 모든 분께 소책자, 소정의 기념품, 커피 원두 샘플 등을 제공해 드립니다.
- 기타 자세한 사항은 담당자(043-123-4567)에게 문의하여 주시기 바랍니다.

왼쪽여백 : 15pt
내어쓰기 : 12pt

2022. 07. 04. ← 13pt, 가운데 정렬

제천커피엑스포 ← 견고딕, 25pt, 가운데 정렬

문제1은 1구역, 문제2는 2구역으로 나누어 답안 작성

쪽 번호 매기기, i, ii, iii 순으로, 오른쪽 아래 → - i -

제 03 회 실전모의고사

한글 NEO 버전용

- 시험과목 : 워드프로세서(한글)
- 시험일자 : 20XX. XX. XX(X)
- 응시자 기재사항 및 감독위원 확인

수 검 번 호	DIW – XXXX –	감독위원 확인
성 명		

응시자 유의사항

1. 응시자는 반드시 신분증을 지참하여야 시험에 응시할 수 있으며, 시험이 종료될 때까지 신분증을 제시하지 못 할 경우 해당 시험은 0점 처리됩니다.
2. 시스템(PC작동여부, 네트워크 상태 등)의 이상여부를 반드시 확인하여야 하며, 시스템 이상이 있을 경우 감독위원에게 조치를 받으셔야 합니다.
3. 시험 중 부주의 또는 고의로 시스템을 파손한 경우는 수검자 부담으로 합니다.
4. 답안 전송 프로그램을 통해 다운로드 받은 파일을 이용하여 답안파일을 작성하시기 바랍니다.
5. 작성한 답안 파일은 답안 전송 프로그램을 통하여 전송됩니다. 감독관의 지시에 따라 주시기 바랍니다.
6. 다음사항의 경우 실격(0점) 혹은 부정행위 처리됩니다.
   1) 답안파일을 저장하지 않았거나, 저장한 파일이 손상되었을 경우
   2) 답안파일을 지정된 폴더(바탕화면 – "KAIT" 폴더)에 저장하지 않았을 경우
      ※ 답안 전송 프로그램 로그인 시 바탕화면에 자동 생성됨
   3) 답안파일을 다른 보조 기억장치(USB) 혹은 네트워크(메신저, 게시판 등)로 전송할 경우
   4) 휴대용 전화기 등 통신기기를 사용할 경우
7. 시험지에 제시된 글꼴이 응시 프로그램에 없는 경우, 반드시 감독위원에게 해당 내용을 통보한 뒤 조치를 받아야 합니다.
8. 시험의 완료는 작성이 완료된 답안을 저장하고, 답안 전송이 완료된 상태를 확인한 것으로 합니다. 답안 전송 확인 후 문제지는 감독관에게 제출한 후 퇴실하여야 합니다.
9. 답안전송이 완료된 경우에는 수정 또는 정정이 불가능합니다.
10. 시험시행 후 결과는 홈페이지(www.ihd.or.kr)에서 확인하시기 바랍니다.
    1) 문제 및 모범답안 공개 : 20XX. XX. XX(X)
    2) 합격자 발표 : 20XX. XX. XX(X)

Korea Association for ICT promotion
한국정보통신진흥협회 KAIT

【문제】 첨부된 문제를 다음의 조건을 적용하여 문서를 작성하시오.

① 문서는 A4(210mm×297mm) 크기, 세로 용지방향으로 작성한다.

② 페이지 여백은 아래와 같이 설정한다.

왼쪽	오른쪽	위쪽	아래쪽	머리말	꼬리말	제본
20mm	20mm	20mm	20mm	10mm	10mm	0mm

③ 한글 NEO 버전은 아래와 같이 "자동 글머리 기호 넣기"와 "자동 번호 매기기" 기능을 해제한다.

도구 → 빠른 교정 → 빠른 교정 내용 → 입력 자동 서식 ⇒	자동 글머리 기호 넣기(해제) 자동 번호 매기기(해제)

※ 만약 입력자동서식 메뉴가 없는 경우에는, "자동 글머리 기호 넣기"와 "자동 번호 매기기" 기능이 설정되어 있지 않은 것이므로 별도의 기능 해제 없이 그대로 시험에 응시하시면 됩니다.

④ 글자는 별도의 지시사항이 없는 한 바탕, 10pt, 양쪽정렬, 줄간격 160%로 작성한다.

⑤ 영문, 숫자 등은 별도의 지시가 없는 한 반각(1byte) 문자를 사용한다.

⑥ 특수문자는 문자표(전각 기호)를 이용하여 작성한다.

⑦ 교정부호 및 화살표로 기재된 지시사항대로 처리하되, ( )→은 지시사항이므로 작성하지 않는다.

⑧ 1페이지에 [문제1]을 작성하고, 구역나누기를 하여 2페이지에 [문제2]를 작성한다.

※ 해당 페이지에 작성하지 않거나 의도적으로 텍스트 작성을 하지 않은 경우 0점 처리

⑨ [문제2]는 문제지와 같이 2단으로 다단을 나누어 작성한다.

⑩ '그림 삽입' 시에는 반드시 "KAIT 수검프로그램"을 통해 다운로드 한 그림 파일을 사용한다.

⑪ 차트의 범례는 기본값으로 작성한다.(선 모양 없음)

⑫ 총점 : 200점

[공통사항1(기본설정, 용지설정)] : 8점, [공통사항2(오탈자)] : 40점

[문제1] : 46점, [문제2] : 106점

⑬ 기타 특별히 지시되어 있지 않은 사항은 문제지에 준하여 작성한다.

【문제】 첨부된 문제를 다음의 조건을 적용하여 문서를 작성하시오.

① 문서는 A4(210mm×297mm) 크기, 세로 용지방향으로 작성한다.

② 페이지 여백은 아래와 같이 설정한다.

왼쪽	오른쪽	위쪽	아래쪽	머리말	꼬리말	제본
20mm	20mm	20mm	20mm	10mm	10mm	0mm

③ 한글 NEO 버전은 아래와 같이 "자동 글머리 기호 넣기"와 "자동 번호 매기기" 기능을 해제한다.

도구 → 빠른 교정 → 빠른 교정 내용 → 입력 자동 서식 ⇒ 자동 글머리 기호 넣기(해제)
자동 번호 매기기(해제)

※ 만약 입력자동서식 메뉴가 없는 경우에는, "자동 글머리 기호 넣기"와 "자동 번호 매기기" 기능이 설정되어 있지 않은 것이므로 별도의 기능 해제 없이 그대로 시험에 응시하시면 됩니다.

④ 글자는 별도의 지시사항이 없는 한 바탕, 10pt, 양쪽정렬, 줄간격 160%로 작성한다.

⑤ 영문, 숫자 등은 별도의 지시가 없는 한 반각(1byte) 문자를 사용한다.

⑥ 특수문자는 문자표(전각 기호)를 이용하여 작성한다.

⑦ 교정부호 및 화살표로 기재된 지시사항대로 처리하되, ( )→은 지시사항이므로 작성하지 않는다.

⑧ 1페이지에 [문제1]을 작성하고, 구역나누기를 하여 2페이지에 [문제2]를 작성한다.

※ 해당 페이지에 작성하지 않거나 의도적으로 텍스트 작성을 하지 않은 경우 0점 처리

⑨ [문제2]는 문제지와 같이 2단으로 다단을 나누어 작성한다.

⑩ '그림 삽입' 시에는 반드시 "KAIT 수검프로그램"을 통해 다운로드 한 그림 파일을 사용한다.

⑪ 차트의 범례는 기본값으로 작성한다.(선 모양 없음)

⑫ 총점 : 200점

[공통사항1(기본설정, 용지설정)] : 8점, [공통사항2(오탈자)] : 40점

[문제1] : 46점, [문제2] : 106점

⑬ 기타 특별히 지시되어 있지 않은 사항은 문제지에 준하여 작성한다.

제 08 회

실전모의고사

한글 NEO 버전용

- 시험과목 : 워드프로세서(한글)
- 시험일자 : 20XX. XX. XX(X)
- 응시자 기재사항 및 감독위원 확인

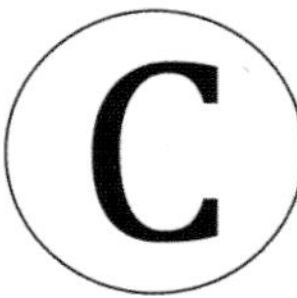

수 검 번 호	DIW – XXXX –	감독위원 확인
성 명		

응시자 유의사항

1. 응시자는 반드시 신분증을 지참하여야 시험에 응시할 수 있으며, 시험이 종료될 때까지 신분증을 제시하지 못 할 경우 해당 시험은 0점 처리됩니다.
2. 시스템(PC작동여부, 네트워크 상태 등)의 이상여부를 반드시 확인하여야 하며, 시스템 이상이 있을 경우 감독위원에게 조치를 받으셔야 합니다.
3. 시험 중 부주의 또는 고의로 시스템을 파손한 경우는 수검자 부담으로 합니다.
4. 답안 전송 프로그램을 통해 다운로드 받은 파일을 이용하여 답안파일을 작성하시기 바랍니다.
5. 작성한 답안 파일은 답안 전송 프로그램을 통하여 전송됩니다. 감독관의 지시에 따라 주시기 바랍니다.
6. 다음사항의 경우 실격(0점) 혹은 부정행위 처리됩니다.
   1) 답안파일을 저장하지 않았거나, 저장한 파일이 손상되었을 경우
   2) 답안파일을 지정된 폴더(바탕화면 – "KAIT" 폴더)에 저장하지 않았을 경우
      ※ 답안 전송 프로그램 로그인 시 바탕화면에 자동 생성됨
   3) 답안파일을 다른 보조 기억장치(USB) 혹은 네트워크(메신저, 게시판 등)로 전송할 경우
   4) 휴대용 전화기 등 통신기기를 사용할 경우
7. 시험지에 제시된 글꼴이 응시 프로그램에 없는 경우, 반드시 감독위원에게 해당 내용을 통보한 뒤 조치를 받아야 합니다.
8. 시험의 완료는 작성이 완료된 답안을 저장하고, 답안 전송이 완료된 상태를 확인한 것으로 합니다. 답안 전송 확인 후 문제지는 감독관에게 제출한 후 퇴실하여야 합니다.
9. 답안전송이 완료된 경우에는 수정 또는 정정이 불가능합니다.
10. 시험시행 후 결과는 홈페이지(www.ihd.or.kr)에서 확인하시기 바랍니다.
    1) 문제 및 모범답안 공개 : 20XX. XX. XX(X)
    2) 합격자 발표 : 20XX. XX. XX(X)

식별CODE

글맵시 – 휴먼옛체, 채우기 : 색상(RGB:53,135,145)
크기 : 너비(110mm), 높이(20mm), 위치 : 글자처럼 취급, 가운데 정렬

DIAT
머리말(굴림, 9pt, 오른쪽 정렬)

개성만월대순회전시회안내

진하게, 기울임

남과 북은 ***남북역사교류사업의 일환으로 2006년부터 고려 황궁 개성 만월대를 남북공동으로 발굴***을 진행하고 있으며 2차에 걸쳐 전시회를 개최한 바 있습니다. 올해 고려 창궁 1,100년을 맞이하여 지난 12년간의 발굴 성과를 모아 3차 전시회를 덕수궁 선원전 터에서 개최하여 10만 여명의 관람객이 방문하는 등 성황리에 종료하였습니다. 이에 개성 만월대에 대한 높은 국민적 관심을 고려하여 멀리서 참여하지 못한 국민들에게 관람 기회 제공을 위하여 "개성 만월대 열두 해의 발굴" 순회 전시를 실시합니다. 뛰어난 고려 문화를 확인할 수 있는 전시회에 많은 관람이 이루어질 수 있도록 적극적인 홍보바랍니다.

문자표 → ■ 전시안내 ■

궁서, 가운데 정렬

1. 전 시 명 : 개성 만월대 열두 해의 발굴
2. 전시장소 : 광역시(도)에서 지정한 장소
3. 전시기간 : *<u>광역시(도)별 전시기간이 달라 누리집(http://www.ihd.or.kr)에서 일정 참조</u>* ← 기울임, 밑줄
4. 특별행사 : 고려사학회가 주최하는 '고려 도성 개경 궁성 만월대'를 주제로 학술회의 개최
5. 기타문의 : 남북역사학자협의회(전화 044-1234-5678)

문자표

※ 기타사항

- 왕실의 주요 행사가 있었던 경령전 발굴 현장을 축소 모형으로 만들어 직접 체험하실 수 있습니다.
- 만월대에서 출토된 기와, 잡상, 청자 접시 등을 입체적으로 감상할 수 있으며 발굴과정과 복원된 만월대 모습도 영상을 통해 보실 수 있습니다.
- 2015년에 출토된 금속활자 1점과 2016년에 출토된 금속활자 5점이 공개되고 있습니다.

왼쪽여백 : 10pt
내어쓰기 : 12pt

2022. 12. 01. ← 11pt, 가운데 정렬

국립문화재연구소 ← 견고딕, 20pt, 가운데 정렬

문제1은 1구역, 문제2는 2구역으로 나누어 답안 작성

- 갑 - ← 쪽 번호 매기기, 갑,을,병 순으로, 가운데 아래

쪽 테두리 : 이중 실선(0.5mm), 머리말 포함

글상자 - 크기 : 너비(60mm), 높이(12mm), 테두리 : 이중 실선(1.00mm), 둥근 모양
채우기 : 색상(RGB:53,135,145), 위치 : 글자처럼 취급, 가운데 정렬,
글자 모양 : 견고딕, 20pt, 가운데 정렬

머리말(돋움, 9pt, 오른쪽 정렬)

DIAT

그림G 삽입(바탕화면-KAIT-제출파일폴더)
너비(35mm), 높이(35mm)
위치 : 어울림(가로-쪽의 왼쪽:0mm,
세로-쪽의 위:24mm)

마라톤 이야기

굴림체, 12pt, 진하게, 가운데 정렬

1. 마라톤(Marathon)

돋움, 12pt, 진하게

마라톤 대회는 기원전 490년 그리스와 페르시아의 전쟁에서 그리스의 병사가 마라톤에서 아테네까지 달려가 아테네의 승전보를 알리고 절명하였는데 이를 기념하기 위해 열리게 되었다. 마라톤은 42.195㎞의 장거리를 달리는 경기로 우수한 심폐기능과 강인한 각근력ⓐ이 필요하며, 체온의 상승 및 심리적 피로(疲勞) 등에 적절히 대처할 수 있는 능력이 고도로 요구된다. 따라서 지구역(력)과 더불어 페이스(Pace)의 배분, 피치(Pitch)주법의 터득이 경기 성공의 관건이 된다. 이러한 마라톤경주는 올림픽대회 가운데 최고의 인기종목으로 올림픽경기의 꽃이라 불린다. 마라톤 경주는 교통량, 경사로, 노면 상태 등 여러 가지 여건을 고려하여 공인된 경주 도로에서 실행된다.

각주

2. 경기 방법

돋움, 12pt, 진하게

올림픽이나 세계선수권 대회 등에서는 스타트와 피니쉬 라인이 스타디움(Stadium)에 설치되어 있다. 수많은 사람이 동시에 참여할 수 있는 경기이다. 도로를 달리는 경기이기 때문에 더위, 공기 오염도, 오르막 및 내리막길의 정도에 따라 레이스 조건이 달라 이를 잘 극복해야 한다. 마라톤 주법(走法)은 단거리 선수와는 다르게 보폭을 좁게 하여 힘을 낭비(浪費)하지 않도록 한다. 또한, 불필요한 동작을 최소화하는 것도 필요하다. 페이스의 안배가 마라톤 경기의 승패를 좌우한다고 할 수 있다. 경기 전반에 체력(體力)을 아껴 둔 후 후반 레이스에서 선두권으로 치고 나가는 방법 및 처음부터 선두권에서 머물며 끝까지 레이스하는 방법 등이 있다. 최후까지 신체적, 정신적인 극복한 피로를 사람만이 완주(完走)하고 좋은 성적을 낼 수 있다.

마라톤 참가자 현황(단위:명)

구분	20~40대	50세 이상
하프마라톤	68	22
10km	62	27
5km	34	41
건강달리기	65	30

위쪽 제목 셀 : 색상(RGB:202,86,167), 진하게
제목 셀 아래선 : 이중 실선(0.5mm)
글자 모양 : 돋움, 10pt, 가운데 정렬

휴먼옛체, 12pt, 진하게

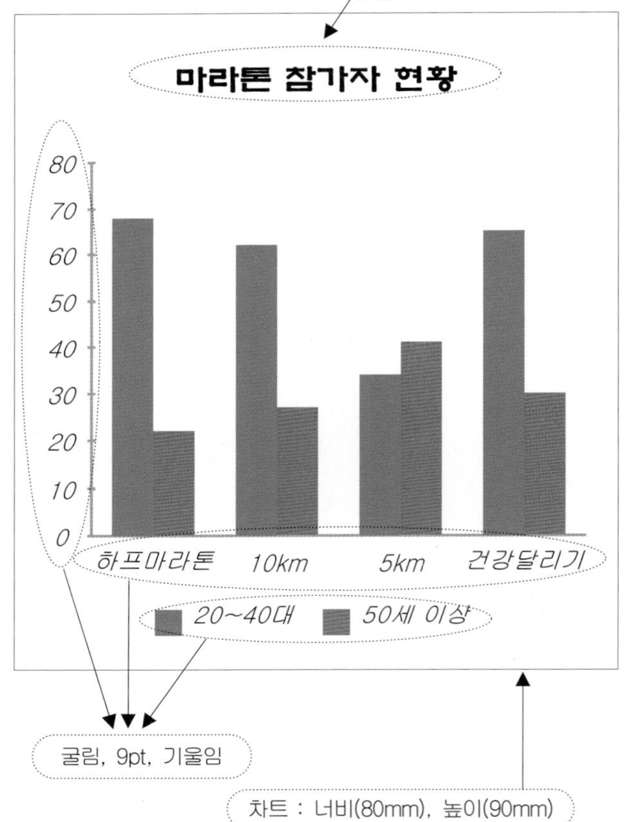

굴림, 9pt, 기울임

차트 : 너비(80mm), 높이(90mm)

ⓐ 보통 구부린 무릎을 폄으로써 마룻바닥 위에서 들어 올릴 수 있는 최대의 중량을 나타낸다.

굴림, 9pt

- 나 -

쪽 번호 매기기, 가,나,다 순으로, 가운데 아래

쪽 테두리 : 이중 실선(0.5mm), 머리말 포함

글상자 – 크기 : 너비(65mm), 높이(12mm), 테두리 : 이중 실선(1.00mm), 둥근 모양
채우기 : 색상(RGB:233,174,43), 위치 : 글자처럼 취급,
가운데 정렬, 글자 모양 : 견고딕, 17pt, 가운데 정렬

머리말(굴림, 9pt, 오른쪽 정렬) → DIAT

그림C 삽입(바탕화면-KAIT-제출파일폴더)
너비(30mm), 높이(30mm)
위치 : 어울림(가로-쪽의 왼쪽:0mm,
세로-쪽의 위:24mm)

고려와 조선의 왕궁

1. 고려 왕궁

돋움체, 12pt, 진하게

만월대(滿月臺)는 고려의 궁궐 터로 개성시 송악동 송악산 남쪽 기슭에 있다. 만월대를 궁궐의 이름으로 잘못 알고 있는 사람도 있지만 만월대란 이름은 조선 건국 이후 폐허가 돈(→된) 고려 궁궐터의 산세와 땅 모양이 보름달 같다고 해서 붙여진 것으로 알려져 있다. 만월대 유적은 919년(태조 2년) 태조(太祖) 왕건이 개성에 도읍을 정하고 궁궐을 창건할 때부터 1361년(공민왕 10년) 홍건적의 침입으로 소실될 때까지 고려왕이 정무를 보며 주된 거처로 삼았던 곳이다. 고려 왕궁은 자연지형을 잘 고려한 계단식 건물 배치가 특징이며 고려 궁궐의 웅장함과 건축술이 높은 수준임을 확인할 수 있는 유적으로 평가받고 있다. 현재 북한(北韓) 국보 제122호로 지정돼 있으며, 2013년 개성역사유적지구에 포함돼 유네스코(UNESCO) 세계문화유산에 등재되어 있다.

2. 조선 왕궁

돋움체, 12pt, 진하게

경복궁은 조선 왕조 제일의 궁궐로 1395년 태조 이성계가 창건하였고, 1592년 임진(壬辰) 왜란(倭亂)으로 불타 없어졌다가, 고종 때인 1867년 흥선대원군㉠ 주도로 중건된 경복궁은 500여 동의 건물들이 미로같이 빼곡히 들어선 웅장한 모습이었다. 궁궐 안에는 왕(king)과 관리들의 정무 시설, 왕족(royal family)들의 생활공간, 휴식을 위한 후원 공간이 조성되었다. 또한 왕비(queen)의 중궁, 세자의 동궁, 고종이 만든 건청궁 등 궁궐 안에 다시 작은 여러 궁들이 복잡하게 모인 곳이기도 하다. 그러나 일제 강점기에 거의 대부분의 건물들을 철거하여 근정전 등 극히 일부 중심 건물만 남았다. 다행히 1990년부터 복원 사업이 추진되어 총독부 건물을 철거하고 흥례문 일원을 복원하였으며, 왕과 왕비의 침전, 동궁, 건청궁, 태원전 일원의 모습을 되찾고 있다.

각주

돋움체, 12pt, 진하게, 가운데 정렬

순회전시 관람객(단위:천명)

구분	내국인	외국인
서울	252	231
인천	193	222
경기북부	221	187
경기남부	243	202

위쪽 제목 셀 : 색상(RGB:227,220,193), 진하게
제목 셀 아래선 : 이중 실선(0.5mm)
글자 모양 : 굴림, 10pt, 가운데 정렬

굴림체, 12pt, 진하게

순회전시 관람객(단위:천명)

300
250
200
150
100
50
0

서울 인천 경기북부 경기남부

내국인 외국인

돋움, 9pt, 기울임

차트 : 너비(80mm), 높이(80mm)

㉠ 이름 이하응, 조선왕조 제26대 고종의 아버지

굴림, 9pt

- 을 -

쪽 번호 매기기, 갑,을,병 순으로, 가운데 아래

글맵시 – 휴먼옛체, 채우기 : 색상(RGB:49,95,151)
크기 : 너비(100mm), 높이(20mm), 위치 : 글자처럼 취급, 가운데 정렬

DIAT
머리말(돋움, 9pt, 오른쪽 정렬)

나라사랑국제마라톤대회

진하게, 기울임

"달림이들의 계절 아름다운 6월"에 시원한 봄바람을 맞으며 자연과 함께 호흡하면서 달릴 기회를 마련하고자 합니다. 이번 마라톤 대회는 하프와 10킬로, 5킬로, 건강달리기 종목으로 치러지며 하프코스 중간지점에서는 코스의 지루함을 해결하기 위해 생활체육 승마연합회가 준비한 승마 시연 행사를 준비하였습니다. 이 밖에 풍물패 공연과 봉사요원들의 박수 세례도 달림이들에게 힘을 더해 줄 예정입니다. 또한, 코스 완주자를 위해 먹거리 마당을 펼쳐 돼지고기, 잔치국수, 안동 국화차 등 다양한 무료시식 행사를 진행합니다. 구경하시는 시민 분들을 위한 이벤트도 마련되어 있으니 많은 참여와 관심 바랍니다.

문자표 → ◐ 참가안내 ◑ ← 굴림, 가운데 정렬

1. 참가일시 : 2022. 09. 24(토), 10:00
2. 접수기간 : 2022. 09. 05(월) ~ 23(금), 18:00까지
3. 참가접수 : *<u>나라사랑마라톤추진위원회 홈페이지(http://www.ihd.or.kr)</u>* ← 기울임, 밑줄
4. 참가대상 : 마라톤 동호인 및 일반시민 누구나
5. 참 가 비 : 종목별 3만원, 건강달리기 2만원(단 초등학생 이하 무료)

문자표

※ 기타사항

- 참가종목 : 하프마라톤, 10km 로드 레이스, 5km 로드 레이스, 건강달리기
- 시상내용 : 개인별(하프 마라톤, 10km 로드 레이스 – 남녀 3위까지 트로피 및 상금), 연령별(하프 마라톤, 10km 로드 레이스 – 학생부(만20세 미만), 청년부(만20~39세), 중년부(만40~59세), 장년부(만60세 이상) 남녀 1위 상패 수여)

왼쪽여백 : 10pt
내어쓰기 : 12pt

2022. 08. 10. ← 12pt, 가운데 정렬

나라사랑마라톤추진위원회 ← 견고딕, 22pt, 가운데 정렬

문제1은 1구역, 문제2는 2구역으로 나누어 답안 작성

- 가 - ← 쪽 번호 매기기, 가,나,다 순으로, 가운데 아래

제04회 실전모의고사

한글 NEO 버전용

- 시험과목 : 워드프로세서(한글)
- 시험일자 : 20XX. XX. XX(X)
- 응시자 기재사항 및 감독위원 확인

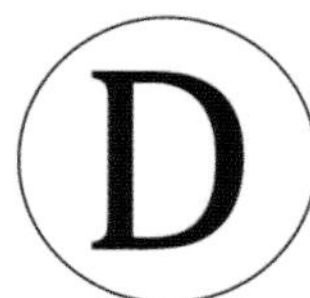

수 검 번 호	DIW – XXXX –	감독위원 확인
성 명		

응시자 유의사항

1. 응시자는 반드시 신분증을 지참하여야 시험에 응시할 수 있으며, 시험이 종료될 때까지 신분증을 제시하지 못 할 경우 해당 시험은 0점 처리됩니다.
2. 시스템(PC작동여부, 네트워크 상태 등)의 이상여부를 반드시 확인하여야 하며, 시스템 이상이 있을 경우 감독위원에게 조치를 받으셔야 합니다.
3. 시험 중 부주의 또는 고의로 시스템을 파손한 경우는 수검자 부담으로 합니다.
4. 답안 전송 프로그램을 통해 다운로드 받은 파일을 이용하여 답안파일을 작성하시기 바랍니다.
5. 작성한 답안 파일은 답안 전송 프로그램을 통하여 전송됩니다. 감독관의 지시에 따라 주시기 바랍니다.
6. 다음사항의 경우 실격(0점) 혹은 부정행위 처리됩니다.
   1) 답안파일을 저장하지 않았거나, 저장한 파일이 손상되었을 경우
   2) 답안파일을 지정된 폴더(바탕화면 – "KAIT" 폴더)에 저장하지 않았을 경우
      ※ 답안 전송 프로그램 로그인 시 바탕화면에 자동 생성됨
   3) 답안파일을 다른 보조 기억장치(USB) 혹은 네트워크(메신저, 게시판 등)로 전송할 경우
   4) 휴대용 전화기 등 통신기기를 사용할 경우
7. 시험지에 제시된 글꼴이 응시 프로그램에 없는 경우, 반드시 감독위원에게 해당 내용을 통보한 뒤 조치를 받아야 합니다.
8. 시험의 완료는 작성이 완료된 답안을 저장하고, 답안 전송이 완료된 상태를 확인한 것으로 합니다. 답안 전송 확인 후 문제지는 감독관에게 제출한 후 퇴실하여야 합니다.
9. 답안전송이 완료된 경우에는 수정 또는 정정이 불가능합니다.
10. 시험시행 후 결과는 홈페이지(www.ihd.or.kr)에서 확인하시기 바랍니다.
    1) 문제 및 모범답안 공개 : 20XX. XX. XX(X)
    2) 합격자 발표 : 20XX. XX. XX(X)

식별CODE

Korea Association for ICT promotion
한국정보통신진흥협회 KAIT

【문제】 첨부된 문제를 다음의 조건을 적용하여 문서를 작성하시오.

① 문서는 A4(210mm×297mm) 크기, 세로 용지방향으로 작성한다.

② 페이지 여백은 아래와 같이 설정한다.

왼쪽	오른쪽	위쪽	아래쪽	머리말	꼬리말	제본
20mm	20mm	20mm	20mm	10mm	10mm	0mm

③ 한글 NEO 버전은 아래와 같이 "자동 글머리 기호 넣기"와 "자동 번호 매기기" 기능을 해제한다.

도구 → 빠른 교정 → 빠른 교정 내용 → 입력 자동 서식 ⇒	자동 글머리 기호 넣기(해제) 자동 번호 매기기(해제)

※ 만약 입력자동서식 메뉴가 없는 경우에는, "자동 글머리 기호 넣기"와 "자동 번호 매기기" 기능이 설정되어 있지 않은 것이므로 별도의 기능 해제 없이 그대로 시험에 응시하시면 됩니다.

④ 글자는 별도의 지시사항이 없는 한 바탕, 10pt, 양쪽정렬, 줄간격 160%로 작성한다.

⑤ 영문, 숫자 등은 별도의 지시가 없는 한 반각(1byte) 문자를 사용한다.

⑥ 특수문자는 문자표(전각 기호)를 이용하여 작성한다.

⑦ 교정부호 및 화살표로 기재된 지시사항대로 처리하되, ( )→은 지시사항이므로 작성하지 않는다.

⑧ 1페이지에 [문제1]을 작성하고, 구역나누기를 하여 2페이지에 [문제2]를 작성한다.

※ 해당 페이지에 작성하지 않거나 의도적으로 텍스트 작성을 하지 않은 경우 0점 처리

⑨ [문제2]는 문제지와 같이 2단으로 다단을 나누어 작성한다.

⑩ '그림 삽입' 시에는 반드시 "KAIT 수검프로그램"을 통해 다운로드 한 그림 파일을 사용한다.

⑪ 차트의 범례는 기본값으로 작성한다.(선 모양 없음)

⑫ 총점 : 200점

[공통사항1(기본설정, 용지설정)] : 8점, [공통사항2(오탈자)] : 40점

[문제1] : 46점, [문제2] : 106점

⑬ 기타 특별히 지시되어 있지 않은 사항은 문제지에 준하여 작성한다.

【문제】 첨부된 문제를 다음의 조건을 적용하여 문서를 작성하시오.

① 문서는 A4(210mm×297mm) 크기, 세로 용지방향으로 작성한다.

② 페이지 여백은 아래와 같이 설정한다.

왼쪽	오른쪽	위쪽	아래쪽	머리말	꼬리말	제본
20mm	20mm	20mm	20mm	10mm	10mm	0mm

③ 한글 NEO 버전은 아래와 같이 "자동 글머리 기호 넣기"와 "자동 번호 매기기" 기능을 해제한다.

도구 → 빠른 교정 → 빠른 교정 내용 → 입력 자동 서식 ⇒	자동 글머리 기호 넣기(해제) 자동 번호 매기기(해제)

※ 만약 입력자동서식 메뉴가 없는 경우에는, "자동 글머리 기호 넣기"와 "자동 번호 매기기" 기능이 설정되어 있지 않은 것이므로 별도의 기능 해제 없이 그대로 시험에 응시하시면 됩니다.

④ 글자는 별도의 지시사항이 없는 한 바탕, 10pt, 양쪽정렬, 줄간격 160%로 작성한다.

⑤ 영문, 숫자 등은 별도의 지시가 없는 한 반각(1byte) 문자를 사용한다.

⑥ 특수문자는 문자표(전각 기호)를 이용하여 작성한다.

⑦ 교정부호 및 화살표로 기재된 지시사항대로 처리하되, ( )→은 지시사항이므로 작성하지 않는다.

⑧ 1페이지에 [문제1]을 작성하고, 구역나누기를 하여 2페이지에 [문제2]를 작성한다.

※ 해당 페이지에 작성하지 않거나 의도적으로 텍스트 작성을 하지 않은 경우 0점 처리

⑨ [문제2]는 문제지와 같이 2단으로 다단을 나누어 작성한다.

⑩ '그림 삽입' 시에는 반드시 "KAIT 수검프로그램"을 통해 다운로드 한 그림 파일을 사용한다.

⑪ 차트의 범례는 기본값으로 작성한다.(선 모양 없음)

⑫ 총점 : 200점

[공통사항1(기본설정, 용지설정)] : 8점, [공통사항2(오탈자)] : 40점

[문제1] : 46점, [문제2] : 106점

⑬ 기타 특별히 지시되어 있지 않은 사항은 문제지에 준하여 작성한다.

제 07 회

실전모의고사

한글 NEO 버전용

- 시험과목 : 워드프로세서(한글)
- 시험일자 : 20XX. XX. XX(X)
- 응시자 기재사항 및 감독위원 확인

수 검 번 호	DIW – XXXX –	감독위원 확인
성 명		

응시자 유의사항

1. 응시자는 반드시 신분증을 지참하여야 시험에 응시할 수 있으며, 시험이 종료될 때까지 신분증을 제시하지 못 할 경우 해당 시험은 0점 처리됩니다.
2. 시스템(PC작동여부, 네트워크 상태 등)의 이상여부를 반드시 확인하여야 하며, 시스템 이상이 있을 경우 감독위원에게 조치를 받으셔야 합니다.
3. 시험 중 부주의 또는 고의로 시스템을 파손한 경우는 수검자 부담으로 합니다.
4. 답안 전송 프로그램을 통해 다운로드 받은 파일을 이용하여 답안파일을 작성하시기 바랍니다.
5. 작성한 답안 파일은 답안 전송 프로그램을 통하여 전송됩니다. 감독관의 지시에 따라 주시기 바랍니다.
6. 다음사항의 경우 실격(0점) 혹은 부정행위 처리됩니다.
   1) 답안파일을 저장하지 않았거나, 저장한 파일이 손상되었을 경우
   2) 답안파일을 지정된 폴더(바탕화면 – "KAIT" 폴더)에 저장하지 않았을 경우
      ※ 답안 전송 프로그램 로그인 시 바탕화면에 자동 생성됨
   3) 답안파일을 다른 보조 기억장치(USB) 혹은 네트워크(메신저, 게시판 등)로 전송할 경우
   4) 휴대용 전화기 등 통신기기를 사용할 경우
7. 시험지에 제시된 글꼴이 응시 프로그램에 없는 경우, 반드시 감독위원에게 해당 내용을 통보한 뒤 조치를 받아야 합니다.
8. 시험의 완료는 작성이 완료된 답안을 저장하고, 답안 전송이 완료된 상태를 확인한 것으로 합니다. 답안 전송 확인 후 문제지는 감독관에게 제출한 후 퇴실하여야 합니다.
9. 답안전송이 완료된 경우에는 수정 또는 정정이 불가능합니다.
10. 시험시행 후 결과는 홈페이지(www.ihd.or.kr)에서 확인하시기 바랍니다.
    1) 문제 및 모범답안 공개 : 20XX. XX. XX(X)
    2) 합격자 발표 : 20XX. XX. XX(X)

식별CODE

Korea Association for ICT promotion
한국정보통신진흥협회 KAIT

글맵시 – 중고딕, 채우기 : 색상(RGB:53,135,145)
크기 : 너비(130mm), 높이(20mm), 위치 : 글자처럼 취급, 가운데 정렬

DIAT
머리말(궁서, 9pt, 오른쪽 정렬)

대한민국의지구온난화대응방안공청회

진하게, 기울임

지구온난화로 인해 우리나라의 생태계가 파괴됨과 더불어 잦은 기상이변도 이어지는 나날입니다. 지구온난화의 심각성에 대해 느끼지 못했던 사람들도 이제는 지구온난화에 의해 우리 삶의 터전이 위협받고 있음을 피부로 체감하고 있습니다. 이럴 때일수록 각자가 할 수 있는 일들을 찾아 작은 것부터 행동에 옮겨야 할 때일 것입니다. 이에 우리 '미래나라 환경단체'에서는, 지구온난화의 대응책에 대해 환경과학, 법학, 정책학 등의 분야를 아우르는 연사분들과 함께 시민들을 초청해 사회 각기 각층의 의견을 수렴하고, 지구온난화 문제를 해소하기 위해 지금부터 실천 가능한 방안을 모색하고자 공청회를 개최하오니 여러분들의 많은 참여 바랍니다.

문자표 → ◎ 행사안내 ◎ ← 굴림, 가운데 정렬

1. 개최일자 : 2022. 3. 1. (월)
2. 개최시간 : 10:30 ~ 18:00
3. 장　　소 : 서울특별시 성동로 47 미래나라 환경단체 대회의장
4. 주　　관 : 미래나라 환경단체, 한국대학교 자연과학대학, 환경부
5. 신청방법 : *<u>미래나라 환경단체 홈페이지에서 온라인 접수, 인원 제한 100명</u>* ← 기울임, 밑줄

문자표

※ 기타사항

- 당일 접수는 행사 시작 30분 전부터 가능하며, 사전 접수는 인터넷 접수로만 가능합니다.
- 사전 접수한 개인 및 단체에게는 소정의 기념품 및 중식과 간식이 제공됩니다.
- 프로그램에 대한 자세한 사항은 우리 단체 홈페이지(http://www.ihd.or.kr) 또는 우리 단체 홍보팀(02-333-0001)으로 문의하시기 바랍니다.

왼쪽여백 : 10pt
내어쓰기 : 13pt

2022. 02. 25. ← 12pt, 가운데 정렬

미래나라 환경단체 홍보팀 ← 궁서, 24pt, 가운데 정렬

문제1은 1구역, 문제2는 2구역으로 나누어 답안 작성

쪽 번호 매기기, A,B,C 순으로, 오른쪽 아래 → - A -

쪽 테두리 : 이중 실선(0.5mm), 머리말 포함

글상자-크기 : 너비(70mm), 높이(12mm), 테두리 : 이중 실선(1.00mm), 반원
채우기 : 색상(RGB:202,86,167), 위치 : 글자처럼 취급, 가운데 정렬,
글자 모양 : 견고딕, 15pt, 가운데 정렬

머리말(굴림, 9pt, 오른쪽 정렬)

DIAT

그림F 삽입(바탕화면-KAIT-제출파일폴더)
너비(30mm), 높이(30mm)
위치 : 어울림(가로-쪽의 왼쪽:0mm, 세로-쪽의 위:24mm)

메이커교육의 출현과 개념

굴림체, 12pt, 진하게, 가운데 정렬

1. 메이커교육의 출현

돋움체, 12pt, 진하게

인공지능(AI), 사물인터넷, 빅데이터 등 4차 산업혁명의 물결이 전 세계를 뒤덮고 있는 지금 세계의 각 나라들은 창의적 인재(人材) 양성이라는 교육목표를 실현할 수 있는 혁신적 수업방법으로 메이커 교육에 관심을 갖고 이를 실현하기 위한 다양한 노력을 기울이고 있다. 메이커 교육은 DIY(Do It Yourself) 운동의 영향을 받아 미국에서 확산되고 있는 메이커 운동에서 파생되었다. 이 운동을 주도하고 있는 단체는 영국의 'MakerEd'라는 비영리단체로 이 단체는 '모든 아동은 창작자(Every Child a Maker)'라는 비전을 갖고 교사와 교육기관에 교육훈련, 교육자료, 지원(支援) 공동체를 제공함으로써 보다 참여적이고 자발적인 동기가 유발되는 메이커 교육을 많은 학생들이 경험할 수 있도록 하고 있다.

미

메이커교육 현황

구분	학생	교사
1분기	49	52
2분기	38	34
3분기	28	31
4분기	36	46

위쪽 제목 셀 : 색상(RGB:233,174,43), 진하게
제목 셀 아래선 : 이중 실선(0.5mm)
글자 모양 : 굴림, 10pt, 가운데 정렬

굴림체, 12pt, 진하게

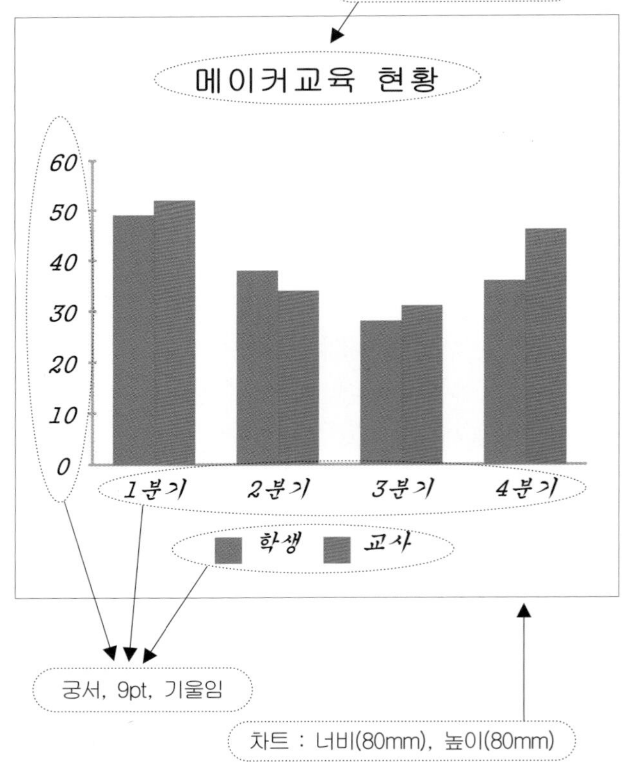

궁서, 9pt, 기울임

차트 : 너비(80mm), 높이(80mm)

2. 메이커교육의 개념

돋움체, 12pt, 진하게

메이커 교육이란, 학생이 직접 물건을 만들거나 컴퓨터로 전자기기를 다루는 등의 작업을 하면서 창의력을 발휘해 문제를 해결하고, 새로운 것을 만들거나 발견을 촉진①하게 하는 것을 말한다. 즉, 메이커 교육의 핵심은 학습자가 창조과정에서 학습하도록 하는 것으로 수업에서 교사의 역할은 최소화되고, 창작(創作) 공동체 안에서 창작자의 자발적인 호기심과 동기에 의해 창작 활동이 진행된다는 점이 특징이다. 메이커 교육은 과학에 기초를 두고 정보화 기술을 활용한다는 점에서 STEAM 교육과 밀접한 관계에 있다. 다만 메이커 교육은 STEAM보다 기초지식의/풍부한 활용(活用), 소프트웨어의 활용, 실천 활동, 창의적 아이디어의 실물(實物) 전환 등을 강조하고 있다. 메이커 교육은 다양한 학문적 지식을 다루는 종합적이고 복잡한 과정으로 일련의 과목을 통합할 필요성도 제기되고 있다.

각주

---

① 어떤 일을 재촉해 더 잘 진행되도록 함

굴림, 9pt

- ② - 쪽 번호 매기기, ①,②,③ 순으로, 가운데 아래

글상자 - 크기 : 너비(80mm), 높이(12mm), 테두리 : 이중 실선(1.00mm), 반원
채우기 : 색상(RGB:105,155,55), 위치 : 글자처럼 취급, 가운데 정렬,
글자 모양 : 돋움체, 20pt, 가운데 정렬

머리말(궁서, 9pt, 오른쪽 정렬)

그림D 삽입(바탕화면-KAIT-제출파일폴더)
너비(30mm), 높이(30mm)
위치 : 어울림(가로-쪽의 왼쪽:0mm, 세로-쪽의 위:24mm)

온실효과와 지구온난화

굴림체, 12pt, 진하게, 가운데 정렬

1. 온실효과란?

돋움, 12pt, 진하게

지구를 둘러싼 대기는 뜨거운 태양 광선이나 운석(meteorite)으로부터 지구를 보호하고, 생명체가 살아가는 데 필요한 산소를 공급한다. 또한 대기는 지구 표면의 열이 우주로 빠져나가는 것을 막아 지표면의 온도를 비교적 높게 정지시켜 주기도 하는데, 이런 현상을 온실효과(溫室效果)라고 한다. 따라서 지구의 대기가 지표면에 도달한 태양 에너지(solar energy)가 바로 우주 공간으로 빠져나가지 못하게끔 잡아 두어 지금처럼 생물이 살 수 있는 온도를 유지(維持)시키는 것이다. 이렇게 대기(atmosphere) 중에서 온실효과를 일으키는 기체를 온실가스①라고 한다. 온실효과를 일으키는 온실가스에는 이산화탄소, 메탄, 수증기, 프레온가스, 오존 등이 있다.

(정 → 유)

각주

2. 지구온난화에 대해서

돋움, 12pt, 진하게

지구온난화란 지구를 구성하는 대기에 온실가스(greenhouse gases)가 매우 많아져서 지구의 평균 기온이 빠르게 상승하는 현상을 말한다. 지구온난화가 인간의 활동으로 인해 초래된 현상인지에 대해 오랜 시간 많은 논쟁(論爭)이 있었으나, 산업혁명이 시작된 즈음인 1850년 이후로 전 지구의 평균 지표면 기온이 1도 이상 상승한 것으로 보아 현대의 지구온난화가 인간 의해 활동에 발생했을 것이 거의 확실한 것으로 평가되고 있다. 지구온난화는 자연적 요인과 인위적(人爲的) 요인에 의해 발생할 수 있다. 자연적 요인으로서는 태양과 지구 사이의 상대적인 위치 변화, 화산 폭발에 의한 대기 중 에어로졸(aerosol) 증가 등을 들 수 있으며, 인위적 요인으로는 인간 활동에 의한 온실가스의 증가 및 토지 이용의 변화를 들 수 있다. 산업혁명(産業革命)이 시작되던 1850년대 대기 중 이산화탄소 농도는 280ppm이었으나, 2017년 12월에는 약 405ppm까지 증가했다.

주요국의 온실가스 배출량 비율

국가	비율 (%)
중국	23.3
미국	18.1
인도	5.7
러시아	5.6
한국	1.69

위쪽 제목 셀 : 색상(RGB:233,174,43), 진하게
제목 셀 아래선 : 이중 실선(0.5mm)
글자 모양 : 굴림, 10pt, 가운데 정렬

굴림, 13pt, 진하게

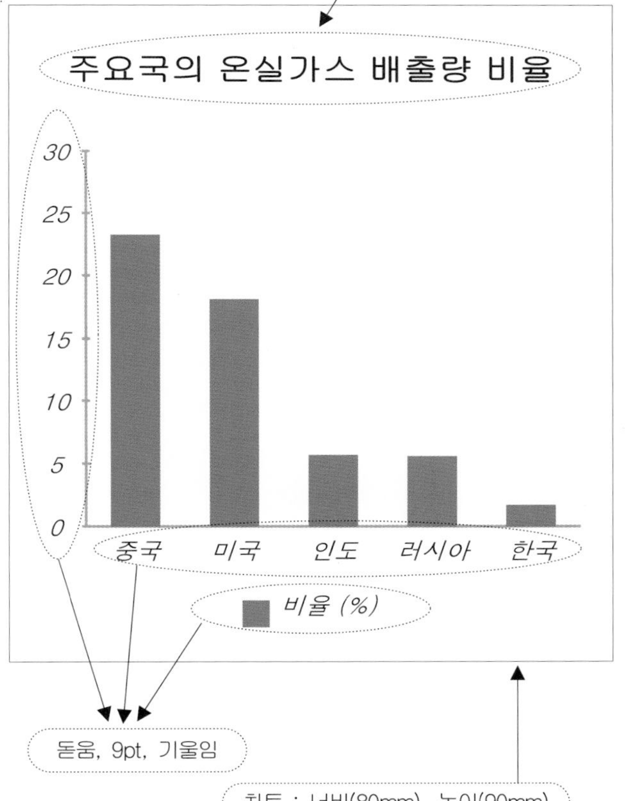

돋움, 9pt, 기울임

차트 : 너비(80mm), 높이(90mm)

---

① 온실가스라는 말과 동시에 온실기체라고도 칭한다.

바탕, 9pt

쪽 번호 매기기, A,B,C 순으로, 오른쪽 아래

- B -

글맵시 - 휴먼옛체, 채우기 : 색상(RGB:199,82,82)
크기 : 너비(120mm), 높이(20mm), 위치 : 글자처럼 취급, 가운데 정렬

DIAT
머리말(굴림, 9pt, 오른쪽 정렬)

메이커교육전시회안내

진하게, 기울임

4차 산업혁명 시대의 미래인재 양성을 위하여 ***기존의 강의식, 주입식 수업 방식에서 과감히 탈피하여 학습자 중심, 활동 중심의 교육이 실시***되어야 합니다. 창업진흥원에서는 모든 학습자가 창작자가 되는 '메이커 교육' 프로젝트 교육실현을 위한 환경 조성과 교육과정을 개발 적용하여 4차 산업혁명 시대를 대비하는 교육체계 구축에 노력하고 있습니다. 그동안 얻어진 경험으로 메이커 교육에 대한 교류의 장을 마련하고자 전시회를 개최합니다. 전시회에서는 메이커 문화 확산 우수사례 발표, 결과물 전시 및 체험활동을 위한 공간 등이 마련되어 있습니다. 학생들이 참여할 수 있도록 안내하여 주시기 바랍니다.

문자표 → **■ 행사안내 ■** ← 궁서, 가운데 정렬

1. 행 사 명 : 그랜드 오픈 메이커 데이(Grand Open Maker Day)
2. 부 제 : *<u>Of the maker, By the maker, For the maker</u>* ← 기울임, 밑줄
3. 행사장소 : 인천컨벤션센터(ICC) 2 ~ 3 전시장
4. 참가방법 : 사전 신청 없이 누구나 참관 및 체험 가능
5. 행사주관 : 창업진흥원

문자표

※ 기타사항
- 메이커 교육의 기본정신은 문제를 스스로 해결하겠다는 적극성, 참여성, 자발성, 공동체 정신이다.
- 메이커 교육의 3요소는 창작활동(making), 창작자(maker), 창작 공간(maker space)이다.
- 창작 공간은 다양한 창작활동과 실험실습을 가능하게 해주는 각종 교구 및 창작도구 등이 구비된 안전한 물리적 공간을 의미한다.

왼쪽여백 : 10pt
내어쓰기 : 12pt

2022. 12. 01. ← 12pt, 가운데 정렬

창업진흥원장 ← 휴먼옛체, 24pt, 가운데 정렬

문제1은 1구역, 문제2는 2구역으로 나누어 답안 작성

- ① - ← 쪽 번호 매기기, ①,②,③ 순으로, 가운데 아래

제 05 회

실전모의고사

한글 NEO 버전용

- 시험과목 : 워드프로세서(한글)
- 시험일자 : 20XX. XX. XX(X)
- 응시자 기재사항 및 감독위원 확인

수 검 번 호	DIW – XXXX –	감독위원 확인
성 명		

응시자 유의사항

1. 응시자는 반드시 신분증을 지참하여야 시험에 응시할 수 있으며, 시험이 종료될 때까지 신분증을 제시하지 못 할 경우 해당 시험은 0점 처리됩니다.
2. 시스템(PC작동여부, 네트워크 상태 등)의 이상여부를 반드시 확인하여야 하며, 시스템 이상이 있을 경우 감독위원에게 조치를 받으셔야 합니다.
3. 시험 중 부주의 또는 고의로 시스템을 파손한 경우는 수검자 부담으로 합니다.
4. 답안 전송 프로그램을 통해 다운로드 받은 파일을 이용하여 답안파일을 작성하시기 바랍니다.
5. 작성한 답안 파일은 답안 전송 프로그램을 통하여 전송됩니다. 감독관의 지시에 따라 주시기 바랍니다.
6. 다음사항의 경우 실격(0점) 혹은 부정행위 처리됩니다.
   1) 답안파일을 저장하지 않았거나, 저장한 파일이 손상되었을 경우
   2) 답안파일을 지정된 폴더(바탕화면 – "KAIT" 폴더)에 저장하지 않았을 경우
      ※ 답안 전송 프로그램 로그인 시 바탕화면에 자동 생성됨
   3) 답안파일을 다른 보조 기억장치(USB) 혹은 네트워크(메신저, 게시판 등)로 전송할 경우
   4) 휴대용 전화기 등 통신기기를 사용할 경우
7. 시험지에 제시된 글꼴이 응시 프로그램에 없는 경우, 반드시 감독위원에게 해당 내용을 통보한 뒤 조치를 받아야 합니다.
8. 시험의 완료는 작성이 완료된 답안을 저장하고, 답안 전송이 완료된 상태를 확인한 것으로 합니다. 답안 전송 확인 후 문제지는 감독관에게 제출한 후 퇴실하여야 합니다.
9. 답안전송이 완료된 경우에는 수정 또는 정정이 불가능합니다.
10. 시험시행 후 결과는 홈페이지(www.ihd.or.kr)에서 확인하시기 바랍니다.
    1) 문제 및 모범답안 공개 : 20XX. XX. XX(X)
    2) 합격자 발표 : 20XX. XX. XX(X)

식별CODE

Korea Association for ICT promotion
한국정보통신진흥협회 KAIT

【문제】 첨부된 문제를 다음의 조건을 적용하여 문서를 작성하시오.

① 문서는 A4(210mm×297mm) 크기, 세로 용지방향으로 작성한다.

② 페이지 여백은 아래와 같이 설정한다.

왼쪽	오른쪽	위쪽	아래쪽	머리말	꼬리말	제본
20mm	20mm	20mm	20mm	10mm	10mm	0mm

③ 한글 NEO 버전은 아래와 같이 "자동 글머리 기호 넣기"와 "자동 번호 매기기" 기능을 해제한다.

도구 → 빠른 교정 → 빠른 교정 내용 → 입력 자동 서식 ⇒ 자동 글머리 기호 넣기(해제)
자동 번호 매기기(해제)

※ 만약 입력자동서식 메뉴가 없는 경우에는, "자동 글머리 기호 넣기"와 "자동 번호 매기기" 기능이 설정되어 있지 않은 것이므로 별도의 기능 해제 없이 그대로 시험에 응시하시면 됩니다.

④ 글자는 별도의 지시사항이 없는 한 바탕, 10pt, 양쪽정렬, 줄간격 160%로 작성한다.

⑤ 영문, 숫자 등은 별도의 지시가 없는 한 반각(1byte) 문자를 사용한다.

⑥ 특수문자는 문자표(전각 기호)를 이용하여 작성한다.

⑦ 교정부호 및 화살표로 기재된 지시사항대로 처리하되, ( )→은 지시사항이므로 작성하지 않는다.

⑧ 1페이지에 [문제1]을 작성하고, 구역나누기를 하여 2페이지에 [문제2]를 작성한다.

※ 해당 페이지에 작성하지 않거나 의도적으로 텍스트 작성을 하지 않은 경우 0점 처리

⑨ [문제2]는 문제지와 같이 2단으로 다단을 나누어 작성한다.

⑩ '그림 삽입' 시에는 반드시 "KAIT 수검프로그램"을 통해 다운로드 한 그림 파일을 사용한다.

⑪ 차트의 범례는 기본값으로 작성한다.(선 모양 없음)

⑫ 총점 : 200점

[공통사항1(기본설정, 용지설정)] : 8점, [공통사항2(오탈자)] : 40점

[문제1] : 46점, [문제2] : 106점

⑬ 기타 특별히 지시되어 있지 않은 사항은 문제지에 준하여 작성한다.

【문제】 첨부된 문제를 다음의 조건을 적용하여 문서를 작성하시오.

① 문서는 A4(210mm×297mm) 크기, 세로 용지방향으로 작성한다.

② 페이지 여백은 아래와 같이 설정한다.

왼쪽	오른쪽	위쪽	아래쪽	머리말	꼬리말	제본
20mm	20mm	20mm	20mm	10mm	10mm	0mm

③ 한글 NEO 버전은 아래와 같이 "자동 글머리 기호 넣기"와 "자동 번호 매기기" 기능을 해제한다.

도구 → 빠른 교정 → 빠른 교정 내용 → 입력 자동 서식 ⇒	자동 글머리 기호 넣기(해제) 자동 번호 매기기(해제)

※ 만약 입력자동서식 메뉴가 없는 경우에는, "자동 글머리 기호 넣기"와 "자동 번호 매기기" 기능이 설정되어 있지 않은 것이므로 별도의 기능 해제 없이 그대로 시험에 응시하시면 됩니다.

④ 글자는 별도의 지시사항이 없는 한 바탕, 10pt, 양쪽정렬, 줄간격 160%로 작성한다.

⑤ 영문, 숫자 등은 별도의 지시가 없는 한 반각(1byte) 문자를 사용한다.

⑥ 특수문자는 문자표(전각 기호)를 이용하여 작성한다.

⑦ 교정부호 및 화살표로 기재된 지시사항대로 처리하되, ( )→은 지시사항이므로 작성하지 않는다.

⑧ 1페이지에 [문제1]을 작성하고, 구역나누기를 하여 2페이지에 [문제2]를 작성한다.

※ 해당 페이지에 작성하지 않거나 의도적으로 텍스트 작성을 하지 않은 경우 0점 처리

⑨ [문제2]는 문제지와 같이 2단으로 다단을 나누어 작성한다.

⑩ '그림 삽입' 시에는 반드시 "KAIT 수검프로그램"을 통해 다운로드 한 그림 파일을 사용한다.

⑪ 차트의 범례는 기본값으로 작성한다.(선 모양 없음)

⑫ 총점 : 200점

[공통사항1(기본설정, 용지설정)] : 8점, [공통사항2(오탈자)] : 40점

[문제1] : 46점, [문제2] : 106점

⑬ 기타 특별히 지시되어 있지 않은 사항은 문제지에 준하여 작성한다.

제 06 회

실전모의고사

한글 NEO 버전용

- 시험과목 : 워드프로세서(한글)
- 시험일자 : 20XX. XX. XX(X)
- 응시자 기재사항 및 감독위원 확인

수 검 번 호	DIW – XXXX –	감독위원 확인
성 명		

응시자 유의사항

1. 응시자는 반드시 신분증을 지참하여야 시험에 응시할 수 있으며, 시험이 종료될 때까지 신분증을 제시하지 못 할 경우 해당 시험은 0점 처리됩니다.
2. 시스템(PC작동여부, 네트워크 상태 등)의 이상여부를 반드시 확인하여야 하며, 시스템 이상이 있을 경우 감독위원에게 조치를 받으셔야 합니다.
3. 시험 중 부주의 또는 고의로 시스템을 파손한 경우는 수검자 부담으로 합니다.
4. 답안 전송 프로그램을 통해 다운로드 받은 파일을 이용하여 답안파일을 작성하시기 바랍니다.
5. 작성한 답안 파일은 답안 전송 프로그램을 통하여 전송됩니다. 감독관의 지시에 따라 주시기 바랍니다.
6. 다음사항의 경우 실격(0점) 혹은 부정행위 처리됩니다.
   1) 답안파일을 저장하지 않았거나, 저장한 파일이 손상되었을 경우
   2) 답안파일을 지정된 폴더(바탕화면 – "KAIT" 폴더)에 저장하지 않았을 경우
      ※ 답안 전송 프로그램 로그인 시 바탕화면에 자동 생성됨
   3) 답안파일을 다른 보조 기억장치(USB) 혹은 네트워크(메신저, 게시판 등)로 전송할 경우
   4) 휴대용 전화기 등 통신기기를 사용할 경우
7. 시험지에 제시된 글꼴이 응시 프로그램에 없는 경우, 반드시 감독위원에게 해당 내용을 통보한 뒤 조치를 받아야 합니다.
8. 시험의 완료는 작성이 완료된 답안을 저장하고, 답안 전송이 완료된 상태를 확인한 것으로 합니다. 답안 전송 확인 후 문제지는 감독관에게 제출한 후 퇴실하여야 합니다.
9. 답안전송이 완료된 경우에는 수정 또는 정정이 불가능합니다.
10. 시험시행 후 결과는 홈페이지(www.ihd.or.kr)에서 확인하시기 바랍니다.
    1) 문제 및 모범답안 공개 : 20XX. XX. XX(X)
    2) 합격자 발표 : 20XX. XX. XX(X)

글맵시 – 견고딕, 채우기 : 색상(RGB:49,95,151)
크기 : 너비(120mm), 높이(20mm), 위치 : 글자처럼 취급, 가운데 정렬

DIAT
머리말(궁서, 9pt, 오른쪽 정렬)

고인돌의 세계로 여러분을 초대합니다!

고인돌은 먼 옛날 청동기시대에 경제력이 있거나 권력을 가진 지배계층의 무덤으로 사용된 돌무덤입니다. 고인돌은 그 특색 있는 모습과 거대한 크기로 인해 보는 사람으로 하여금 신비로운 감정을 자아내는 유적이기도 합니다. <u>*전 세계 고인돌의 40퍼센트 이상이 우리나라에 있다는 것을 아십니까?*</u> 강화도는 이 중에서도 한국을 대표하는 고인돌 유적으로 오랜 시간 많은 관심과 사랑을 받아왔습니다. 강화 고인돌 축제는 올해로 23주년을 맞는 유서 깊은 강화군 특유의 지역 축제로, 이곳에 방문하셔서 고인돌과 더불어 강화도만의 전통 풍습과 문화체험까지 알차게 즐겨 주기시를 바랍니다.

기울임, 밑줄

문자표 → ◎ 축제 안내 ◎

굴림, 가운데 정렬

1. 축 제 명 : 제23회 강화 고인돌 축제
2. 일　　시 : 2022. 3. 5. (토) ~ 2022. 3. 20. (일) (16일간)
3. 장　　소 : 인천광역시 강화군 강화고인돌유적 일대
4. 주　　관 : 강화군청, 강화자연사박물관, 한국대학교 역사학과
5. 세부행사 : ***고인돌 만들기 체험, 전통 민속놀이 체험 등*** ← 진하게, 기울임

문자표

※ 기타사항

- 참가 신청은 현장 접수로 가능하며, 단체 관람은 강화고인돌축제 홈페이지에서 신청 가능합니다.
- 고인돌 만들기 체험과 전통 민속놀이 체험 등은 일자별로 조기 마감될 수 있습니다.
- 기타 자세한 사항은 강화고인돌축제 홈페이지(http://www.ihd.or.kr) 또는 강화고인돌축제 운영지원팀 대표번호(032-123-4567)로 문의하시기 바랍니다.

왼쪽여백 : 10pt
내어쓰기 : 13pt

2022. 02. 25. ← 12pt, 가운데 정렬

강화고인돌축제 운영지원팀 ← 궁서, 22pt, 가운데 정렬

문제1은 1구역, 문제2는 2구역으로 나누어 답안 작성

쪽 번호 매기기, A,B,C 순으로, 오른쪽 아래 → - A -

글상자-크기 : 너비(60mm), 높이(12mm), 테두리 : 이중 실선(1.00mm), 둥근 모양
채우기 : 색상(RGB:233,174,43), 위치 : 글자처럼 취급, 가운데 정렬,
글자 모양 : 중고딕, 18pt, 가운데 정렬

머리말(궁서, 9pt, 오른쪽 정렬)

그림E 삽입(바탕화면-KAIT-제출파일폴더)
너비(40mm), 높이(35mm)
위치 : 어울림(가로-쪽의 왼쪽:0mm,
세로-쪽의 위:24mm)

고인돌에 대하여

1. 고인돌이란?

중고딕, 11pt, 진하게

고인돌(dolmen)이란 청동기시대의 대표적인 무덤 형식으로, 말 그대로 '돌을 고였다'라고 하여 붙여진 이름이다. 기원전(紀元前) 1000년 무렵, 원시 농업 경제 사회를 이룬 청동기시대가 시작되고, 농경의 발달로 인해 잉여 생산물(product)이 생기면서 사회집단 내부에는 다스림을 받는 자와 다스리는 자가 생겨나기 시작해 청동기(青銅器)를 사용하는 우세한 지위를 가진 권력자가 나타났다. 고인돌은 바로 이러한 권력자의 무덤으로 만들어졌으며, 이 안에가 주검만을 묻는 것이 아니라 그 안에 토기나 석기, 청동기 등의 다양한 유물(relic)을 넣기도 하였다. 이 때문에 고인돌은 청동기시대의 사회상을 파악하는 데 매우 중요한 유적이 되었다.

(교정 표시: 가 → 는)

2. 우리나라의 고인돌

중고딕, 11pt, 진하게

고인돌은 전 세계에서 발견되나, 특히 우리나라, 일본, 중국 등 동북아시아 지역에서 많이 발견(發見)된다. 우리나라는 '고인돌 왕국'이라 할 정도로 많은 수의 고인돌 유적이 발견되었는데, 지금까지 남한에서는 약 3만, 북한에서는 약 1만 5천기에 달하는 고인돌이 존재하며 이는 전 세계 고인돌의 40퍼센트 이상에 해당하는 수치(figure)ⓐ이다. 우리나라의 고인돌은 주로 서해안 지역, 그중에서도 호남지방에 집중적으로 밀집(密集)되어 있다. 이 가운데 세계유산으로 등재된 고창, 화순, 강화 고인돌 유적은 보존 상태가 좋고 밀집도나 형식의 다양성 측면에서 고인돌의 형성과 발전 과정을 규명하는 중요한 단서(clue)가 되고 있다. 고인돌은 기본적으로 지상이나 지하의 무덤방 위에 거대한 덮개돌을 얹어 만든 형태(形態)이나, 덮개돌의 모양에/구체적인 따라 크게 탁자식과 바둑판식, 개석식, 위석식으로 나뉜다.

각주

돋움체, 12pt, 진하게, 가운데 정렬

지역별 고인돌 분포 (개)

지역	1980년	2015년
경기도	98	121
강원도	314	388
충청남도	521	572
전라남도	18154	19058
경상북도	2119	2890

위쪽 제목 셀 : 색상(RGB:199,82,82), 진하게
제목 셀 아래선 : 이중 실선(0.5mm)
글자 모양 : 굴림, 10pt, 가운데 정렬

궁서체, 12pt, 진하게

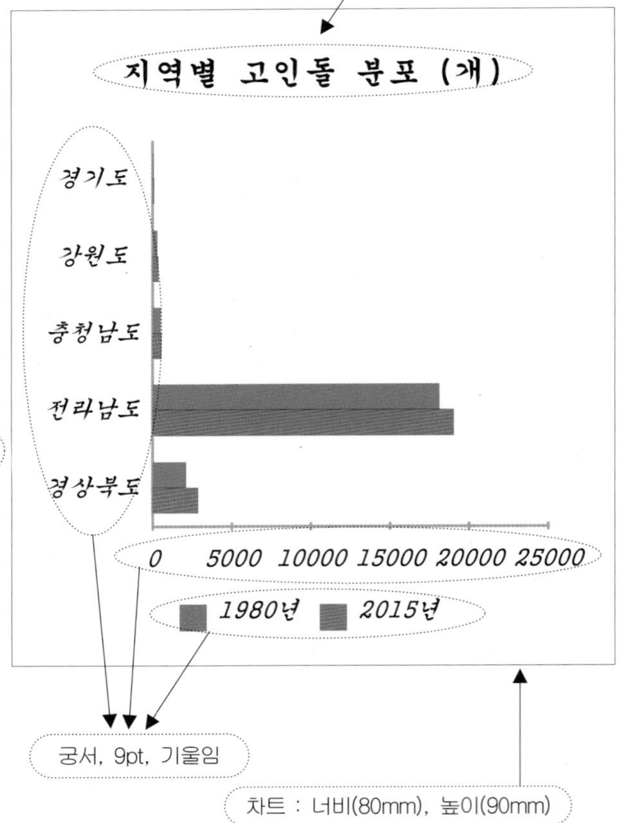

궁서, 9pt, 기울임

차트 : 너비(80mm), 높이(90mm)

ⓐ 우리나라에서 고인돌은 워낙 흔해 농부들이 논밭을 갈다가 거추장스러워 부수어 버리는 경우도 많았다.

돋움체, 9pt

쪽 번호 매기기, A,B,C 순으로, 오른쪽 아래

- B -